高水平专业群教材建设专项项目
新时代新理念职业教育教材
“互联网+”新形态立体化教学资源特色教材
铁道信号专业系列教材

铁路数字调度通信系统维护

主　编　郤洪杰
副主编　滕文媛　杜　宇　邵　斌　董　琪
主　审　莫建国

北京交通大学出版社
·北京·

内 容 简 介

本书是由吉林铁道职业技术学院、中国铁路沈阳局集团有限公司、中国铁路兰州局集团有限公司、北京佳讯飞鸿电气股份有限公司相关人员共同编写的校企合作教材。本书主要内容包括数字调度通信系统概述，数字调度通信系统的基本原理，GSM-R 调度通信系统编号原则，数字调度设备硬件认知，数字调度通信网管系统介绍和数字调度通信系统维护、检修与故障分析。

本书适合作为高等职业教育和中等职业教育铁道通信类专业的教材，也可作为从事铁道通信专业工作的人员和相关工程技术人员的参考书。

图书在版编目（CIP）数据

铁路数字调度通信系统维护 / 郤洪杰主编. —北京：北京交通大学出版社，2023.11
新时代新理念职业教育教材　高水平专业群教材建设专项项目
ISBN 978-7-5121-4908-3

Ⅰ. ① 铁…　Ⅱ. ① 郤…　Ⅲ. ① 列车调度－数字通信系统－维修－高等职业教育－教材　Ⅳ. ① U285.4

中国国家版本馆 CIP 数据核字（2023）第 043055 号

铁路数字调度通信系统维护
TIELU SHUZI DIAODU TONGXIN XITONG WEIHU

项目总策划：陈　颖
责 任 编 辑：刘　辉
出 版 发 行：北京交通大学出版社　　电话：010-51686414　　http://www.bjtup.com.cn
地　　　址：北京市海淀区高梁桥斜街 44 号　　邮编：100044
印　刷　者：艺堂印刷（天津）有限公司
经　　　销：全国新华书店
开　　　本：185 mm×260 mm　　印张：11.5　　字数：285 千字
版　印　次：2023 年 11 月第 1 版　　2023 年 11 月第 1 次印刷
定　　　价：46.00 元

本书如有质量问题，请向北京交通大学出版社质监组反映。对您的意见和批评，我们表示欢迎和感谢。
投诉电话：010-51686043，51686008；传真：010-62225406；E-mail：press@bjtu.edu.cn。

前　　言

本书是由吉林铁道职业技术学院、中国铁路沈阳局集团有限公司、中国铁路兰州局集团有限公司、北京佳讯飞鸿电气股份有限公司相关人员根据铁路职业教育铁道通信类专业"数字调度通信系统"课程教学大纲编写的校企合作教材，适合作为高等职业教育和中等职业教育铁道通信类专业的教材，也可作为从事铁道通信专业工作的人员和相关工程技术人员的参考书。

本书分为 6 个项目，项目 1 介绍了数字调度通信系统的组成及各部分的作用、组网方式及特点、业务类型及呼叫流程；项目 2 介绍了数字调度通信系统中涉及的理论知识，包括模拟信号数字化基本原理、时分多路通信基本知识、数字交换基本原理、信号与系统的基本构成及调度通信中涉及的数字会议电路基本原理、锁相环技术、回波相消技术和数字交叉连接技术等原理；项目 3 介绍了号码类型及编号原则、GSM－R 网络用户号码、移动用户号码、固定用户号码与特服号码的组成及编码原则；项目 4 介绍了 MDS3400 硬件总体结构和硬件配置、MDS3400 电路板功能和接口特性、CTT4000 硬件总体结构和硬件配置及 CTT4000 电路板功能和接口特性；项目 5 介绍了网络管理概述、网络管理功能，简单叙述了 CTT4000 系统网管的组成及作用，详细介绍了 MDS3400 系统中网管的安装、启动及使用；项目 6 介绍了 MDS3400 系统环境、电源和地线的基本要求，MDS3400 系统的日常维护、检修，以及月（季）度维护的基本内容、操作流程及参考标准，系统告警的分析及处理流程，故障处理经验及参考举例。各项目均有项目描述、项目小结和复习思考题，部分章节有案例。

本书侧重从硬件和软件两个角度进行内容的展开，根据本书的内容可开发出大量的实训项目。在本书的编写过程中，我们力图做到将教学内容与现场应用相结合，将设备实物与文字介绍相结合，将日常维护、检修与故障排查相结合。本书严格参照《GSM－R 调度通信系统主要技术条件》和《铁路调度通信系统技术条件》的相关内容进行编写。通过对本书的学习，初学者能更快地了解数字调度通信系统的组成、作用，相关厂家的设备及系统的维护、检修和故障处理方法。

本书由吉林铁道职业技术学院郄洪杰担任主编，吉林铁道职业技术学院滕文媛、中国铁路沈阳局集团有限公司吉林电务段杜宇、北京佳讯飞鸿电气股份有限公司邵斌、中国铁路兰州局集团有限公司兰州通信段董琪担任副主编，吉林铁道职业技术学院莫建国担任主审。书中项目 1、项目 2 中的任务 2.4 和任务 2.5、项目 3、项目 5 由郄洪杰编写；项目 2 中的任务 2.1 至任务 2.3 由滕文媛编写；项目 4 中的任务 4.1 和任务 4.2 由邵斌编写；项目 4 中的任务 4.3 和任务 4.4 由杜宇编写，项目 6 由董琪编写。由于编者水平有限，书中难免存在缺点和错误之处，敬请广大读者批评指正。反馈意见、索取教学资源请与出版社编辑刘辉联系（邮箱：hliu3@bjtu.edu.cn；QQ：39116920）。

编　者

2023 年 11 月

目　　录

项目 1

数字调度通信系统概述

项目描述

数字调度通信系统是铁路行车指挥的神经枢纽，是直接为铁路运输生产服务的重要通信设施。为保证列车畅通无阻、安全高速运行，数字调度通信系统必须提供迅速、准确、安全、可靠的通信服务。通过对本项目的学习，我们应了解数字调度通信系统的作用、组成，各组成部分的功能及数字调度通信系统的组网结构。

拟实现的教学目标

能力目标

具备数字调度通信系统的认知能力；具备数字调度通信系统的组网能力；具备数字调度通信系统各个组成部分的原理分析能力。

知识目标

掌握调度通信系统的组成、网络结构和基本原理；掌握数字调度通信系统承载的铁路业务种类，以及车站数字交换机、语音记录仪的基本知识。

素质目标

培养面向国家铁路、地方铁路、城市轨道交通、工程公司、通信设备工厂等企事业单位，在生产、建设、管理、服务第一线，具有较强的铁路通信设备基本结构、工作原理、技术条件、维护标准、施工工艺等专业技术理论知识，较强的计算机、相关工程技术应用能力和较强的铁路通信设备安装、调试、日常养护、故障处理及检（维）修等实践技能，具有良好职业道德和职业生涯发展基础，具备较强岗位实践能力及新技术学习应用能力的高端技能型专门人才。

任务 1.1　数字调度通信系统的组成

1.1.1　数字调度通信概述

数字调度（数调）通信系统是随着通信技术、计算机技术等高新技术的飞速发展而研制成功的铁路数字专用通信系统。它是在数字传输通道在铁路沿线大量铺设的前提下设计的，它所运用的技术集数字时分交换技术、计算机软硬件控制技术、数字信号（语音）处理技术，环形网络自动保护技术于一体。

数字调度通信系统的基本原理是使用计算机软件、硬件去控制数字时分交换机网络的交换接续，来达到人们期望的通信方式及通信需求。数字调度通信系统采用了数字信号（语音）处理技术对通话语音做了一定的处理，采用抵消免提通话方式下的声音回波、语音大小自动控制技术，使通话及在免提方式下通话的效果更好。为充分保证数字调度通信系统的安全可靠，采用环形网络的组网技术，环形网络的任何一处“断裂”，都会有另一条通信链路保持畅通，不会影响任何通信业务。

数字调度通信系统是为调度指挥中心、调度所的调度员与其所管辖区内有关运输生产人员之间进行业务联系所使用的专用电话通信系统。数字调度通信系统由干线调度通信系统与区段调度通信系统组成。其主要设备有调度所调度交换机、车站调度交换机、调度台、值班台、语音记录仪、网管设备。其附属设备包含光纤配线架（ODF）、数字配线架（DDF）、音频配线架（MDF）等。数字调度通信系统实现干线调度通信、区段调度通信、站场通信、站间通信、区间通信、专用通信等与运输指挥相关的通信业务。为满足在GSM－R环境下铁路有线、无线通信统一管理的要求，北京佳讯飞鸿电气股份有限公司在FH－98系统的基础上开发了MDS数字调度系统，中软公司在CTT2000的基础上开发CTT4000，实现了有线调度业务与无线调度业务的融合。所谓的数字调度通信系统就是GSM－R固定用户接入交换系统，即FAS系统。FAS和数字调度通信系统是同一设备，只是在不同的使用场合，因配置有所不同，称谓也就有所不同。其在非GSM－R网络中称为数字调度通信系统，数字调度通信系统简称数调；在GSM－R网络中称为FAS，即固定用户接入交换机。FAS由数调主系统、数调分系统、调度台、值班台、其他各类固定终端及网管终端构成。数调主系统设置在中国国家铁路集团有限公司（国铁集团）和铁路局集团公司（铁路局）等单位的调度机械室；数调分系统设置在车站和用户相对集中地方的通信机械室；调度台设置在各类调度员所在地；值班台设置在车站值班员等所在地。FAS分层结构图如图1－1所示。

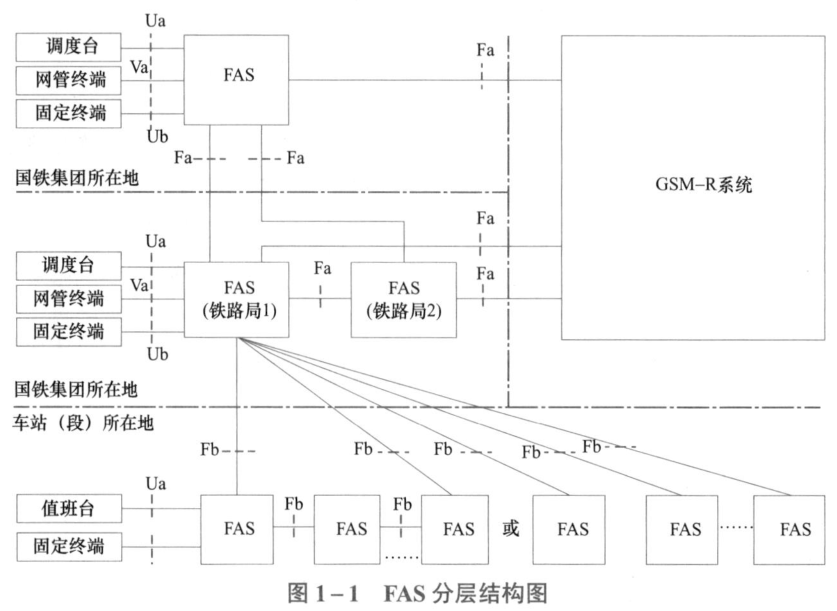

图1－1　FAS分层结构图

在图 1–1 中，Fa 接口：30B+D（30B 是 30 条用来传输话音、数据和图像的 64 kbit/s 传输信道，D 是 1 条用来传输信令或分组信息的 16 kbit/s 传输信道），主要作为国铁集团—铁路局、铁路局—铁路局、铁路局—GSM – R 互联的接口；Fb 接口：30B+D（内部），主要作为铁路局—FAS、FAS—FAS 互联的接口；Va 接口：串口，以太网接口，主要作为 FAS—网管终端互联的接口；Ua 接口：2B+D（2 条用来传输话音、数据和图像的 64 kbit/s 传输信道，1 条用来传输信令或分组信息的 16 kbit/s 传输信道），主要作为 FAS—调度台、FAS—值班台互联的接口；Ub 接口：磁石、2/4 线音频，主要作为 FAS—固定终端互联的接口。GSM – R 系统主要由交换子系统（CSS）、基站子系统（BSS）、通用分组无线业务系统（GPRS）、移动智能网系统（IN）、固定接入交换机（FAS）、运行支持子系统（OMSC）、终端子系统 7 个子系统构成。

在图 1 – 1 中，数字调度通信系统按国铁集团至铁路局和铁路局至站段二级结构组网。干线调度通信网络应采用星形复合结构，并有迂回路由。相邻铁路局间设直达路由。

区段调度通信网络采用环形或星形结构。区段调度通信网络采用环形时，相邻调度区段 2 Mbit/s 数字中继环（简称 2M 中继环）在分界站数调分系统相切，即分界站数调分系统接入相邻调度区段的 2M 中继环，相邻调度区段调度台、值班台对分界站用户的呼叫在该 2M 中继环内进行；相邻调度区段 2M 中继环在分界站数调分系统不具备相切条件时，相邻调度区段调度台、值班台对分界站用户的呼叫可通过分系统间模拟或数字接口互联，也可通过铁路局数调主系统转接；根据调度区的大小，每个调度区可分段组多个 2M 中继环。

数调主系统应就近接入 GSM – R 系统的 MSC。铁路局有多个数调主系统时，分别与 GSM – R 系统的 MSC 互联，但只允许其中一个作为汇接数调主系统接入国铁集团干线调度系统，其余数调主系统经汇接后接入。

1.1.2　数字调度交换机

数字调度交换机主要由电源模块、控制模块、时钟模块、接口模块、交换模块、资源模块组成。数字调度交换机逻辑组成及接口组成框图如图 1 – 2 所示。

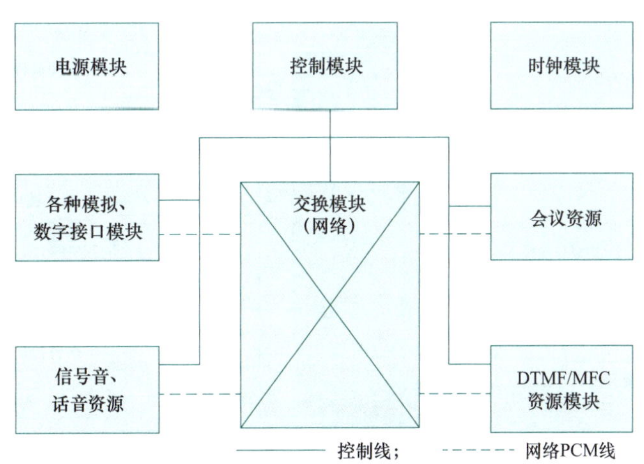

图 1 – 2　数字调度交换机逻辑组成及接口组成框图

1. 电源模块

通信电源作为通信系统的“心脏”，在通信系统中具有非常重要的地位。电源安全、可靠是保证通信系统正常运行的重要条件。

电源模块实际上是二次电源，即输入 – 48 V，经 DC/DC 转换后，为系统提供各种工作电源，主要为±5 V、±12 V 铃流等。如果现场没有 – 48 V 电源，则需另配电源系统。电源模块一般为分层供电、双备份设计，具有负荷分担、实时热备份功能。

2. 控制模块

控制模块实现对调度交换机的交换网络、各种资源、各种接口的控制及管理，以及各种信令的处理。控制模块一般为多处理机结构，模块化设计，采用集中和分散相结合的控制方式，各处理机分级实现负载分担和功能分担。其分级方法如下。

主处理机：实现对全系统的综合控制和管理，包括对各子处理机、交换网络和重要资源等的控制和管理，具有实时热备份功能。

子处理机：在主处理机的控制下实现对特定功能的控制和管理，也具有实时热备份的功能。

3. 时钟模块

时钟模块为系统提供所需的各种时钟、时序信号。时钟模块是数字交换机的核心和基础，与数字交换相关的各部分包括交换网络、各接口和各资源、各种串行控制信号等均是在时钟模块提供的统一时钟、时序下协同工作，从而完成系统的交换功能。当有 2 个及 2 个以上交换机互联时，就必须时钟同步。严重的时钟不同步会导致无法通信；一般的时钟不同步会有咔咔音；轻微的时钟不同步会出现滑码、误码现象。铁路局内调度主系统采用主从同步方式，主用通过 E1 接口（速率为 2 048 kbps，即 2M 接口）接入 BITS 时钟设备或者传输系统，备用时钟由设备内部 3 级时钟提供，实现系统的时钟同步；车站分系统通过数字环通道向调度主系统进行时钟同步；相邻调度主系统可以通过 E1 接口同步主系统时钟，也可直接与 BITS 设备连接。

4. 接口模块

接口模块实现系统与各终端（包括通用终端，如双音频话机；专用终端，如操作台）或设备的接口功能。接口模块由各终端电路组成。数字调度交换机的主要接口如图 1 – 3 所示。

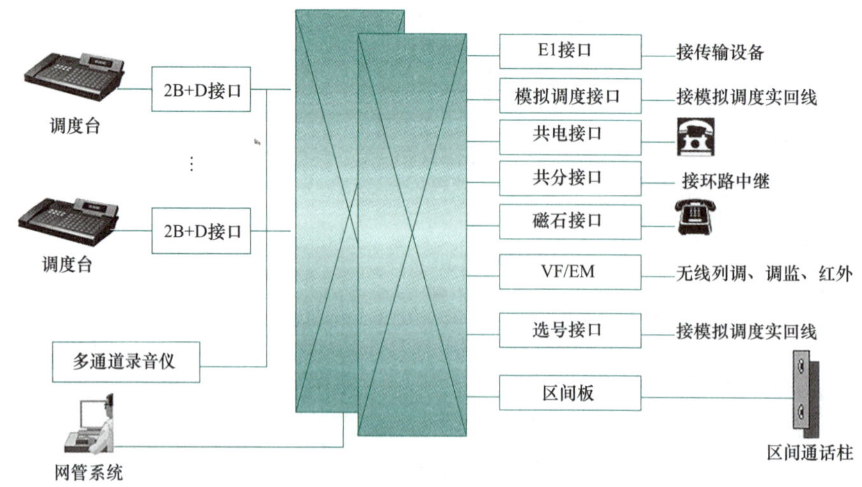

图 1 – 3　数字调度交换机的主要接口

1）2M 接口（E1 接口或 A 接口）

数字调度主机通过 2M 接口经由透明的 2 Mbit/s 通道（简称 2M 通道）与传输系统配合，形成调度专用网的“数字环”网络。每个 2M 接口的时隙中可实现数字调度、专用电话、站间业务及数据传输。

2）U 接口（2B+D 接口）

数字调度主机通过 2B+D 接口与操作台连接，并为操作台提供工作电源。该接口为数字调度主机与操作台间提供 2 个 64 kbit/s 的语音和数据通道，以及 1 个 16 kbit/s 信令通道。其传输介质为一般普通的双绞线。

3）用户接口

用户接口兼具普通用户接口、共电接口功能。接入普通双音频话机或电话机，作为拨号用户或调度、站场分机，支持脉冲/双音频拨号呼叫或摘机立接呼叫；接入既有集中机的共分盘，实现与集中机间的立接呼叫；接入区间电调回线，实现区间电调用户摘机呼叫电调的功能。

4）共分接口（环路接口）

共分接口用以接入站场扩音、广播设备，实现站场广播；接入既有设备通信供电接口，实现立接呼叫。

5）磁石接口

磁石接口接入既有站间闭塞回线或站间模拟通道，作为站间数字通信的备份；接入磁石电话用户作为调度或站场分机；接入既有集中机的磁石盘，实现与集中机间的立即呼叫；磁石接口启动后提供 63～75 V 电压，为道口电话、远距离磁石接口话机提供立接通话。

6）下行区间接口

下行区间接口接入下行区间回线，与上行区间接口配合，完成既有区转机（QJ－76 或 QJ－87）的全部功能。支持双音频和脉冲收号。

7）上行区间接口

上行区间接口接入上行区间回线，与下行区间接口配合，完成既有区转机（QJ－76 或 QJ－87）的全部功能。

8）2/4 线音频接口（VF/EM）

2/4 线音频接口接入各类具有 2/4 线音频接口的终端，为其他业务（如无线列调、调监、红外等业务）提供透明的 64 kbit/s 通道，组网形态可以是共线或点对点的方式。

9）模拟调度接口

模拟调度接口可代替原有的各种调度总机（DC、GC、YD 类），把原有的调度回线接入数字专用通信系统中，作为数字调度系统的备份资源或作为未进行数字化改造区段的接入方式。

10）选号接口

选号接口接入模拟调度回线或模拟专用电话回线，可接收各种模拟调度总机发出模拟呼叫信号。

5. 交换模块

交换模块实现全系统的网络交换功能。各接口和各资源通过网络总线（PCM 线）连接到交换网络上，在控制模块（一般由主处理机直接控制）的控制下，完成两个接口间或某接口和某资源间的音频信号或数据交换。

6. 资源模块

资源模块提供系统所需的各种公共资源，主要是会议资源、双音频（DTMF）资源、多频互控（MFC）资源等。所谓公共资源是指挂在交换网络上的任意接口均可使用的资源。其中，会议资源用以实现系统所需的各种会议功能，包括数字共线、全呼、组呼、会议呼等功能；双音频（DTMF）资源用以实现对各接口终端设备（如双音频话机）的双音频收发功能；多频互控功能（MFC）资源用以实现采用中国 1 号信令的局间数字中继的多频互控收发功能。

1.1.3 操作台

操作台是调度员或值班员进行操作的终端设备。调度员或值班员通过操作台上的各按键进行各种调度操作，如应答来话，单呼、组呼、全呼用户，转移或保持来话，召集会议等，操作台分为触摸屏操作台和键控式操作台，两者都是通过 2B+D 接口或 E1 接口接入后台交换机，如图 1–4 和图 1–5 所示。

图 1–4　触摸屏操作台

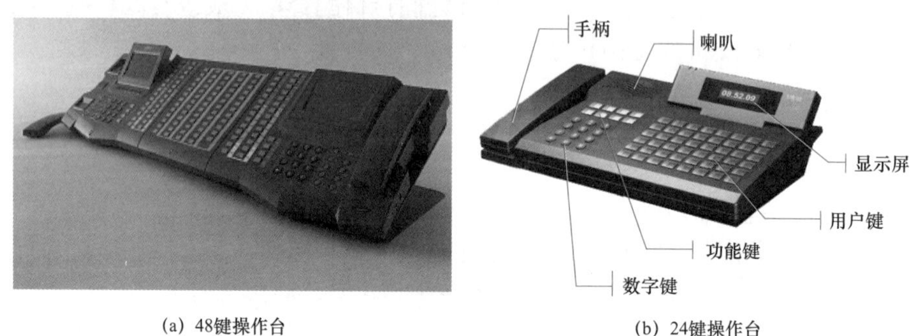

(a) 48键操作台　　(b) 24键操作台

图 1–5　键控式操作台

键控式操作台一般由键盘部分、显示部分、接口部分、控制部分、通话回路部分、电源部分、其他辅助功能部分等组成。

1. 键盘部分

键盘部分为调度员或值班员提供操作界面。一般分为单呼、组呼键区，功能键区，数字键区。单呼、组呼键区为调度员或值班员提供单键呼叫功能，同时具备应答和挂机功能。该键区一般分为 48 键和 24 键两种规格，键区内任何区域可根据现场需要任意定义。

功能键区为调度员或值班员提供其他特定的功能，如键权、主辅切换、转移、保留、会议、全呼、录音、放音等。数字键区为呼出拨号和菜单选择、参数设置键区，键控式操作台的原理如图 1－6 所示。

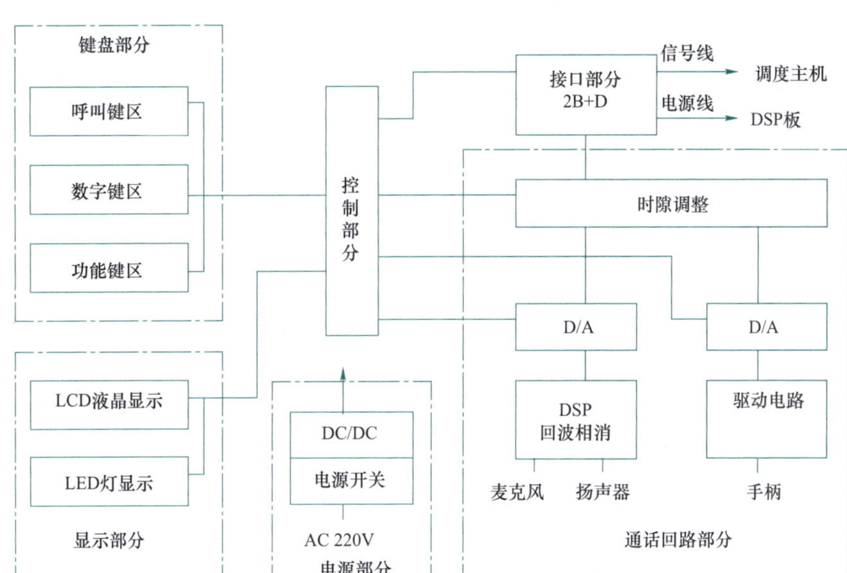

图 1－6　键控式操作台的原理

2. 显示部分

显示部分用以指示操作台的运行状态和各种呼叫状态，一般分为灯显示和液晶显示两部分。灯显示通过指示灯的不同颜色和不同闪烁频率提示各种当前状态；液晶显示则可以很直观地显示各种更复杂的状态。各种灯显示和液晶显示说明见表 1－1、表 1－2、图 1－7，以及表 1－3。

表 1－1　用户键指示灯说明

状态类别	子状态	红灯状态	绿灯状态	备注
操作台呼出	主通道呼出		闪烁	周期为 0.5 s
	辅通道呼出	闪烁		周期为 0.5 s
外线呼入	主通道正常呼入	红绿交替闪烁		周期为 0.5 s
	辅通道正常呼入			周期为 0.5 s
	主通道紧急呼入	红绿交替闪烁		周期为 0.25 s
	辅通道紧急呼入			周期为 0.25 s
通话中	主通道通话		常亮	
	辅通道通话	常亮		
	主辅通道切换			若单通道占用，则当前占用通道指示灯亮
对方挂机（对方忙未应答、对方挂机通话转空闲）		红绿同时闪烁		周期为 0.5 s
操作台挂机（发挂机消息后转空闲）	主通道		灭	
	辅通道	灭		

续表

状态类别	子状态	红灯状态	绿灯状态	备注
呼入未接（振铃转空闲）	主通道	红绿灯同时慢闪		周期为 2 s
	辅通道			周期为 2 s
保持	主通道保持		闪烁	周期为 1 s
	辅通道保持	闪烁		周期为 1 s
强制	主通道强制		闪烁	周期为 2 s
	辅通道强制	闪烁		周期为 2 s
屏蔽	主通道屏蔽		闪烁	周期为 4 s
	辅通道屏蔽	闪烁		周期为 4 s
退会	主通道退会		闪烁	周期 3 s，2 s 亮 1 s 灭
	辅通道退会	闪烁		周期 3 s，2 s 亮 1 s 灭

表 1－2　功能键指示灯

功能键名称	绿灯状态	含义
录音	长亮	表示正在进行录音操作
	熄灭	表示没有进行录音操作
复述	长亮	表示正在进行复述操作
	熄灭	表示没有进行复述操作
转接	亮 1 s 后熄灭	表示使用了转接功能
	熄灭	无操作状态
重拨	亮 1 s 后熄灭	表示使用了重拨功能
	熄灭	无操作状态
保持	亮 1 s 后熄灭	表示使用了保持功能
	熄灭	无操作状态
静音	长亮	表示开启了静音功能
	熄灭	表示关闭了静音功能
呼叫	亮 1 s 后熄灭	表示发起了一次呼叫操作
	熄灭	无操作状态
应答	亮 1 s 后熄灭	表示使用了应答功能
	熄灭	无操作状态
组呼	常亮	表示开始组呼会议（若在对称单元通话则红灯亮）
	熄灭	无操作状态
通播	常亮	表示开始通播会议（若在对称单元通话则红灯亮）
	熄灭	无操作状态

续表

功能键名称	绿灯状态	含义
广播	常亮	表示开始广播会议（若在对称单元通话则红灯亮）
	熄灭	表示无操作状态
紧急呼叫	长亮	表示启动了该功能
	熄灭	表示无操作状态
主通道	亮 1 s 后熄灭	表示使用了该操作
	熄灭	表示无操作状态
辅通道	亮 1 s 后熄灭	表示使用了该操作
	熄灭	表示无操作状态
切换	长亮	表示使用了该功能
	熄灭	表示无操作状态
申请发言	亮 1 s 后熄灭	表示使用了该功能
	熄灭	表示无操作状态
结束发言	亮 1 s 后熄灭	表示使用了该功能
	熄灭	表示无操作状态
拒绝	亮 1 s 后熄灭	表示使用了该操作
	熄灭	表示无操作状态
强制	长亮	表示使用了该功能
	熄灭	表示无操作状态
分隔	长亮	表示使用了该功能
	熄灭	表示无操作状态
入会	长亮	表示使用了该操作
	熄灭	表示无操作状态
退会	亮 1 s 后熄灭	表示执行了该操作
	熄灭	表示无操作状态
群答	长亮	表示开启了该功能
	熄灭	表示无操作状态
提示音	长亮	表示开启了该功能
	熄灭	表示关闭了该功能
键权	长亮	表示键权生效
	熄灭	表示键权无效
无人站	长亮	表示进入了无人站状态
	熄灭	表示不在无人站状态

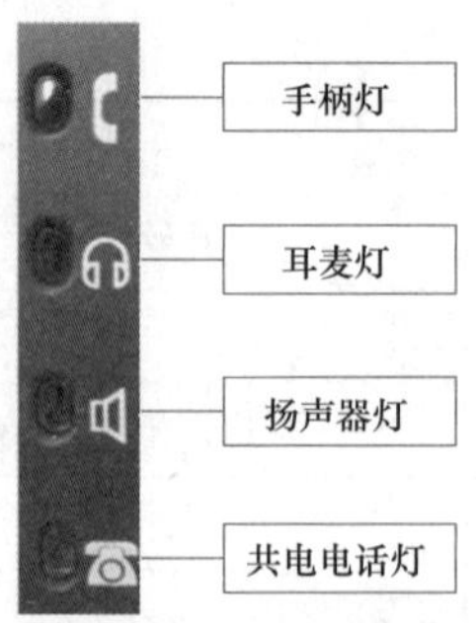

1—绿灯长亮：相应的音频通路占用；2—绿灯熄灭：相应的音频通路释放。

图 1－7　音频指示灯

表 1－3　液晶屏上的图标

图标	说明
	在线指示：表示操作台和后台交换机连接正常
	离线指示：表示操作台和后台交换机连接断开
	录音指示：表示当前开启了本机通话录音功能
	复述指示：表示当前开启了本机通话复述功能
	振铃指示：表示有呼入电话，操作台正在振铃
	接通指示：表示电话已经接通
	耳麦指示：表示当前音频通道被耳麦占用
	手柄指示：表示当前音频通道被手柄占用
	扬声器指示：表示当前音频通道被扬声器占用
	脚键指示：表示脚键使用中
	静音指示：表示静音功能开启

3. 接口部分

接口部分完成操作台与数字调度主机的接口功能。采用 2B+D 接口接 E1 接口，传输码型为 2B1Q 码。为操作台与数字调度主机之间提供两个 64 kbit/s 的语音和数据通道，以及一个 16 kbit/s 的信令信道。两个 64 kbit/s 通道分别对应操作台的主辅通道，一个 16 kbit/s 的信令信道完成操作台与数字调度主机之间各种信令交互任务。

4. 控制部分

控制部分实现操作台内各部分的管理和控制、操作台的呼叫处理、与数字调度主机的信令交互等功能。

5. 通话回路部分

通话回路部分分为主通道（传声器和扬声器）和辅通道（通话手柄）两部分。两个通道均为全双工通信。主通道一般都采用回波相消和自动增益控制等技术，以防止啸鸣，提高通话质量。操作台采用了 DSP 数字信号处理技术，使喇叭对麦克风的回声得以抑制，同时抵消模拟接口 2/4 线转换所带来的回波，消除了自激现象产生的可能，实现了全双工通信。

6. 电源部分

电源部分为操作台提供所需的各种工作电源，如 ±5 V、±3 V 等。操作台一般采用远端供电方式。

1.1.4　语音记录仪

1. 语音记录仪的原理与功能

语音记录仪采用大规模数字集成电路完成对语音信号的取样、压缩、编码和存储，使用大容量半导体存储器记录语音信号，具有声控、电控等多种录音控制方式，具有本地、远程电话、网络等查询方式。

语音记录仪的主要功能如下。

（1）具有同时记录各通道的语音信号及相应的时间信号（年、月、日、时、分、秒）、设备编号和通道号功能。所记录的语音信号具有连续性、完整性，无丢字漏字现象。

（2）具有本地调听及远程调听功能，远程调听包括网络及电话两种方式。具有调听任何时段的语音信号及循环放音功能，语音调听和录音互不影响。

（3）具有可实时监听任一通道录音的功能，监听时不影响正在进行的录音。监听输出的语音应为录后音。

（4）具有选择记录通道、按时间检索的功能。检索时不影响正在进行的录音。

（5）具有声信号、电信号（压控）及摘机控制启动录音功能。

（6）具有转存功能，可将数据内容记录在本地计算机硬盘中，或通过网络远端转存到计算机的硬盘中，通过管理软件可回放、显示相应的记录信息，转存时不破坏原始数据。

（7）当记录仪发生故障时应不影响与其连接的其他设备正常工作。

（8）当记录仪断电时，所记录的内容不应丢失。断电保存时间应不少于 5 年。

（9）调度所型语音记录仪支持直流双路供电，车站型语音记录仪支持交直流供电，转换时不影响记录仪工作。

（10）具有通道无录音告警、常录音告警及断电记录功能。

（11）具有远程遥控查询及放音功能，查询操作方式简单、方便、并有适当的提示功能。对不同用户设置查询管理权限。查询与记录仪的录音互不影响。

2. 语音记录仪集中管理系统

通过语音记录仪集中管理系统可实现对记录仪的统一管理，包括语音记录仪的设置（设备编号、密码设置等）、运行状态的监控，故障（断电、不录音、常录音）报警。可对语音记录仪进行远程查询、回放、指定时间段转存记录内容，时间同步，对不同用户设定管理权限（访问控制）。管理软件还具有数据库管理方式，即可保留录音、保留查询和操作日志等功能。系统管理软件的监测与语音记录仪的录音互不影响。系统主要性能如下。

（1）远程遥控查询接口工作方式有两种：RJ45 以太网接口方式、RJ11 电话网接口方式。

（2）语音记录仪采用两种网络管理方式：局域网网络管理方式；支持 TCP/IP 协议、计算机控制的电话拨号网络管理方式。

（3）语音记录仪的容量满足以下要求：车站型语音记录仪每通道连续录音时间不小于 10 天、调度所型语音记录仪每通道连续记录时间不少于一个月。

3. 语音记录仪网络查询系统结构

语音记录仪网络查询系统结构图如图 1－8 所示。

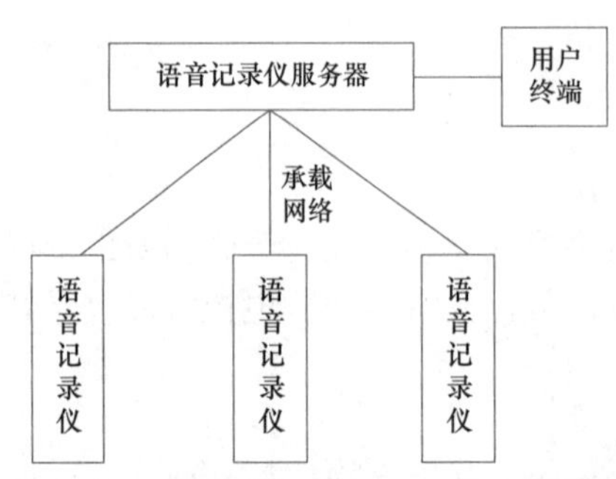

图 1－8 语音记录仪网络查询系统结构图

其中承载网络：语音记录仪管理系统的语音文件传送业务应通过铁路数据通信网或 2M 接口传输通道承载；语音记录仪管理终端主要供网管维护人员使用，完成对用户、设备、网络和服务器的管理；可以实现对系统内授权的语音记录仪当前状态的查询及调听，设备编号、密码的设置，客户端访问权限的设置，服务器巡检、校时周期的设置。

4. 语音记录仪网络管理系统结构

语音记录仪查询终端可以实现对系统内授权的语音记录仪当前状态的查询及某时间段的语音信息的游览、播放和转存。

5. 记录仪远端查询方案

配有管理软件的计算机通过网络管理放音终端与多台固态语音录放仪配套使用以实现远程查询放音功能。以拨号方式进行语音记录仪远端查询的结构框图如图 1－9 所示。

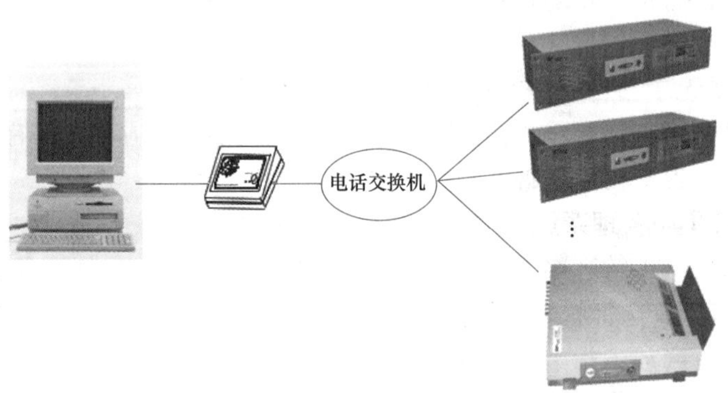

图 1－9 以拨号方式进行语音记录仪远端查询的结构框图

特点：组网成本低、连接方便、操作简便、比较适合当前的现场环境。

随着高速铁路的不断建设，有些铁路局已经建立了高速信息网，语音记录仪直接接入通信机械室 MSTP 光端机的以太网 RJ45 接口。计算机管理终端通过数据传输网完成对语音记录仪的连接、查询、放音、巡检、自动校时、转存等操作，其特点是反应速度快，传输数据量大，可以实现实时监控，如图 1－10 所示。

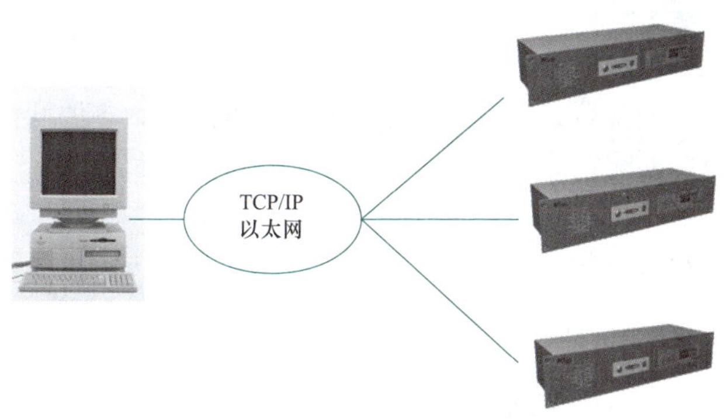

图 1－10　使用以太网方式进行语音记录仪远端查询的方案框图

每台语音记录仪配一个节点协议转换器，将 VLAN IEEE802.3 转换成 E1 G.703，使用两个 E1 接口通道组成环形网，数据可在两个标准 E1 接口中传输。当业务节点设备出现硬件故障或掉电时，两路 E1 接口将自动倒换为直通状态，把此设备从网络中隔离；当环网线路中有断路不能成环时，可自动工作于链网模式，使故障影响减小到最低程度，如图 1－11 所示。

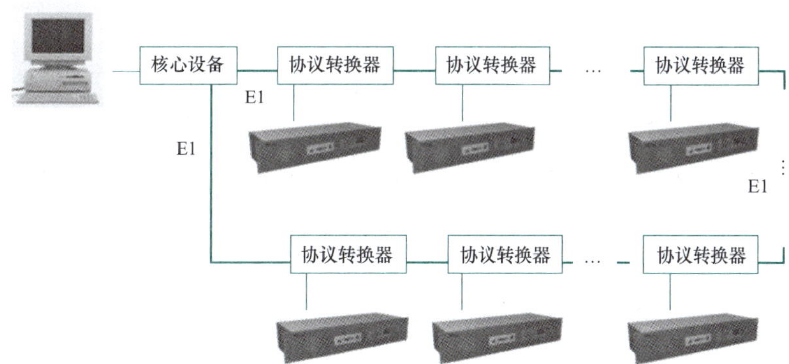

图 1－11　使用 E1 接口通道进行记录仪远端查询的方案框图

优点：现铁路局各站段区间都有 E1 接口通道，大的站段配有 E1 协议转换器。因此只要每台语音记录仪配一 E1 协议转换器，即可实现计算机管理终端通过 E1 接口通道完成对语音记录仪的连接、查询、放音、巡检、自动校时等操作且反应速度快，传输数据量大。

1.1.5　集中维护管理系统

集中维护管理系统由一台或多台集中维护管理终端、打印机组成。当系统有多台集中维护管理终端时，放置于主系统所在地的终端称为主维护管理终端，其他终端称为分维护管理终端。集中维护管理系统可对主系统和主系统管辖范围内的所有分系统进行集中维护管理及监控，但主系统与分系统之间必须通过 E1 接口通道相连。

集中维护管理系统具有性能管理、配置管理、故障管理、安全管理等功能。

1. 性能管理

性能管理：显示主系统和各车站分系统的网络拓扑结构；查看网络、主系统和各分系统的运行状况；查看各系统单板和接口的状态；查看各系统的程序和数据版本；加载程序和数据；主备切换等。

2. 配置管理

配置管理：网络通道的配置、主系统和分系统的数据配置、各调度台数据的配置、多个网关终端权限和管理范围的配置等。

3. 故障管理

故障管理：全系统所有告警、故障信息的收集、统计和分析，生成告警日志，告警的查看和打印。

4. 安全管理

安全管理：控制各维护管理终端的权限，控制各级管理员和操作员的操作权限和操作方式，确保网管系统的安全性。

任务 1.2　数字调度通信系统组网方式

1.2.1　数字调度通信系统组网结构

数字调度通信系统组网时由一套主系统和若干套车站分系统组成，主系统设于站段调度所或大型调试指挥中心。车站分系统由数字调度主机、车站操作台组成，设于站段管辖范围内的各车站。主系统与分系统之间通过 E1 接口通道与主系统相连，主要用于接入车站操作台、远端调度分机、站间电话、区间电话和站场电话等，数字调度通信系统总体结构如图 1－12 所示。

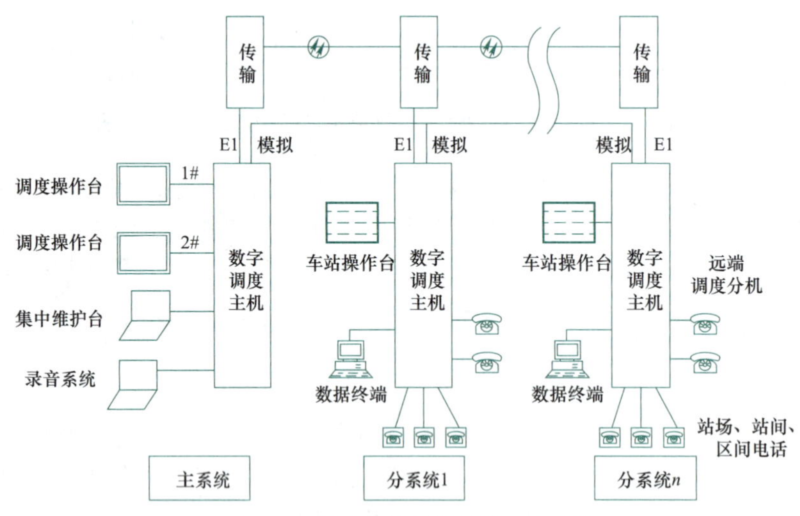

图 1－12　数字调度通信系统总体结构

1.2.2　系统的呼叫与通信方式

在模拟调度系统中，调度总机对分机的呼叫是通过发送不同双音频组合来呼叫不同的分机，调度分机呼叫调度总机则是采用定位受话方式，即不需发送呼叫信号，通话与呼叫是在一个通话（电路）中进行的。

在数字调度系统中，通话与呼叫在不同的通道中进行，语音是在“数字共线”通道中传送的，而呼叫信号是通过专用通信信道（3～4 个时隙）传送的。在总线组网方式下，该专用通信通道自主系统贯穿所有分系统，主系统与分系统的通信示意图如图 1－13 所示。

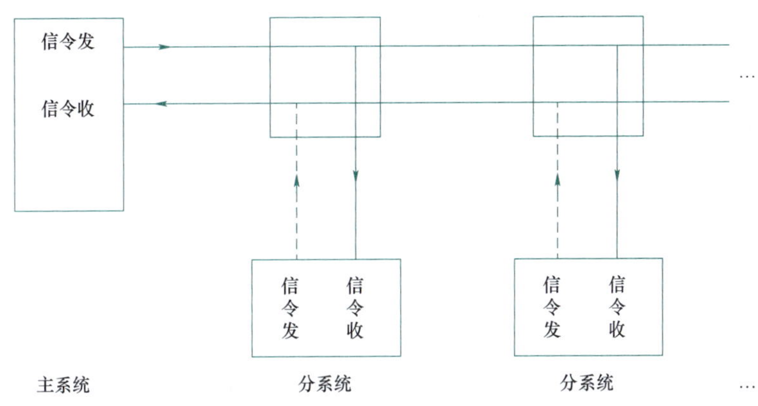

图 1－13 主系统与分系统的通信示意图

由图 1－13 可以看出，主系统和分系统之间的通信为典型的总线结构，以主系统为主导，其他分系统处于从属地位。主系统对各分系统采用分时轮询的访问方式，专用通信通道的管理权归主系统。通信由主系统发起，即主系统通过图中信令发送端口发送各种消息，其中包含被访问分系统的地址信息。图中各分系统对应信令接收端口为实线，表示所有的分系统的信令接收端口均随时处于接收状态，并分析主系统是否访问自己。图 1－13 中各分系统对应信令发送端口为虚线，表示平常处于断开状态，当被访问分系统确认自己为被访问对象时，通过交换网络将该分系统的信令发送端口连至主系统的信令总线，从而实现主系统与该分系统间通信。

为保障通信信令的可靠传输，专用通信通道一般采用 HDLC（高级数据链路控制）方式进行通信。通信信令采用数据包的格式，类似于 7 号信令系统。由于采用高性能处理器及多条 HDLC 通道，并采用高效的专用信令，使主系统和分系统之间通信速度很快。一般的呼叫响应时间在毫秒量级。从处理能力方面讲，在总线组网形式下，一个主系统在一个数字环内带的分系统个数一般可达 50 个。

由于各厂家传输系统的主系统和分系统间采用自己开发的专用信令，彼此之间不能直接通信，只能通过标准接口和信令（如用户/环路方式、中国 1 号信令系统等）进行通信。

1.2.3 数字调度通信系统组网

1. 数字环形组网

数字调度通信系统的典型组网方式为：数字环形、星形、树状、双中心环形。数字环内车站数量：普速铁路建议 15 个以内，高速铁路建议 5～7 个。数字环组网特点：多个数调系统通过 E1 接口相连，主系统的下行 E1 接口经过数字传输通道连接到分系统 1 的上行 E1 接口，分系统 1 的下行 E1 接口同样经过数字传输通道连接到分系统 2 的上行 E1 接口上，如此串接到最后一个分系统的上行 E1 接口，其下行 E1 接口经过另外一条数字传输通道直接连接到主系统的上行 E1 接口上。这样，这 n 个分系统与主系统就构成了一个封闭的数字环，具有数字环自愈、断电直通、资源利用率高的优点。每个车站采用双环组网解决大话务量问题，此方式常用于业务繁忙的编组站，如图 1－14 所示。

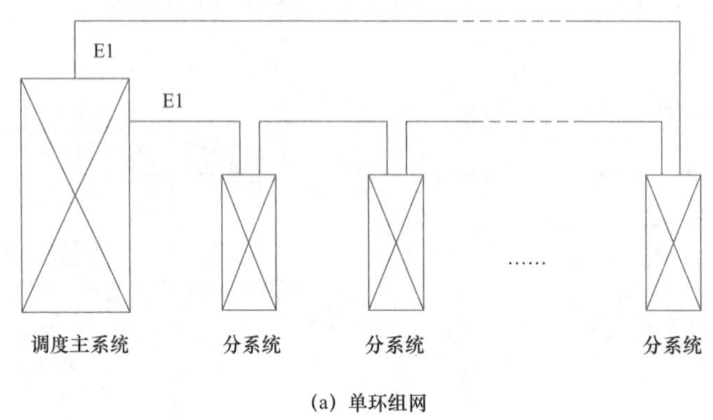

(a) 单环组网

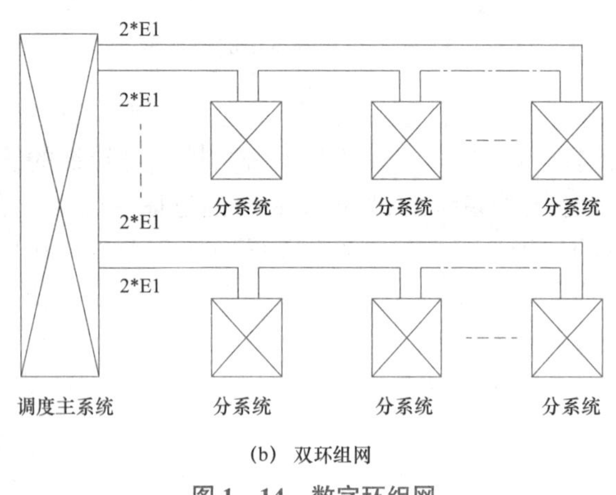

(b) 双环组网

图 1－14　数字环组网

1）数字环自愈

在一般情况下，通信使用下行 E1 接口通道，系统实时监测 E1 接口的通信状态，当检测到数字环下行 E1 接口通道的某处断开时，立刻切换至上行 E1 接口通道方向进行通信，从而保证数字环的任何一处断开都不会影响系统的正常通信，切换时间为毫秒级。

2）断电直通

有些情况下，某个车站由于一些特殊原因，系统出现断电的情况，则此数字调度通信系统的上、下行 E1 接口将自动对接起来，构成一个封闭的数字环境从而不会影响系统正常通信。

2. 星形组网

星形组网：数调主系统提供多个 E1 接口，分别与各分系统的 E1 接口连接，每个分系统对应于枢纽系统都有自己独立的 E1 接口通道，主系统与任一分系统间可独立完成话音及数据等业务。星形组网方式相对共线方式要求占用更多的通道资源，多适用于站点为辐射式分布、通道资源丰富的情况，如图 1－15 所示。

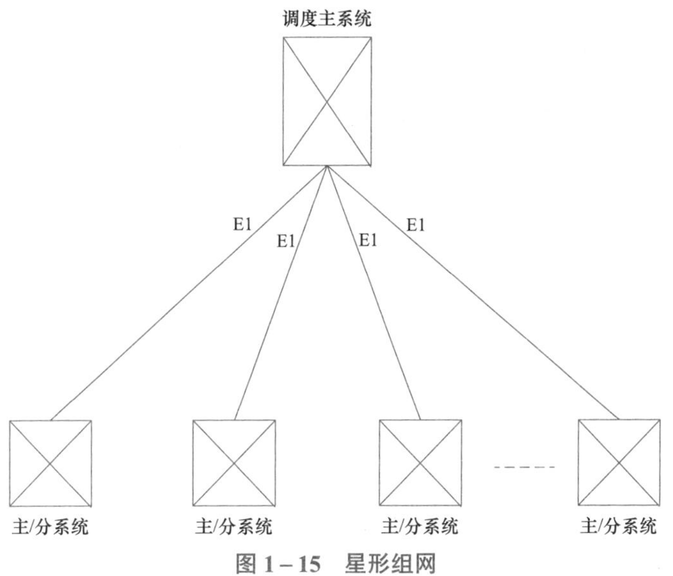

图 1－15　星形组网

3. 树状组网

树状调度网络是多级星形方式的叠加，每级系统均可通过星形组网方式与上一级或下一级系统进行通信，从而构成多级数字调度指挥网络，如图 1－16 所示。

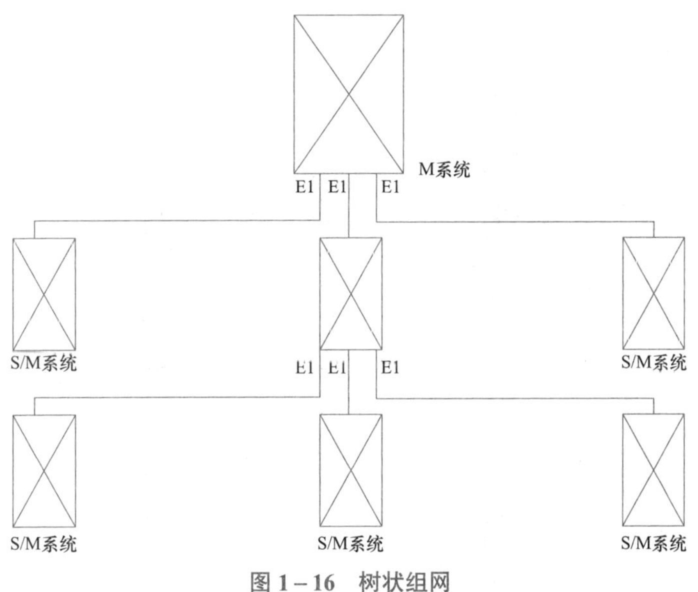

图 1－16　树状组网

4. 双中心环形组网

网络中有两个数字调度主系统都通过多个 E1 接口，分别与其他数字调度分系统的 E1 接口连接，且两个主系统之间，以及其他相邻系统之间，都有 E1 接口连接，如图 1－17 所示。

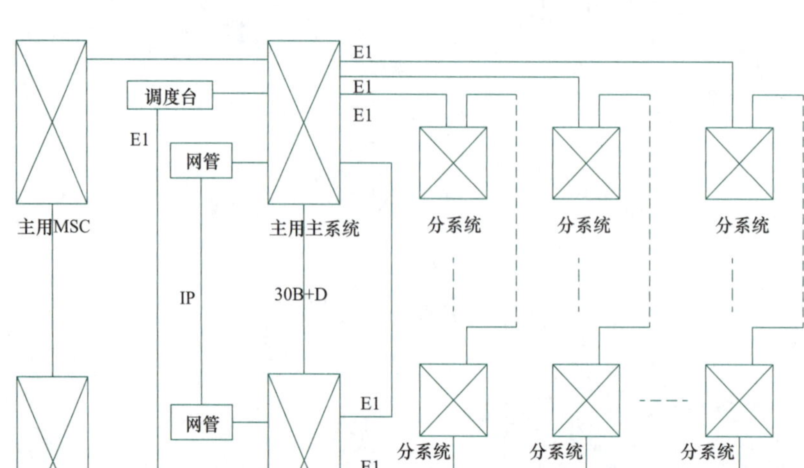

图 1－17　双中心环形组网

为应对铁路线路两侧突然发生的事故，在特定地点设置了铁路设备防灾系统，当发生类似建筑物脱落、地震等事故时，应实现立即报警功能，由此铁路车站及调度间设置了同城异地容灾系统，保证信息及时、准确、可靠地传递。图 1－18 所示为 FAS 同城异地容灾组网方式示意图。

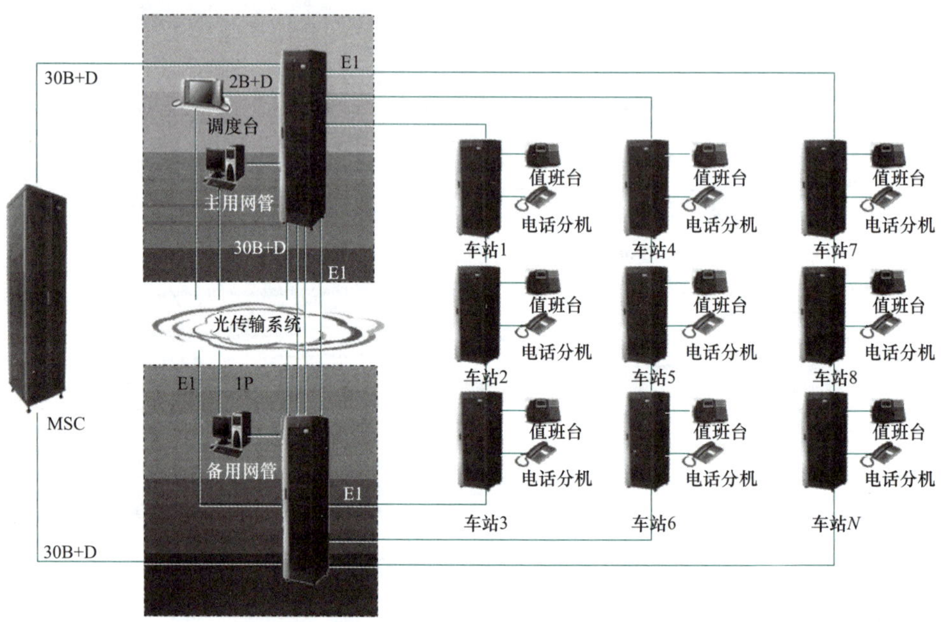

图 1－18　FAS 同城异地容灾组网方式示意图

任务 1.3　数字调度通信系统业务类型及呼叫流程

1.3.1　数字调度通信系统业务类型

区段数字调度通信系统可以实现铁路各项专用通信业务，包括区段调度通信、站场通信、站间通信、施工养护通信、道口通信、区间通信、专用通信等；同时利用该系统可实现一系列扩展业务，包括为其他业务提供通道、自动电话放号等。

区段数字调度通信系统还具有集中维护管理和自动通道保护功能。

1. 区段调度通信

区段调度通信包括列车调度通信、货运调度通信、牵引供电调度通信。

区段调度通信系统可以实现铁路局所有方向、所有区段的区段调度通信业务，并可以实现与局调、干线调度的多级联网。调度通信方式为以调度员为中心的一点对多点的通信系统。区段调度员可按“个别呼叫”“组呼”或“全呼”等方式呼叫调度管辖区范围内相关的所属用户并通话，并接收所属用户的呼叫并通话。通话方式为全双工方式，也可根据需要设置为单工定位受话方式。

调度业务的通道组网方式有以下几种：星形、总线、综合型（星形+总线）、混合型（数字+模拟）。组网方式的选择主要视区段数字调度通信系统的 E1 接口通道组网方式和是否存在模拟分机而定。如在最常用的环形组网方式下，可以用数字总线的方式，如果该调度区段的某些分机仍为模拟分机，则需用混合型组网方式。

列车调度通信的主要业务有：列车调度员以单呼（车次号功能寻址/MSISDN 号码方式）、组呼、广播方式呼叫调度辖区内的机车司机；列车调度员以单呼、组呼方式呼叫调度辖区内的车站值班员；列车调度员组呼调度辖区范围内的机务段（折返段）、列车段（车务段、客运段）、电力牵引变电所等处所值班员并通话；列车调度员向调度辖区范围内的车站值班员、机车司机、助理值班员、工务人员、道口人员发起公共紧急组呼；机车司机按位置寻址/ISDN 号码方式个别呼叫当前所在调度辖区的列车调度员并通话；机车司机按位置寻址/ISDN 号码方式个别呼叫本站/前方站/后方站值班员并通话；机车司机向所属调度辖区的调度员及相邻的车站值班员、机车司机、助理值班员、工务人员、道口人员发起铁路紧急呼叫。

货运调度通信的主要业务有：货运调度员应按“个别呼叫”“组呼”等方式呼叫调度辖区范围内相关的所属用户并通话；货运调度员接收所属用户的个别呼叫并通话。

牵引供电调度通信的主要业务有：牵引供电调度员应按“个别呼叫”“组呼”等方式呼叫调度辖区范围内相关的所属用户并通话；牵引供电调度员接收所属用户的个别呼叫并通话；专用电话调度员接收所属用户的个别呼叫并通话。

调度员一般使用键控式操作台，通过 2B+D 接口接入主系统；调度分机一般采用键控式操作台（如车站值班台）或共电电话机，通过 2B+D 接口或共电接口就近接入相应的分系统（也可能是主系统）。调度通信的实现需要区段数字调度通信系统的主系统和相关分系统协作完成。以环形组网为例，调度员和调度分机的语音通道为数字共线通道，呼叫信令则在专用通信时隙内传送。专用通信时隙为典型的总线结构，以主系统为主导，其他分系统处于从属地位，主系统对各分系统采用时分轮询的访问方式。

调度员单呼某调度分机时，主系统向该分机所属分系统发出呼叫信号，该分系统收到呼叫信号后向被叫分机发出呼叫信号（值班台或话机振铃），调度员听回铃音；被叫分机摘机应答后，该分系统向主系统发送被叫应答信号，然后主、分系统将网络接通，调度员和被叫分机通话；通话完毕一方挂机后，挂机方所属系统（主或分系统）向对方发挂机（拆线）信号，未挂机所属系统收到该挂机信号后向未挂机终端送忙音（注：上述发起呼叫或挂机过程中，如果调度员当前呼叫通道内有其他用户，则不向调度员送回铃音或忙音）。分机呼叫调度员过程与调度员单呼某调度分机过程相似。

调度员组呼或全呼时，主系统在专用通信通道上发组呼或全呼信号，相应用户对应的分系统收到该组呼或全呼信号后，向相应分机发出呼叫信号（值班台或话机振铃），然后主系统和该分系统将网络接通，调度员与之通话，其他用户陆续摘机后自动加入通话；部分分机挂机后，自动退出通话；当调度员或所有分机都挂机后，该呼叫拆除。

根据需要，调度操作台间可具有台间联络功能。在一个 2M 中继环内，一个调度的业务占用一个 64 kbit/s 通道共线时隙。

2. 站场通信

站场通信包括车站集中电话、货运电话、列检电话、车号电话和商检电话等。站场通信是铁路专用通信的重要组成部分，它上与调度电话、专用电话联系，下与铁路车站站场内不同用户保持联系。

车站集中电话：实现以车站值班员（调度员）、助理值班员、客运值班员等为中心的通信，其用户包括机车司机、车站外勤值班员、站内道口工作人员、工区调度员、货场值班员、客运作业人员、车务段调度员、调车区长、机务运转人员、内勤车号员、商检组长、计划员、清扫房工作人员等。

货运电话：实现货运计划员和外勤货运员、车站值班员、货运员、装卸所工作人员、常驻货主（专用线）、货运室值班员等用户之间的通信。

列检电话：实现列检值班员和列检员、车站值班员、红外线值班员、红外线调度员等用户之间的通信。

车号电话：实现内勤车号员和外勤车号员及其他相关用户之间的通信。

商检电话：实现商检组长和商检员及其他相关用户之间的通信。

每个车站分系统都是一个独立的调度交换机，车站分系统可实现以一个或多个车站操作台为中心，接入各种站场电话，并保留原有通信方式的站场通信系统，以取代原有的集中交换机等既有站场通信设备。

值班员使用键控式操作台，通过 2B+D 接口接到车站分系统；站场内的用户可以通过共电接口、共分接口、磁石接口等接入车站分系统；站场广播系统通过共分接口接入车站分系统；调度电话、专用电话除了可以从车站分系统的数字接口接入，还可以在没有数字通道时从选号接口、共分接口接入，通过车站分系统内部的全数字无阻塞时隙交换网络、多方会议电路方便、灵活地组成站场通信，值班员可以通过操作台上的按键任意实现单呼、组呼、会议呼。

车站操作台具有台间联络功能，可实现值班员之间的通信，站场通信为分系统内部业务，

不会占用 2M 中继环内的时隙。

3. 站间通信

站间通信是相邻两车站值班员办理有关行车业务的专用电话。在系统中既可通过数字通道实现站间通信，也可通过磁石接口作为模拟备份通道。系统在两者之间可以自由地进行手动切换、故障自动切换。

车站值班员一般使用键控式操作台作为值班台，站间呼叫一般为单键操作，即一键直通。如果不考虑跨站站间通信业务，站间通信一般占 2M 中继环中两个 64 kbit/s 通道时隙，其中一个时隙为主用站间时隙，另一个作为备用站间时隙。主用站间时隙处于分段复用状态，即任一车站与其上、下行车站的站间通话均使用该时隙，也就是说通过车站分系统的交叉连接功能实现了时隙的分段复用。当 2M 中继环的通道一处断点（备用 2M 通道除外）时，该断点两侧两个车站将无法利用站间时隙进行站间通话，这时系统将自动启用备用站间时隙作为这两个站的站间通话通道。

实际应用中，站间通信在某些情况下被允许跨站使用（如高速铁路线中的行车站），此时，只需再给一个时隙做这种站间通信用，同样这个时隙也可以被分段使用。

站间通信的呼叫信令一般有两种处理方式：一种是两个分系统通过主系统（经由专用通信通道）转发呼叫信息；另一种是两分系统间建立直达信令通道，直接处理站间呼叫信令，两种处理方式中，前者站间呼叫依赖主系统，而后者站间呼叫与主系统无关。

区段数字调度通信系统可利用既有的站间模拟通道（模拟实回线或电缆）作为站间数字通道的备份，当某分系统无法通过数字通道与邻站通信时，系统会自动将站间通信切换到模拟备用通道上进行。车站分系统一般采用磁石接口接入站间模拟通道。

4. 施工养护通信

施工养护通信是指为维修或施工临时组织的通信，主要用户包括维修或施工现场指挥人员、各工种（含工务、电务、供电、水电等，下同）指挥人员及现场作业人员、现场防护人员、轨道检查车（电线路修复车、接触网综合检测车、各种施工作业车辆、试验车等）工作人员、列车调度员、牵引供电调度员、车站值班员、机车司机，以及其他相关人员。

各工种指挥人员可按个别呼叫、组呼等方式呼叫相关所属用户并通话。

各工种指挥人员接收所属用户的个别呼叫并通话。

维修或施工现场指挥人员可按个别呼叫、组呼等方式呼叫现场各工种相关人员并通话。

维修或施工现场指挥人员接收现场各工种相关人员的个别呼叫并通话。

5. 道口通信

道口通信的主要用户包括道口值班人员、车站值班员及其他相关人员。车站值班员可用个别呼叫、组呼方式呼叫辖区范围内的道口值班人员并通话。通常当道口发生异常情况时，道口值班人员通过该通道实现与车站值班员的直接通话，也可以通过车站值班员将通话转接给其他行车指挥人员（如行车调度员），有时车站行车计划变更等作业影响道口报警的情况下，车站值班人员通过该通道实现与道口值班人员的联系。

6. 区间通信

1）区间电话

车站分系统内置了区转机功能。每个车站分系统均可设置一个或多个下行区间电话接口和上行区间电话接口，并通过这些接口接入区间通话柱。在通信方式上保留原区转机的工作方式。

区间电话业务分为区间专用自动和区间电调直通两种：在区间专用自动回线上，用户摘机后需拨号呼叫，由车站分系统根据所拨号码进行转接；在区间电调直通回线上，用户摘机后由车站分系统直接接入电调台。

区间专用自动的号码一般分配如下：

1——区间通话柱间互相呼叫；2——上行站；3——下行站；4——列调；5——电务；6——各站；7——养路；8——信号电力；9——备用；0——地区自动。

车站分系统具有将区间电调直通业务并入区间专用自动业务的能力，如在上述区间专用自动业务的号码分配中，将“9”分配给电调，则区间专用自动的用户摘机拨“9”后将被转接到电调台。这种方式可以节省一对区间回线。

2）区间应急抢险人工电话

铁路行车区间通话柱上的应急抢险人工电话回线可以接到数调系统中车站分系统的磁石接口或共电接口，由系统将其以数字共线或点对点方式转接至枢纽主系统，再由其转接至铁路人工长途台。

3）区间应急抢险自动电话

通过数调系统与干调系统、局调系统的联网，可以将干调系统、局调系统中的调度自动网号码资源放号到数调系统中的各个车站分系统中，再由其引入区间回线中，并且在同一调度区段内保持号码一致，以方便进行铁路应急抢险时，在区间可以直接拨号呼叫干调系统和局调系统的调度台。

7. 专用通信

专用通信包括车务、工务、电务、机务、水电等专业调度通信。专用通信与调度通信只是业务性质的不同，从技术原理上两者完全相同，系统可以实现铁路局各方向的所有专用电话业务。

专用通信的通信方式、通道组网方式、呼叫方式和时隙占用情况与调度通信相同。

当某专用通信调度台与主系统不在一个地点时，该专业调度台可以通过就近的分系统接入，这种接入方式称为远程调度台。远程调度台一般有两种实现方式，第一种方式是在主系统和相应分系统间设置 3 条专用 64 kbit/s 通道，将该远程调度台的 2B+D 通道直接连接到主系统的 2B+D 接口，由主系统直接管理该远程调度台；第二种方式是由相应分系统直接管理该远程调度台，所有呼叫接续由该分系统经由主系统处理。第一种方式的优点是系统处理简单，缺点是需独占 3 条 64 kbit/s 通道；第二种方式正好相反，其优点是节省了 3 条 64 kbit/s 通道，但增加了呼叫处理的复杂性。

1.3.2 数字调度通信业务呼叫流程

数字调度通信系统主要的呼叫功能有单呼、组呼、广播、紧急呼叫、会议呼叫、强插、强拆、呼叫等待、呼叫转接、双通道通话、热线、监听会议、录音、录音复述、区别振铃、振铃组、应急分机、会议过程控制等，如表 1－4 所示。

表 1 – 4 数字调度通信系统主要的呼叫功能

基本业务	电话业务	调度业务
64 kbit/s 电路交换功能	局内呼叫	呼叫优先级
为用户提供直接呼入和呼出功能	出局呼叫、入局呼叫	单呼功能，同时可发起多个单呼
为用户提供承载业务的能力	汇接呼叫	组呼功能，同时可发起多个组呼
为用户提供各种 ISDNB 补充服务和新业务的能力	路由管理、自动迂回	强插、强拆功能
具有采用 DSS1 信令与 GSM – R 交换机进行互联的能力	用户权限管理	调度呼叫接续无阻塞
具有送出主叫号码和呼叫优先的功能	特服功能	区别振铃、呼叫转接、呼叫转移
具备接收、存储和向局端转发号码的功能	灵活的编号机制	双通道通话、一键直通、电话号码簿、来电显示
根据 ISDN 地址码进行寻址，完成电路接续	多种中继接入	自动应答、摘机应答、按键应答
—	中继线自动连选	一键多号
	—	监听、录音
		夜服分机、应急分机

单呼：调度员或车站值班员通过调度台（操作台）的单呼键完成对某一用户的呼叫；调度台（操作台）显示被叫名称、被叫电话号码、呼叫优先级、呼叫状态等；被叫可摘机应答也可自动应答，应答后调度台（操作台）显示处于通话状态；若调度台（操作台）挂机，调度台（操作台）显示通话结束，被叫听到忙音；若被叫挂机，调度台（操作台）听到忙音，之后显示通话结束，如图 1 – 19～图 1 – 22 所示。

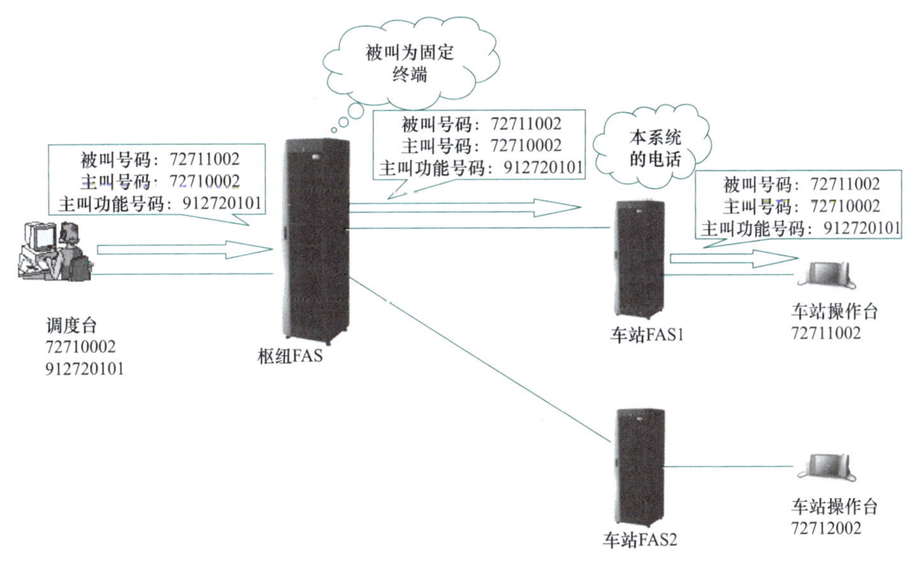

图 1 – 19 调度台以 ISDN 号码呼叫车站值班台

在图 1 – 19 中，首先调度台向枢纽 FAS 发送被叫 ISDN 号码，枢纽 FAS 确定被叫号为固定终端，选好路由，将被叫号码发送给车站 FAS1；然后车站 FAS1 分析被叫 ISDN 号码为本系统号码，采用有线通信的方式呼叫被叫车站操作台；最后车站操作台振铃并显示主叫号。

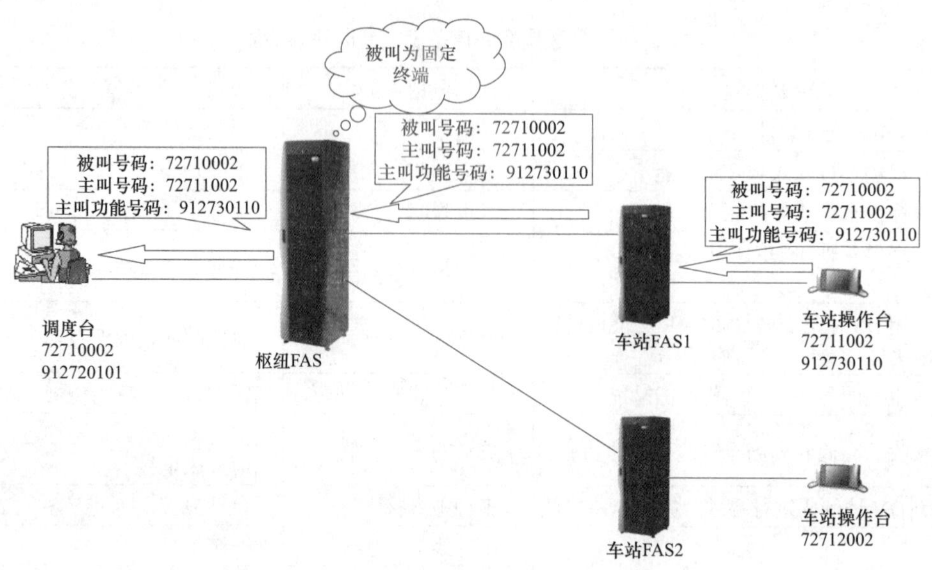

图 1－20　车站值班台以 ISDN 号码呼叫调度台

在图 1－20 中，首先车站操作台向车站 FAS1 发送被叫 ISDN 号码，车站 FAS1 直接将被叫号码发送给枢纽 FAS；然后枢纽 FAS 分析被叫号为固定终端，采用有线通信的方式呼叫被叫调度台；最后调度台振铃并显示主叫号。

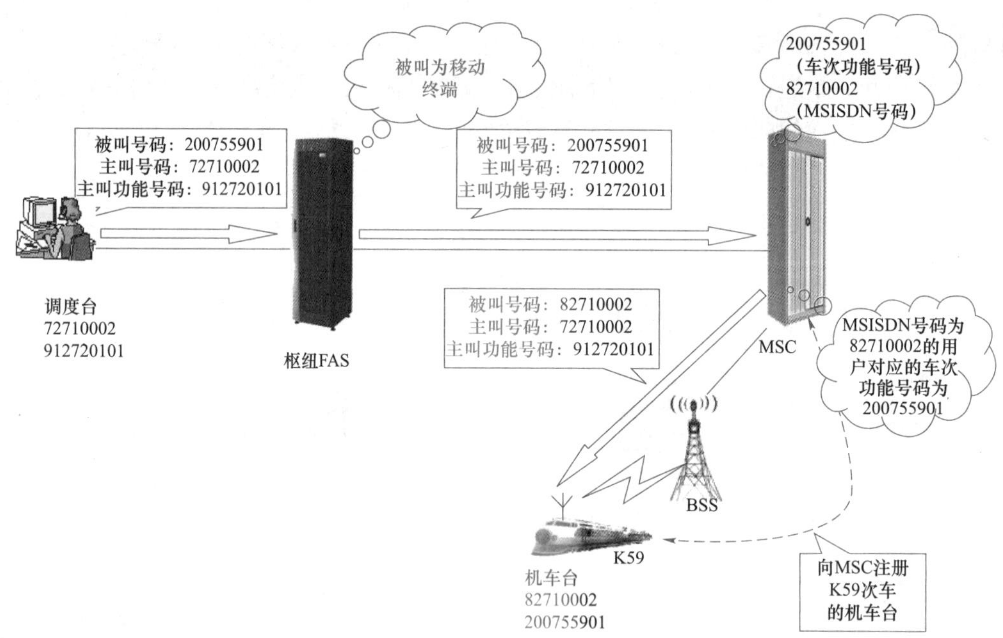

图 1－21　调度台以车次功能号码呼叫机车台

在图 1－21 中，首先要向 MSC 注册 K59 次车的机车台，MSC 就会得知 MSISDN 号码为 82710002 的用户对应的车次功能号码为 200755901；然后调度台向枢纽 FAS 发送被叫的车次功能号，枢纽 FAS 分析被叫为移动终端，然后将被叫号发给 MSC；MSC 根据车次功能号分析出对应的 MSISDN 号码，采用无线通信的方式向机车台发送被叫号码；最后被叫显示主叫号码并振铃。

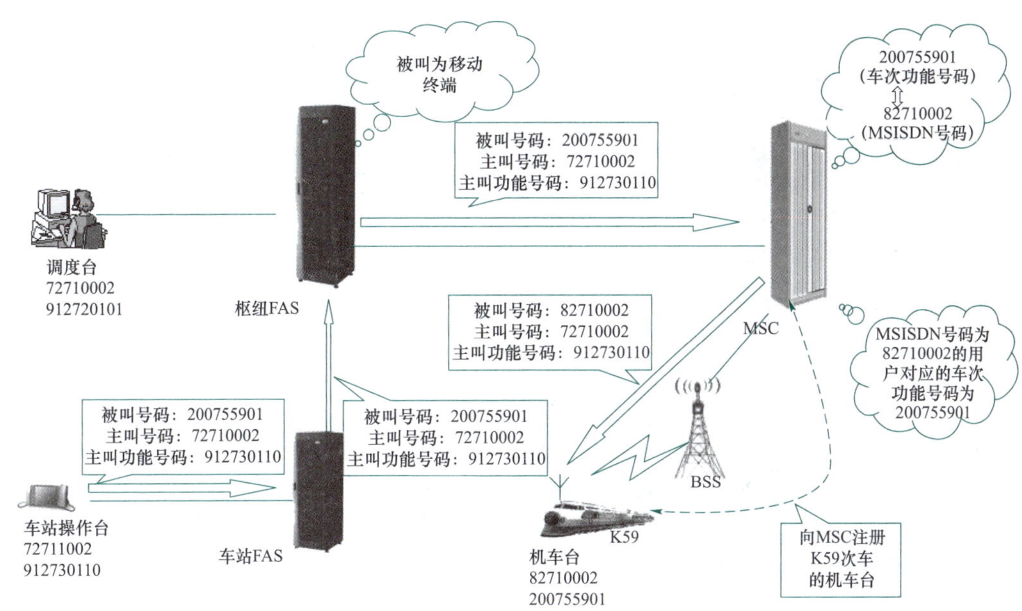

图1－22　车站值班台以车次功能号码呼叫机车台

在图1－22中，首先要向MSC注册K59次车的机车台，MSC就会得知MSISDN号码为82710002的用户对应的车次功能号码为200755901；然后车站操作台向车站FAS发送被叫车次功能号；车站FAS向枢纽FAS发送被叫的车次功能号，枢纽FAS分析被叫为移动终端，然后将被叫号发给MSC；MSC根据车次功能号分析出对应的MSISDN号码，采用无线通信的方式向机车台发送被叫号码；最后被叫显示主叫号码并振铃。

组呼：调度员或车站值班员通过调度台（操作台）的组呼键完成对某一组用户的呼叫；调度台（操作台）发起组呼后，组成员振铃，调度台（操作台）显示组呼名称、组呼号码，以及呼叫优先级、呼叫状态等；组成员摘机，组呼通话建立，所有成员处于双工会议中；调度台（操作台）挂机，结束本次组呼，调度台（操作台）显示通话结束，如图1－23～图1－25所示。

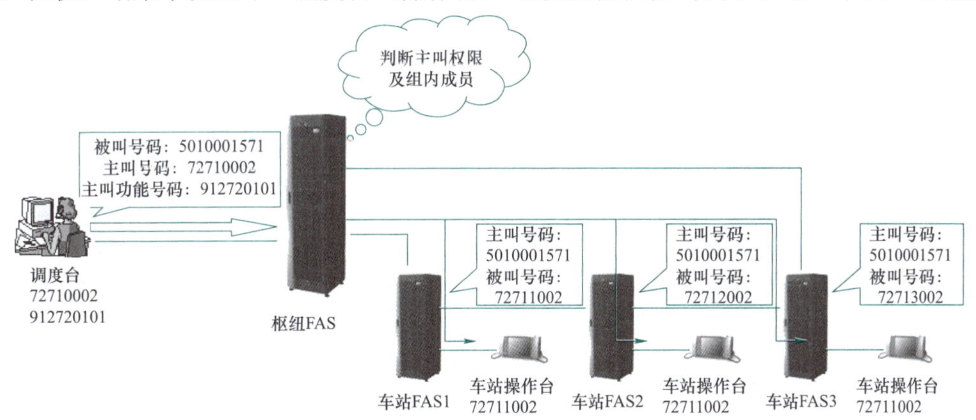

图1－23　调度台发起组呼（组呼成员只包括车站值班员）

在图1－23中，首先调度台向枢纽FAS发送被叫号码，枢纽FAS判断主叫的权限，并判断出组呼成员只包含车站值班员后，枢纽FAS向各个车站FAS发送被叫号；车站FAS根据被叫号码，通过有线通信的方式向车站操作台发送被叫；最后车站操作台振铃并显示主叫号码。

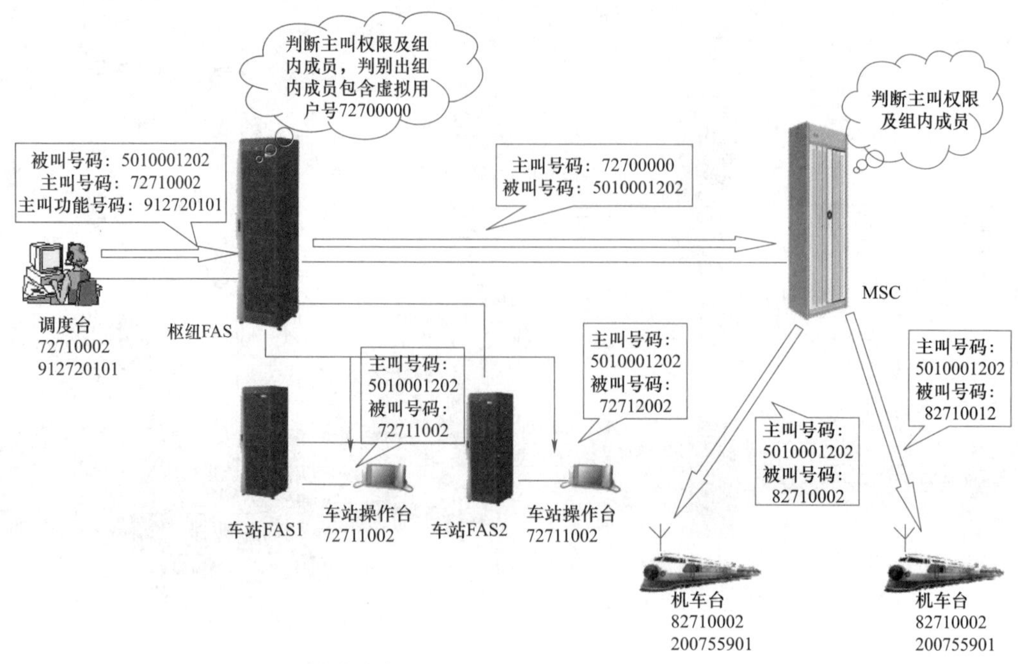

图 1－24　调度台发起组呼（组呼成员包括固定终端和移动终端）

在图 1－24 中，首先调度台向枢纽 FAS 发送被叫号码，枢纽 FAS 判断主叫的权限，并判断出组呼成员既有车站操作台（固定终端），又有虚拟用户号（移动终端）后，枢纽 FAS 向各个车站 FAS 及 MSC 发送被叫号；然后车站 FAS 根据被叫号码，通过有线通信的方式向车站操作台发送被叫号。MSC 判断主叫权限和组呼成员，通过无线通信的方式向机车台发送被叫号；最后车站操作台、机车台振铃并显示主叫号码。

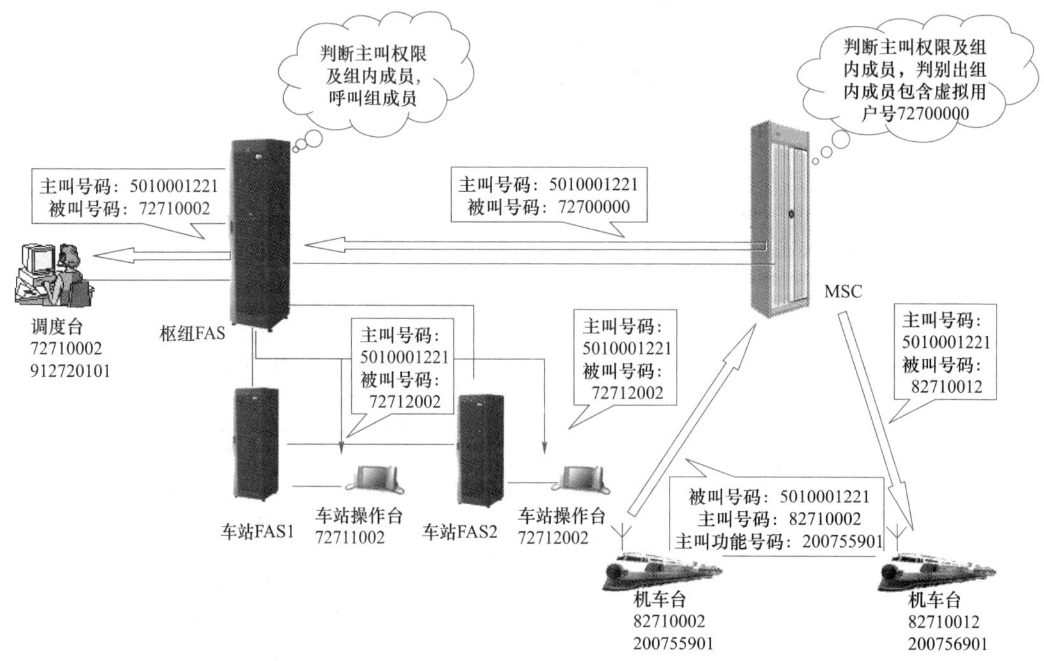

图 1－25　机车台发起组呼（组呼成员包括固定终端和移动终端）

在图1－25中，首先机车台通过无线通信的方式向MSC发送被叫号码，MSC判断主叫的权限，并判断出组呼成员既有固定终端，又有虚拟用户号（移动终端）后，向枢纽FAS和机车台发送被叫号；然后枢纽FAS判断主叫权限和组呼成员，通过有线通信的方式向调度台和各个车站FAS发送被叫号。机车台振铃并显示主叫号；最后调度台和车站操作台振铃并显示主叫号。

广播：调度员或车站值班员通过调度台（操作台）的广播键完成对某一组用户的广播呼叫；调度台（操作台）按某一广播按键发起广播，组成员振铃，调度台（操作台）显示广播名称、广播号码，以及广播级别等；组成员摘机，广播通话建立，调度台（操作台）显示处于广播通话状态；调度台（操作台）挂机，结束本次广播呼叫，调度台（操作台）显示通话结束。

紧急呼叫：调度员或车站值班员先按“紧急呼叫”键，再按某一单呼按键或拨号呼叫，调度台（操作台）显示被叫名称、被叫电话号码、呼叫优先级、呼叫状态等；若被叫处于空闲状态，则被叫自动应答，通话建立，调度台（操作台）显示处于通话状态；若被叫处于通话状态，则被叫的原通话方自动被保持，被叫自动应答本次呼叫，通话建立，调度台（操作台）显示处于通话状态；若调度台（操作台）挂机，调度台（操作台）显示通话结束，被叫听到忙音；若被叫挂机，调度台（操作台）听到忙音，之后显示通话结束；若被叫之前处于空闲状态，则被叫听到忙音后正常结束；若被叫之前处于通话状态，则被叫的原通话方自动被恢复通话。

相邻三小区紧急呼叫流程如图1－26所示。

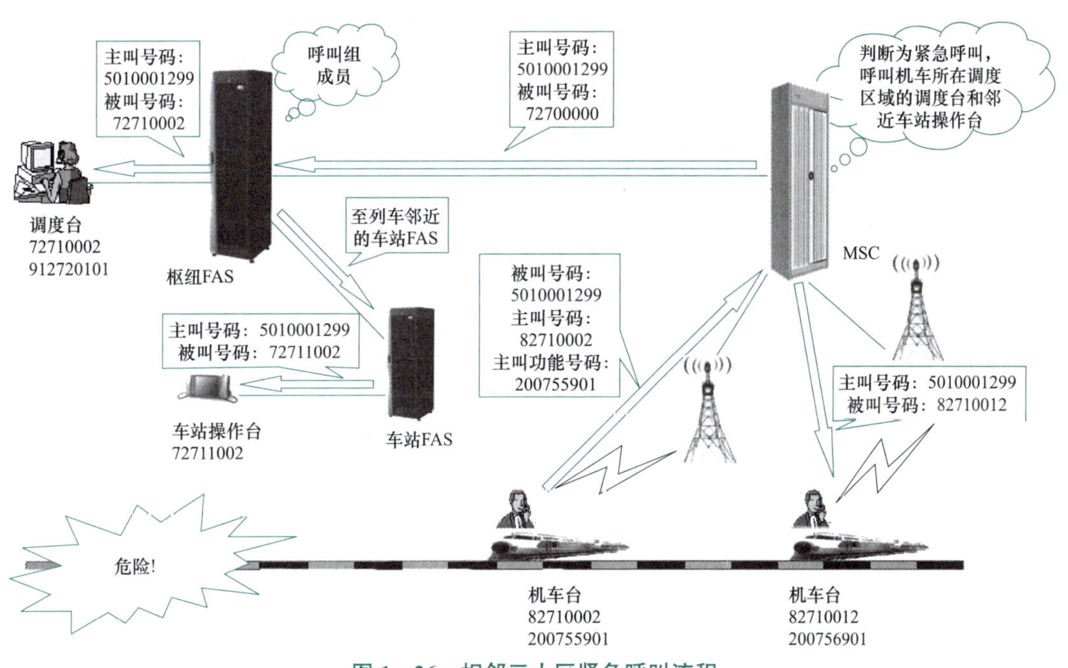

图1－26 相邻三小区紧急呼叫流程

在图1－26中，首先机车司机借助机车台通过无线通信的方式向MSC发起紧急呼叫；其次MSC判断被叫为紧急呼叫，通过有线通信的方式向枢纽FAS发起紧急呼叫，通过无线通信的方式向相邻的机车台发起紧急呼叫；然后枢纽FAS接收到紧急呼叫后向调度台和相邻车站FAS发起紧急呼叫，机车台振铃并显示主叫号；最后调度台振铃并显示主叫号，相邻车站FAS向车站操作台发起紧急呼叫，车站操作台振铃并显示主叫号。

会议呼叫：先按“会议”键，调度台（操作台）显示处于会议状态；逐个按单呼按键或拨号呼叫，调度台（操作台）显示各个被叫名称、被叫电话号码、呼叫优先级、呼叫状态等；各被叫摘机，通话建立，调度台（操作台）显示处于会议通话状态；调度台（操作台）挂机，结束本次会议呼叫，调度台（操作台）显示通话结束。

强插功能：调度台（操作台）已处在低优先级通话状态；紧急组呼或紧急呼叫呼入，调度台（操作台）振铃一次，并显示新呼叫的主叫名称、主叫电话号码、呼叫优先级、呼叫状态等；代表该主叫方的相应按键有呼入指示；调度台（操作台）自动应答新的呼叫，通话建立，调度台（操作台）显示处于通话状态。原呼叫对方自动处于被保持状态，并听到保持音或音乐。调度台（操作台）显示原呼叫处于被保持状态。

强拆功能：当优先级较低的 A、B 两个用户通话，优先级较高的用户 C 想和 A 进行对话，则按下强拆按钮，就会将 A、B 话路强行拆除，直接与 A 进行对话。

呼叫等待功能：操作台已处在通话状态；除紧急组呼及紧急呼叫之外的新呼叫呼入，该新呼叫自动进入呼叫等待状态。调度台（操作台）振铃一次，并显示新呼叫的主叫名称、主叫电话号码、呼叫优先级、呼叫状态等；代表该主叫方的相应按键有呼入指示。若需要接听新的呼叫，则按相应按键或按“接听”键接收呼入，通话建立，操作台显示处于通话状态。原呼叫的对方自动处于被保持状态，并听到保持音或音乐。调度台（操作台）显示原呼叫处于被保持状态。

呼叫转接功能：调度台（操作台）作为被叫，处在通话状态。按“转接键”，再按某一单呼按键或拨号输入相应的用户号码。新的被叫振铃，原主叫听到回铃音，原被叫调度台（操作台）显示通话结束。

双通道通话功能：调度台（操作台）两个手柄代表两个通道；当有用户呼入时，调度台（操作台）直接点击相应的用户按键进行接听时，默认为主通道通话，通话过程中可通过“切换”键切换至辅通道；当有用户呼入时，调度台（操作台）也可直接通过“辅接听”按键通过主通道接听。

热线功能：用户分机可设为热线方式，摘机之后不需拨号直接呼叫提前设置好的用户终端，一般为调度台或操作台。

监听会议：调度员或车站值班员通过调度台（操作台）建立组呼呼叫后，可退出当前组呼，按“监听”键对组呼会议进行监听。

录音功能：通过多通道数字录音仪，可对调度台、热线电话及拨号电话进行录音；多通道录音仪支持 64 通道同时录音，声控启动，硬盘存储，网络管理、远程调听。录音仪支持双机热备份。

录音复述：调度台（操作台）可配置“录音”键、“复述”键。调度员或车站值班员可先按下“录音”键，再下达调度命令，调度命令即被录下，再按下“复述”键，自动向建立起呼叫的一方或一组用户播放录音资料。

区别振铃：调度台（操作台）支持区别来话振铃功能，支持区别 4 种振铃模式配置，分别是紧急呼叫、用户、调度台、中继。

振铃组功能：多个调度台（操作台）和电话（可以是一台交换机的用户，也可以跨局）可设为一个振铃组；当组外用户呼入时，组内所有空闲电话都振铃，其中的任意一个终端［调度台（操作台）或电话］摘机应答后，其余电话停止振铃。振铃组的号码可以是组内任意一个终端的号码，也可以是定义的特殊号码。当组内用户呼入时，只有被叫用户振铃，本被叫）

所在振铃组的其他成员不振铃。

应急分机功能：调度台（操作台）可以设某 ADSL 用户为应急分机，当调度台（操作台）故障时，应急分机可接听呼叫调度台（操作台）的来电，也可通过拨号方式呼出。呼出时主叫显示调度台（操作台）的号码。

会议过程控制功能：当调度台（操作台）主通道在开会模式时，主通道呼入、呼出用户直接进入调度台（操作台）当前的会议。如果是辅通道呼入、呼出，则是单呼；调度台（操作台）在召开会议过程中，可点击某会议成员按键，即让该成员退出会议；调度员或车站值班员可以将一组会议的所有参会方切换到通播通话方式，也可把某一个参会方切换到通播通话方式；调度台（操作台）能显示会议用户的状态，包括主席、会员、越级、降级等。

相关规范、规程与标准

《铁路有线调度通信系统　第 1 部分：技术条件》（TB/T 3160.1—2016）

项目小结

本项目主要从数字调度通信系统硬件认知、系统组网方式、数字调度通信系统业务类型、呼叫流程等方面进行叙述。数字调度通信系统硬件包括调度所调度交换机、车站调度交换机、调度台、操作台、语音记录仪、网管设备，附属设备包括光纤配线架（ODF）、数字配线架（DDF）、音频配线架等。数字调度通信系统实现干线调度通信、区段调度通信、站场通信、站间通信、区间通信等与运输指挥相关的通信业务。通过本项目的学习，我们应具备数字调度通信系统的认知能力；具备数字调度通信系统的组网能力；具备数字调度通信系统各个组成部分的原理分析能力。

复习思考题

1. 什么是数字调度通信系统？
2. 数字调度通信系统具有哪些功能？
3. 数字调度通信系统由哪些部分组成？
4. 数字调度通信系统组网的拓扑结构有哪些？
5. FAS 系统包括哪些类型的接口？
6. GSM-R 系统的组成有哪些？
7. 在数字调度通信系统中，什么是数字环？
8. 数字调度通信系统的呼叫功能有哪些？
9. 数字调度通信系统怎样实现单呼和组呼？
10. 在通信过程中，什么是信令？
11. 语音记录仪对模拟语音的记录过程，是一个什么样的过程？
12. 数字交换网络中使用的时分接线器（T 接线器）是由什么组成的？
13. 在数字调度通信系统中，用什么电路实现三方或更多方通话？
14. 简述相邻三小区的紧急呼叫流程。

项目2

数字调度通信系统的基本原理

项目描述

本项目主要介绍模拟信号数字化的基本原理、时分多路通信的基本概念、数字交换机的基本原理、信号与系统的基本知识、调度通信的其他重点知识［数字会议电路的基本原理、回波相消技术、数字锁相环技术、数字交叉连接（DXC）的应用］五个方面的内容。这些内容都是数字调度通信系统的基本理论，掌握本项目的内容，有助于加深对数字调度通信系统工作原理的理解。

拟实现的教学目标

能力目标

具备将模拟信号转化成数字信号的能力；具备 PCM30/32 路帧结构信号的时隙传送信号的分析能力；具备数字交换系统基本概念认知的能力；具备信号与系统相关模型构建的能力；具备数字会议电路的基本原理、回波相消技术、数字锁相环技术、数字交叉连接（DXC）的分析与运用能力。

知识目标

掌握将模拟信号转化成数字信号的过程及相关方法；熟记时分多路复用、时隙、时隙交换的概念；弄懂时分接线器、空间接线器、信号与系统的相关模型；弄清 PCM30/32 路帧结构的时隙分配原则；了解数字会议电路的基本原理、回波相消技术、数字锁相环技术、数字交叉连接（DXC）的应用。

素质目标

培养面向国家铁路、地方铁路、城市轨道交通、工程公司、通信设备工厂等企事业单位，在生产、建设、管理、服务第一线，具有较强的铁路通信设备基本结构、工作原理、技术条件、维护标准、施工工艺等专业技术理论知识，较强的计算机、相关工程技术应用能力和较强的铁路通信设备安装、调试、日常养护、故障处理及检（维）修等实践技能，具有良好职业道德和职业生涯发展基础，具备较强岗位实践能力及新技术学习应用能力的高端技能型专门人才。

任务 2.1　模拟信号数字化基本原理

常用的将模拟信号数字化的方法是采用脉冲编码调制（pulse code modulation，PCM），将模拟信号变为 PCM 信号，必须经过抽样、量化、编码三个步骤。

2.1.1　抽样

抽样——把时间、幅度连续的模拟信号转变为时间离散、幅度连续的信号，即时间离散化；如果取出的样值足够多，那么抽样信号就越接近原来的模拟信号，也就是抽样间隔时间 T 越短越好，如图 2－1 所示。抽样后的信号称为 PAM（pulse amplitude modulation），即脉冲幅度调制，该信号属于模拟信号，不能用数字传输通道进行传输。

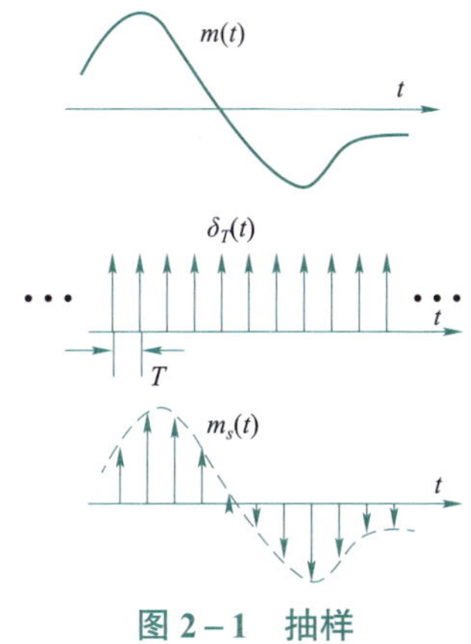

图 2－1　抽样

若使抽得的样值信号能够完全包含原始信号的全部信息，则必须符合奈奎斯特抽样定理，其内容为：要从抽样信号中无失真地恢复原信号，抽样频率应大于 2 倍信号最高频率。抽样频率小于 2 倍频谱最高频率时，信号的频谱有混叠。抽样频率大于 2 倍频谱最高频率时，信号的频谱无混叠。

抽样前应该对原模拟信号进行滤波，把高于 1/2 抽样频率的频率滤掉；抽样后的信号只要通过一个截止频率为 $f_s/2$ 的低通滤波器就能恢复原始信号。

2.1.2　量化

量化——把幅度连续信号转换为幅度离散信号，即幅度离散化；量化模型如图 2－2 所示。

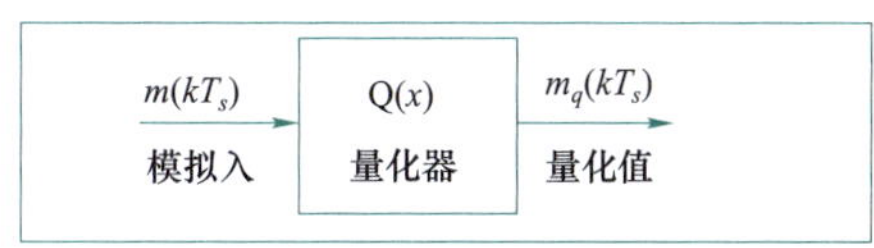

图 2－2　量化模型

经过抽样后的 PAM 信号，是一个幅度连续、时间离散的脉冲信号。在幅度轴上对抽样后的脉冲进行离散化。即把抽样后的信号电平归并到有限个电平等级上去，称为量化。一般用一个二进制数来表示量化等级。量化比特数是指要区分所有量化等级所需几位二进制数。采用均匀等间隔量化级进行量化的方法称为均匀量化。采用非等间隔进行分层量化，则称为非均匀量化。国际上有两种压扩方法，即北美标准 μ 律特性压扩方法和欧洲标准 A 律特性压扩方法，我国采用 A 律特性压扩方式，量化曲线如图 2－3 所示。

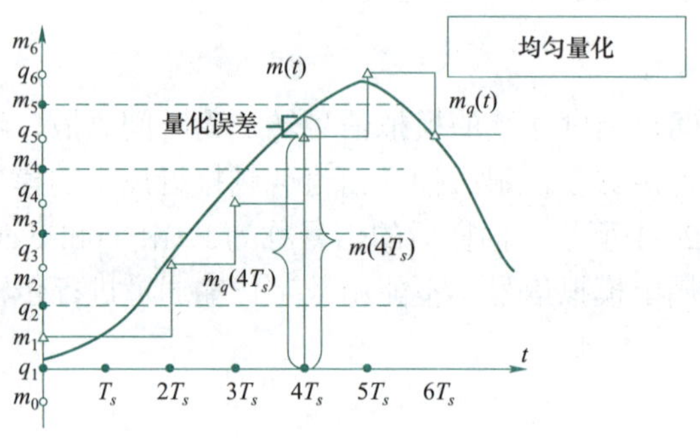

(a) 均匀量化曲线

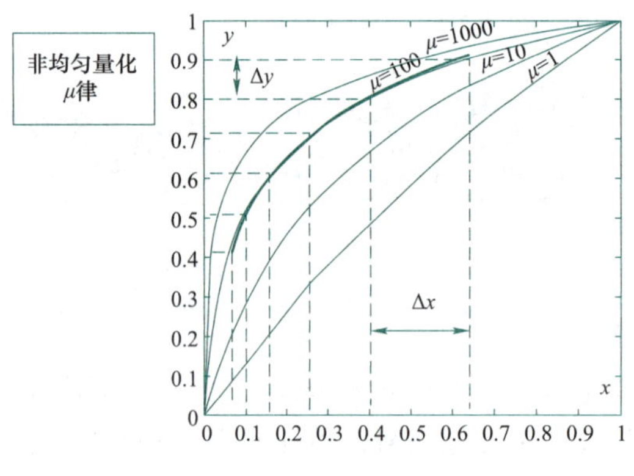

(b) 非均匀量化μ律

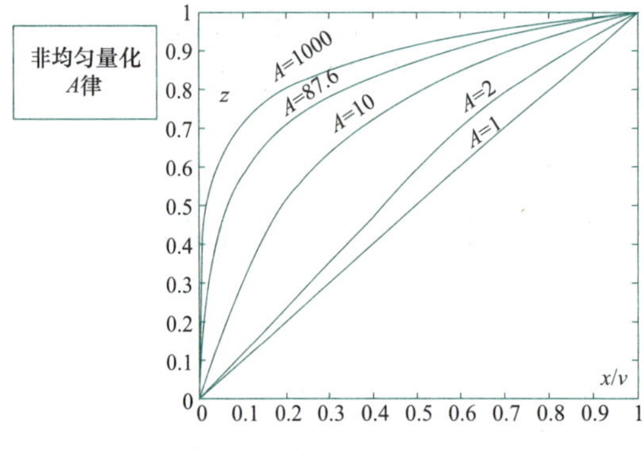

(c) 非均匀量化A律

图 2－3 量化曲线

A 律特性曲线为一条指数型的曲线，可以用 13 折线近似来表示，如图 2－4 所示。

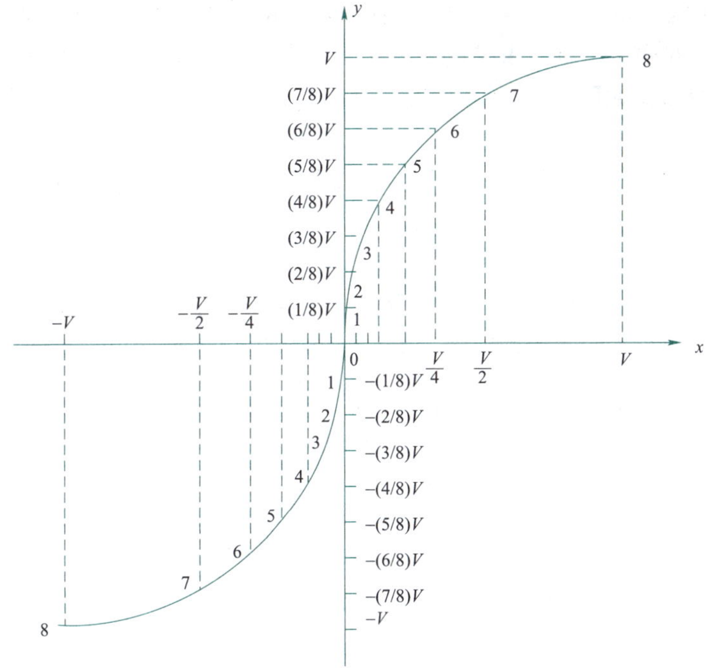

图 2－4　*A* 律 13 折线近似表示图

这种压缩特性的特点是将 x 轴代表输入信号，采用非均匀分段的办法，达到非均匀量化的目的。在第Ⅰ象限分段规律是每次以 1/2 进行分段，共分成非均匀的 8 段，地段为 1/2～1；剩下的 0～1/2 再进行一分为二，即取 1/4～1/2 为第 7 段；剩下的 0～1/4 再进行一分为二，以此类推，一直分成 8 个段落，最小一段为 1～1/128，作为第 1 段。

y 轴代表输出信号，均匀地等分 8 个段落，分别是 1/8、2/8、3/8、4/8、5/8、6/8、7/8、1，且与 x 轴一一对应。第Ⅲ象限的分段规律与第Ⅰ象限一致，把 x 轴和 y 轴相应的交点连接起来，共有 16 段线段组成，其中第Ⅰ象限 1、2 段与第Ⅲ象限 1、2 段长度相等、斜率相同，因此连接起来共有 13 段斜率不同的折线，故称为 *A* 律 13 折线，第Ⅰ象限 *A* 律折线函数表见表 2－1。

表 2－1　第Ⅰ象限 *A* 律折线函数表

y	0	1/8	2/8	3/8	4/8	5/8	6/8	7/8	1
x	0	1/128	1/64	1/32	1/16	1/8	1/4	1/2	1

段落	1	2	3	4	5	6	7	8
斜率	16	16	8	4	2	1	1/2	1/4
折线编号	7		6	5	4	3	2	1

2.1.3 编码

编码——把抽样、量化后的离散样值转换成数字符号的过程，用 N 比特（位）二进制码来表示已经量化了的样值，每一组二进制对应一个量化值，称为二进制编码。按 A 律 13 折线进行编码，称为 A 律编码，A 律编码是由 8 位的二进制组合来表示的，码位的安排如下。

1. 极性码 A_0

样值脉冲有正、负之分，当 A_0= “1” 时，代表样值正脉冲；A_0= “0” 时，代表样值为负脉冲。

2. 段落码 $A_1A_2A_3$

A 律 13 折线单方向分为 8 段，非均匀分段，从小信号的第 1 段开始到大信号的第 8 段为止，各段的长度不一样、段落起始电平、量化值范围也不一样，如表 2-2 所示。

表 2-2　各段落对应的长度、起始电平、量化值范围

段落码 $A_1A_2A_3$	000	001	010	011	100	101	110	111
段落序号	1	2	3	4	5	6	7	8
段落长度	16	16	32	64	128	256	512	1 024
段落起始电平	0	16	32	64	128	256	512	1 024
量化值范围	0～16	16～32	32～64	64～128	128～256	256～512	512～1 024	1 024～2 048

3. 段内电平码 $A_4A_5A_6A_7$

每个段落内又均匀等分成 16 个量化级，由于非线性量化分段每一段落长度不一样，各段落间的级差也不一样，如表 2-3 所示。

表 2-3　段内电平码

量化级序号	$A_4A_5A_6A_7$	1	2	3	4	5	6	7	8
1	0000	0	16	32	64	128	256	512	1 024
2	0001	1	17	34	68	136	272	544	1 088
3	0010	2	18	36	72	144	288	576	1 152
4	0011	3	19	38	76	152	304	608	1 216
5	0100	4	20	40	80	160	320	640	1 280
6	0101	5	21	42	84	168	336	672	1 344
7	0110	6	22	44	88	176	352	704	1 408
8	0111	7	23	46	92	184	368	736	1 472
9	1000	8	24	48	96	192	384	768	1 536
10	1001	9	25	50	100	200	400	800	1 600

续表

量化级序号	$A_4A_5A_6A_7$	1	2	3	4	5	6	7	8
11	1010	10	26	52	104	208	416	832	1 664
12	1011	11	27	54	108	216	432	864	1 728
13	1100	12	28	56	112	224	448	896	1 792
14	1101	13	29	58	116	232	464	928	1 856
15	1110	14	30	60	120	240	480	960	1 920
16	1111	15	31	62	124	248	496	992	1 984
量化级级差（Δ）		1	1	2	4	8	16	32	64

注：表中的Δ为最小的量化间隔，Δ=（1/128）×（1/16）=1/2 048（归一化值）。

任务 2.2　时分多路通信

2.2.1　PCM 传输系统

模拟语音信号在发送端经过抽样、量化和编码后得到了 PCM 信号，该信号经过传输线路送到对端。在接收端将 PCM 信号还原成模拟信号，PCM 系统框图如图 2－5 所示。

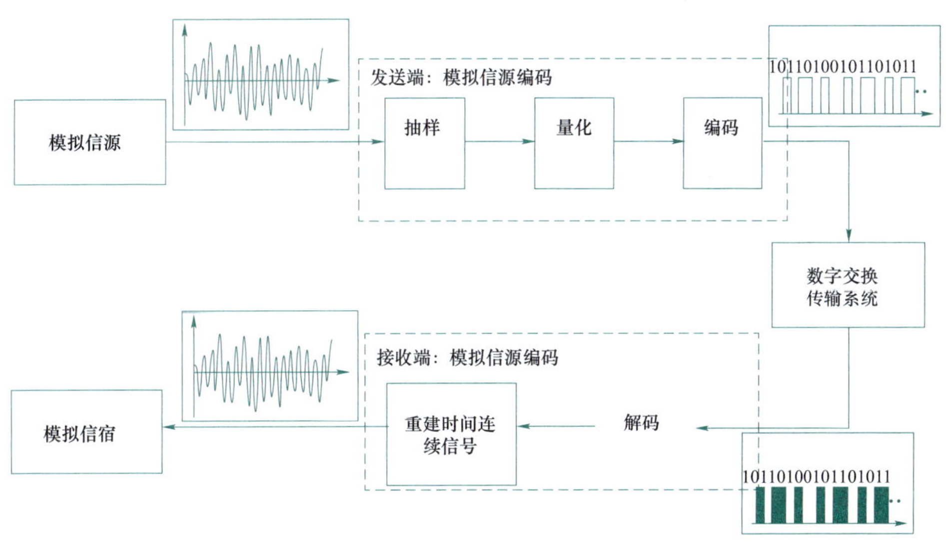

图 2－5　PCM 系统框图

2.2.2　时分多路复用

在一对传输线上，传输多个话路的信息，这就是多路复用。多路复用通常有频分多路复用（FDM）和时分多路复用（TDM）两种。FDM 是将传输频带分成 n 部分，每一个部分均可作为一个独立传输信道使用。FDM 通信又称为载波通信，它是模拟通信的主要手段。TDM 是一个把传输通道进行分割以传送若干话路的信息，也称为时间分割通信，它是数字电话多路通信的主要手段，因而 PCM 通信常称为时分多路通信，FDM 和 TDM 信道划分示意图如图 2－6 所示。

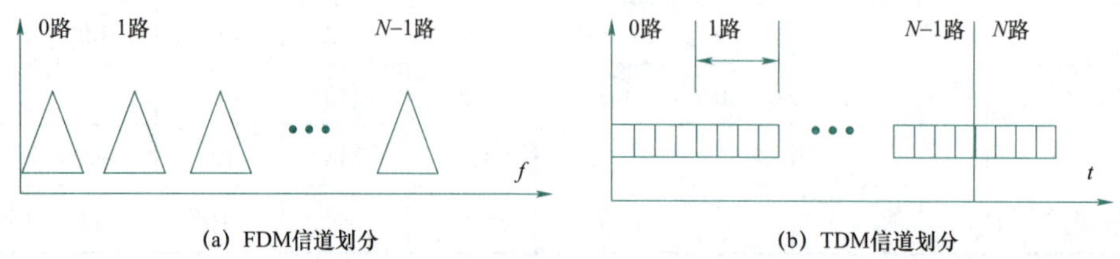

图 2－6　FDM 和 TDM 信道划分示意图

在时分制中，每一用户在指定时间内接通信道，其他时间为别的用户按指定时间接通，为了使发送端各路和接收端各路能互相对应协调一致地工作，在发送端需传送一个同步信号，利用同步控制信号来确保发送端和接收端协调工作，如图 2－7 所示。

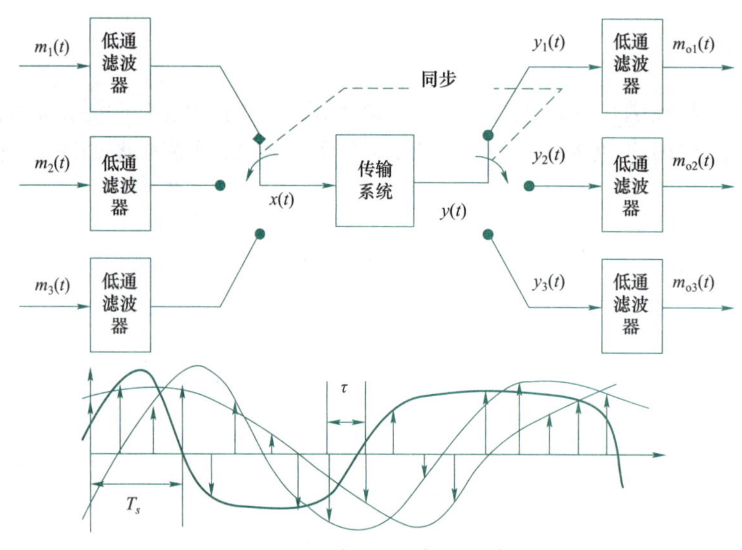

图 2－7　3 路 TDM 复用示意图

2.2.3　PCM30/32 路的帧结构

PCM30/32 路的帧结构制式是将 T=125 μs 的时间分成 32 个时隙，每个时隙占用时间为 125 μs/32=3.9 μs，传送 8 位二进制码，即 8 bit，每个比特占用时间为 3.9 μs/8=0.488 μs。

在 125 μs 时间内，每一路轮流传送 8 位码的码组一次，称为一帧，所以一帧由 32 个时隙组成，分别记为 TS0、TS1、TS2……TS31。其中，TS0 为帧同步时隙；TS16 为话路标志信号时隙；TS1～TS15 及 TS17～TS31 为话路时隙，共 30 路。因此，32 路 PCM 写成 PCM 30/32。PCM 30/32 路系统的帧结构如图 2－8 所示。

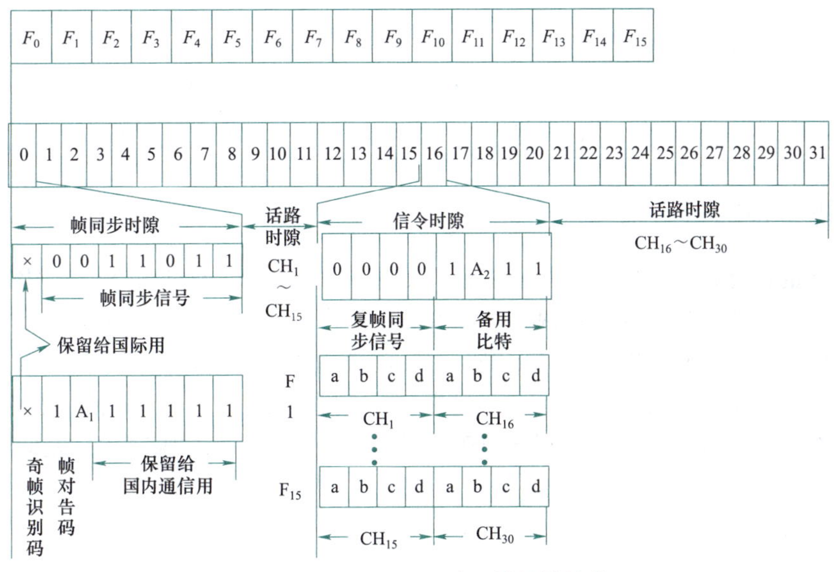

图 2－8　PCM 30/32 路系统的帧结构

1. 同步时隙

TS0 为同步时隙，每隔一帧传送一次同步码，所以 TS0 分偶数帧和奇数帧。偶数帧的第 2 至第 8 位传送帧同步码（0011011），以便收发两端同步工作。奇数帧的第 2 位码为奇数监视码，固定为“1”，以便告知对端局；第 4 至第 8 位码可作其他信息用，不用时暂定为“1”。无论是偶数帧还是奇数帧，TS0 的第 1 位码供国际通信用，不用时，暂定为“1”。

2. 标志信号时隙

TS16 为标志信号时隙，该时隙用来发送 30 个话路的标志信号。一般情况下，话路的标志信号类型不多且一种信息只需用一位码来传递，因此每一路的标志信号用 4 位码就足够了。我国采用三位码，显然要传送 30 个话路的标志信号，需要 15 帧才能传送 30 路的话路标志信号。

电话的标志信号频率比较低，目前，其抽样频率采用 500 Hz，为语音抽样频率 8 000 Hz 的 1/16，也就是说每隔 16 帧才抽样一次，那么 30 个话路的标志信号可以在 16 帧中被轮流传送一遍，即每 16 帧重复一次，从而引出了“复帧”的概念。连续的 16 帧称为一个复帧，复帧排列顺序为 F0F1F2……F15。

F0 帧的 TS16 时隙，前 4 位码发送复帧同步码，同步时为“0000”；第 6 位 A2 为复帧失步告警，同步时发“0”，失步时发“1”；其余 3 位码留作备用，不用时暂定为“1”。

F1～F15 帧中的 TS16，前 4 位码用来传送 CH1～CH15 的话路标志信号；后 4 位用来传送 CH16～CH30 的话路标志信号。

3. 话路时隙

TS1～TS15 分别传送 CH1～CH15 的话路信号；TS17～TS31 分别传送 CH16～CH30 的话路信号。

4. PCM 30/32 的码率

PCM 通信，每帧占 125 μs，因此每秒可发送 10 的 6 次幂/125=8 000 帧，每帧分为 32 个时隙，每个时隙发送 8 个码（即 8 bit），因此 32 路 PCM 的码率为：8 000×32×8=2 048（kbit/s）；对每一路来说，其传送码率为：2 048/32=64（kbit/s）。

任务 2.3 数字交换基本原理

2.3.1 时隙交换的概念

数字交换的特点是将数字化了的语音信号（语音脉码信息）通过数字交换网络进行交换，实际上是时隙信息的交换，也就是说将时分多路复用线（PCM 复用线，常称为数字链路）中某一时隙的语音脉码信息在时间位置上搬到另一时隙中去实现时隙间信息的交换，称为时隙交换。时隙交换的实质就是将一个话音信息由某个时隙搬移至另一个时隙。数字交换网络由数字接线器组成，接线器有两种：时分（T:time）接线器，负责时隙交换；空间（S:space）接线器，负责母线（highway）交换。

2.3.2 时分接线器（T 接线器）

从时隙交换的概念可以看出，当输入端某时隙 TS_n 的信息要交换到输出端的某时隙 TS_i 时，TS_n 时隙的信息需要在一个地方暂存一下，等到 TS_i 时隙到来时再把它取出来，就有一个“存储”和“控制输出”的过程，靠时分接线器（也称为 T 接线器）来完成一条 PCM 复用线各时隙间信息的交换。时分接线器由语音存储器（SM）和控制存储器（CM）组成，时分接线器的工作方式有两种，分别为顺序写入、控制读出和控制写入、顺序读出（控制写入）。控制读出方式的 T 接线器如图 2－9 所示。

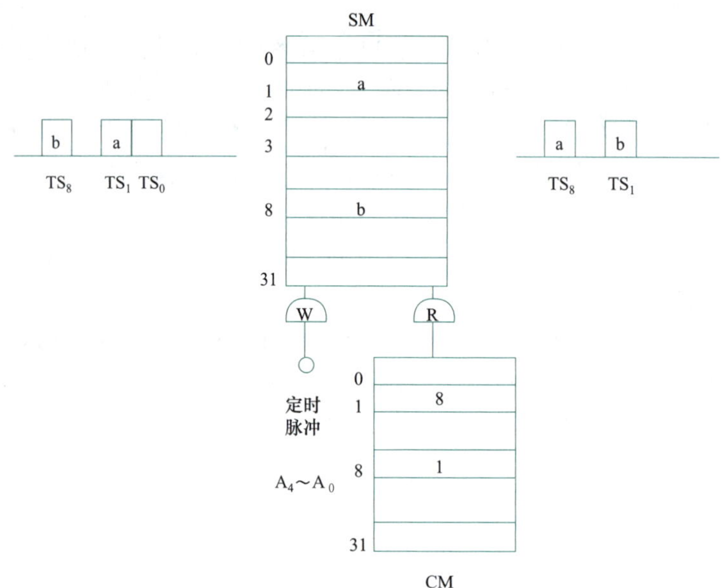

图 2－9 控制读出方式的 T 接线器

目前时分接线器（T 接线器）的存储器一般采用高速的随机存取存储器，所交换的时隙数高达 512、1 024，甚至 4 096，例如数字专用通信系统、Hicom372、Hicom382 调度交换机就采用单 T 结构全时分数字交换网络，其交换时隙分别为 512、1 024 和 2 048。

2.3.3　空间接线器（S 接线器）

空间接线器完成对传送同步时分复用信号的不同复用线之间的交换功能，而不改变其时隙位置，大容量的程控交换机采用 TST 交换网络。S 接线器的主要框图如图 2 – 10 所示。

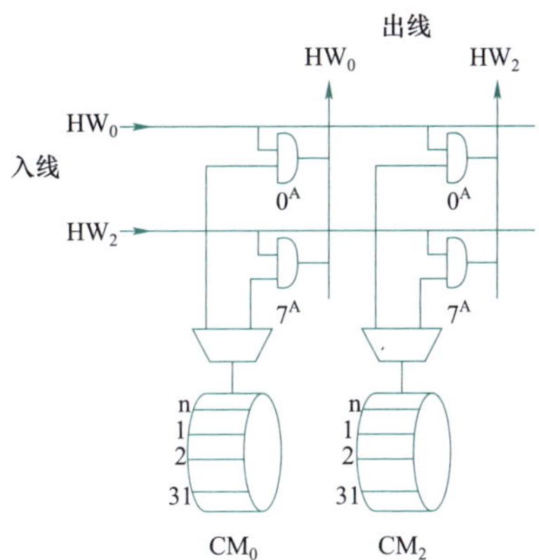

图 2 – 10　S 接线器的主要框图

2.3.4　呼叫处理基本过程

程控数字交换机的主要任务是完成各种呼叫接续，这个过程称为呼叫处理。一般呼叫接续过程分为 8 个阶段：呼出接续、接收地址信息、数字分析、路由选择、通路选择、振铃、应答监视、通话和释放监视、话终释放。交换机的呼叫处理过程如图 2 – 11 所示。

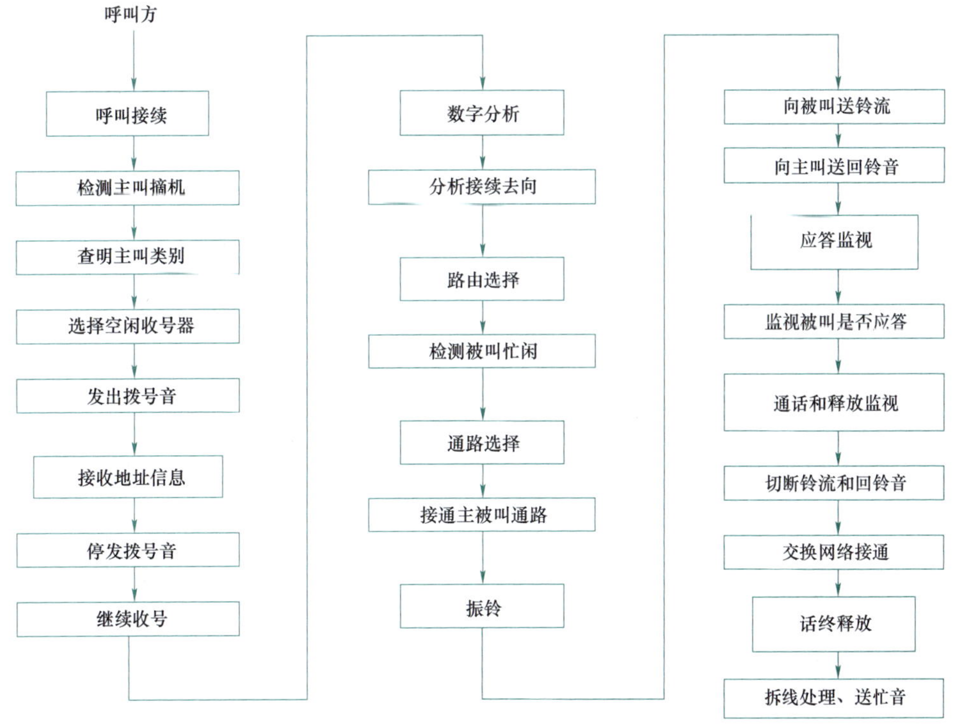

图 2 – 11　交换机的呼叫处理过程

任务2.4 信号系统

在通信过程中，把用以建立、维持、解除通信关系的信息称为信令。信令系统是通信网的重要组成部分，是通信网的神经系统。信令是通信网中交换局和用户端之间及各交换局间在完成各种呼叫接续时所采用的一种通信语言。如交换机和用户终端之间，用户摘机、听拨号音、拨号、听回铃音、向用户振铃等就是交换机与用户间交互信息的一种语言，是信令方式的一种。信令使用流程如图2－12所示。

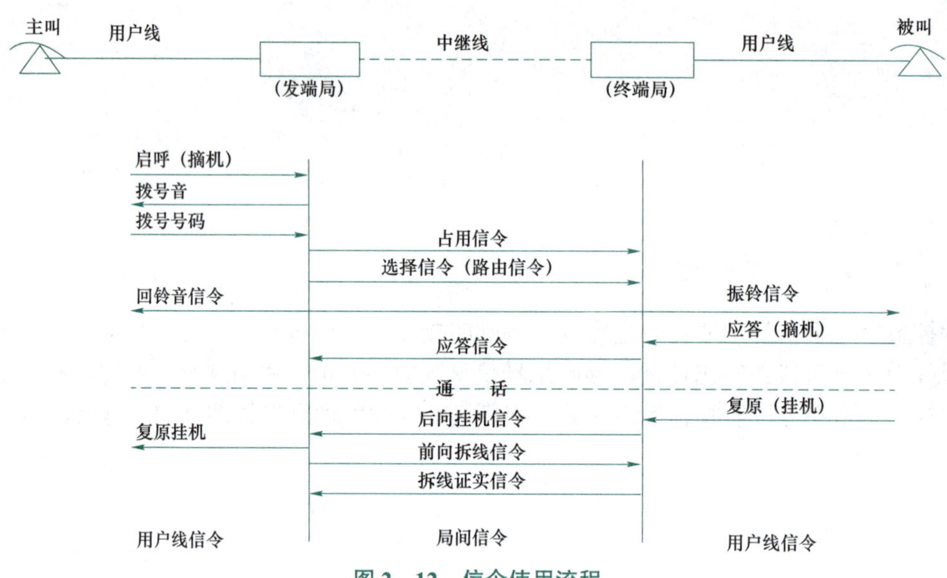

图2－12　信令使用流程

按照不同的划分依据，信令有不同的分类。

2.4.1　按照信令的传送区域分

1. 用户线信令

用户线信令：通信终端和网络节点之间的信令（也称为用户－网络接口信令），包括用户状态信令、用户拨号所产生的数字信息及铃流和信号音，他们在用户线上传送。

2. 局间信令

局间信令：网络节点之间的信令，也称为网络接口信令，如我们通常所讨论的局间信令系统有中国1号信令系统和中国7号信令系统。

2.4.2　按照信令的传送方向分

前向信令：主叫→被叫方向传送的信令。

后向信令：被叫→主叫方向传送的信令。

2.4.3 按照信令的功能分

1. 线路信令

线路信令：又称监视信令，它是用来监视或改变线路上的呼叫状态或条件，反映呼叫进程，以控制接续的进行。在模拟信道上传送可用直流信令或交流信令，在数字信道上传送可用数字型线路信令。

2. 局间直流线路信令

局间直流线路信令：共 19 种 DC（1）～DC（19），主要用于纵横制或步进制交换机之间的配合，信令形式有四种：“高阻”“低电平”“高电平”“零电平”。

3. 局间交流线路信令

局间交流线路信令：分带内单频线路信令（北美的 R1 信令系统和中国的 1 号信令系统，线路信令频率为 2 600 Hz)、带内双频线路信令（5 号信令系统，线路信令频率为 2 400～2 600 Hz)、带外单频线路信令（欧洲的 R2 信令系统，频率为 3825 Hz)。

4. 数字型线路信令

数字型线路信令：当局间传输设备采用 PCM 时，局间线路信号必须采用数字型线路信令。数字型线路信令就是用数字编码表示线路上的各种状态，我国采用三位码，前向采用 af、bf、cf，后向采用 ab、bb、cb。其中，a 位表示用户的摘挂机状态；b 位表示设备状态；c 位表示话务员操作。我国采用的数字型线路信号共 13 种标志方式，即 DL（1）～DL（13）。

5. 选择信令

选择信令：又称路由信令，它主要由主叫用户发出的数字信令即被叫的地址信息组成，接续所必需的控制信令。我国的记发器信令采用带内多频编码信号，前向为六中取二的多频记发器信令，共组成 15 个信令；后向信令为四中取二的编码方式，组成 6 个信令。

6. 操作信令

操作信令：又称为管理信令，用于电话网的管理和维护。

2.4.4 按信令的传递途径分

1. 随路信令

随路信令：用话路本身来传递各类信号，即用传送语音信息的通道来传送电话接续过程中所需的各种业务信号，如占用、应答、拨号、拆线等信息。

用户线信令、局间线路信令、局间多频记发器信令均属于随路信令，中国 1 号信令系统是典型的随路信令系统。

2. 公共信道信令方式

公共信道信令方式：又称为局间公共信道信令方式，是在程控交换机和 PCM 技术发展的基础上产生的。该信令方式将语音信号和局间信号分别在不同的信道上传送。

7 号信令系统采用的就是公共信道信令方式。该系统适用于数字网，信号传输速率为 64 kbit/s。与随路信令方式相比，它具有以下优点：信令容量大，能适应各种新业务的要求；信令传输速度快，大大缩短了接续时间；通话期间仍可传送信号等。近几年随着通信网的迅速发展，7 号信令系统得到了广泛的应用。

任务 2.5　调度通信的其他重点知识

2.5.1　数字会议电路的基本原理

数字交换网络中只能实现两个用户间的全双工交换，以及一个用户对多个用户的广播式交换，而不能完成三个或三个以上用户全双工会议交换。在数字交换系统中，由数字会议电路完成该功能。为解决 PCM 非线性编码无法实现直接相加的问题，采用两种方式进行相加，即：PCM 信号变成模拟信号后相加和 A 律 PCM 信号变成线性编码信号后相加。PCM 信号变成模拟信号后相加如图 2－13 所示，A 律 PCM 信号变成线性编码信号后相加如图 2－14 所示。

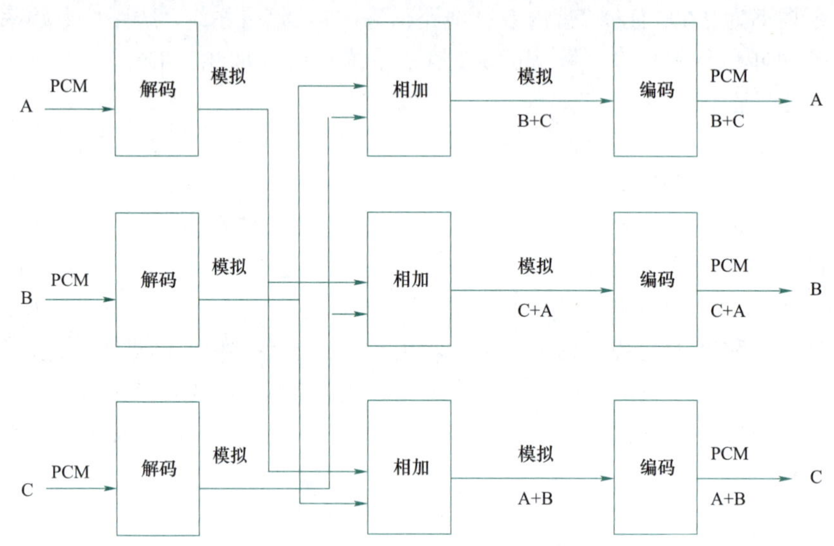

图 2－13　PCM 信号变成模拟信号后相加

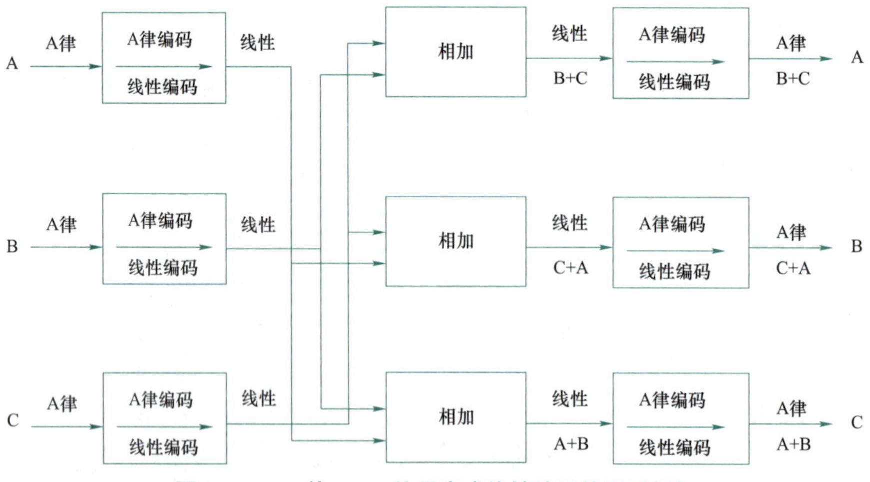

图 2－14　A 律 PCM 信号变成线性编码信号后相加

2.5.2　回波相消技术简介

对于既有调度设备，为防止主通道（传声器和扬声器）啸鸣，调度总机采用的是由调度员脚踏控制的单工通话方式，车站值班台采用的是模拟音控自动半双工的通信方式。要实现主通道的全双工通话，必须解决啸鸣问题。引起啸鸣的关键是语音的回波。在通话过程中，回波成分往往很复杂。从回波产生途径来看，可分为空间回波和线路回波两种。空间回波是指从扬声器出来的声音又通过传声器返回给讲话的人，线路回波是指发出去的声音在电路或线路上传输时，由于 2/4 线变换等因素，一部分声音又返回给讲话的人。

线路回波分为近端回波和远端回波两种。从回波的性质看，回波可分为线性回波和非线性回波两种。区段数字调度系统的操作台运用回波相消技术实现了调度指挥的全双工通信。

回波相消一般采用 DSP 数字信号处理技术，对回波信号进行自适应预估而提前将之消除，要成功实现这一点，必须充分考虑多种因素，并采用先进的技术和算法，如先进的自适应滤波算法、自动增益控制、背景噪声过滤，同时考虑空间回波、线路回波和非线性回波、啸鸣检测、快速跟踪回声环境变化等。

回波相消效果与自适应滤波时长关系较大。当然，自适应滤波时长越长、效果越好，但对 DSP 要求越高，算法也越复杂，所以，这项技术到目前还在不断发展。

2.5.3　数字锁相环技术

数字交换设备通过数字接口互联互通时，必须解决系统间的同步问题，这就要用到数字锁相环（DPLL）技术。利用数字锁相环技术，可以使本系统时钟相位与上级时钟源的相位同步，从而达到时钟同步的目的。数字锁相环技术的原理框图如 2－15 所示。

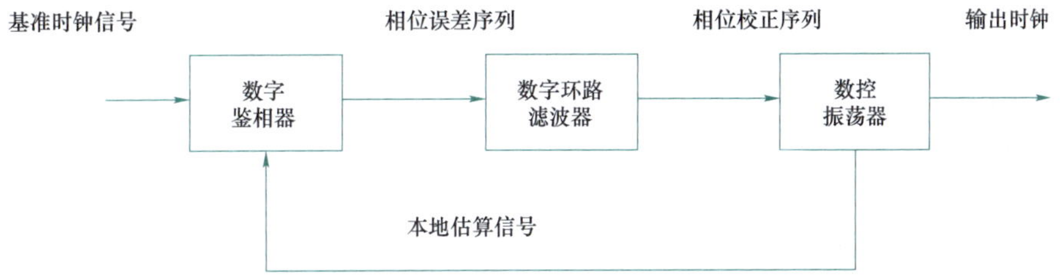

图 2－15　数字锁相环技术的原理框图

在图 2－15 中，基准时钟信号即由上级时钟源提供的同步时钟信号，该时钟信号一般从数字接口的信号码流中提取，频率一般为 8 kHz 或 2.048 MHz。

数字鉴相器将基准时钟信号和本地估算时钟信号的相位进行比较，输出相位误差序列。数字锁相环的相移和抖动指标满足一定的要求。

数字环路滤波器产生一个相位校正序列给数控振荡器使用。

数控振荡器又称数字钟，它受数字环路滤波器输出的相位校正序列控制，产生本系统所需的时钟，同时产生与基准时钟信号同频率的本地估算时钟信号，供数字鉴相器使用。

经过以上处理，输出的时钟信号与输入的基准时钟信号实现了同步。

锁相环是个相位误差控制系统。它比较输入信号和数控振荡器输出信号之间的相位差，从而产生误差控制信号来调整数控振荡器的频率，以达到与输入信号同频。在环路开始工作时，如果输入信号频率与数控振荡器频率不同，则由于两信号之间存在固有的频率差，它们之间的相位差势必一直在变化，输出相位误差序列。在相位误差序列的控制下，数控振荡器的频率也在变化。若数控振荡器的频率能够变化到与输入信号频率相等，在满足稳定性条件下就在这个频率上稳定下来。达到稳定后，输入信号和数控振荡器输出信号之间的频差为零，相差不再随时间变化，相位误差序列为一固定值，这时环路就进入“锁定”状态。这就是数字锁相环工作的大致过程。

2.5.4 数字交叉连接（DXC）的应用

数字交叉连接是指将数字交换设备（或数字交叉连接设备）的两个端口用固定或半固定的方式连接起来，以达到两个端口直通的目的。在数字交换设备内，数字交叉连接和数字交换这两个概念有本质区别，前者是通过网管或维护终端做数据建立或拆除的，而后者是通过呼叫信令建立和拆除的，但两者的共同点是设备必须具备时隙交叉功能。

数字交叉连接在区段数字调度系统中的应用主要表现在提供通道的能力方面。由于区段数字调度系统的主系统和分系统均具有全时隙交叉能力，故能很方便地为其他业务或应用提供点对点的（64 kbit/s 或 n×64 kbit/s）通道，如站内、邻站间或任意两个站间的通道。同时，由于区段数字调度通信系统的主系统和分系统有丰富的会议资源，还可以为其他业务（如无线列调大三角）提供数字共线通道。

项目小结

通过对本项目进行学习，我们主要掌握了模拟信号数字化的基本原理、时分多路通信的基本概念、数字交换机的基本原理、信号与系统的基本知识、调度通信的其他重点知识［数字会议电路的基本原理、回波相消技术、数字锁相环技术、数字交叉连接（DXC）的应用］五个方面的知识，这些内容都是数字调度通信系统的基本理论，掌握本项目内容，有助于加强对数字调度通信系统工作原理的理解，为更好、更快地适应工作打下坚实的基础。

复习思考题

1. 模拟语音信号的数字化，常用的方法及步骤是什么？
2. 奈奎斯特抽样定理的内容是什么？
3. 在 PCM30/32 路时分多路系统中，每帧的时间宽度、时隙数、能承载的话路数目及总的传输速率是多少？
4. 数字交换的实质是什么？
5. 什么是锁相环？
6. 什么是回波相消？其解决了什么问题？
7. 数字交叉连接有哪些应用？

项目 3

GSM-R 调度通信系统编号原则

项目描述

本项目主要介绍号码类型及编号原则、GSM-R 网络用户号码、移动用户号码、固定用户号码与特服号码四个方面的内容，通过学习，我们能够了解号码的组成结构、GSM-R 调度通信系统的编号原则，能对 GSM-R 网络用户号码、移动用户号码、固定用户号码进行号码编制。

拟实现的教学目标

能力目标

具备对 GSM-R 网络用户号码、移动用户号码、固定用户号码与特服号码的认知能力；具备 GSM-R 网络用户号码、移动用户号码、固定用户号码编制能力。

知识目标

掌握 GSM-R 调度通信系统编号原则，了解编号中的基本概念，清楚 GSM-R 移动用户号码、网络用户号码、固定用户号码、特服号码的组成，知道各种号码的作用，会对用户进行编号。

素质目标

培养面向国家铁路、地方铁路、城市轨道交通、工程公司、通信设备工厂等企事业单位，在生产、建设、管理、服务第一线，具有较强的铁路通信设备基本结构、工作原理、技术条件、维护标准、施工工艺等专业技术理论知识，较强的计算机、相关工程技术应用能力和较强的铁路通信设备安装、调试、日常养护、故障处理及检（维）修等实践技能，具有良好职业道德和职业生涯发展基础，具备较强岗位实践能力及新技术学习应用能力的高端技能型专门人才。

任务 3.1　号码类型及编号原则

3.1.1　号码类型

在 GSM-R 网络内，有以下类型的号码。

国内 GSM－R 网络用户号码：用于同一国家 GSM－R 网络内注册的用户之间的呼叫。

国际 GSM－R 网络用户号码：用于不同国家 GSM－R 网络内注册的用户之间的呼叫。

短号码：用于 GSM－R 网络内快速拨号。

引示号：用于 GSM－R 网络用户呼叫其他网络用户的分隔码。

移动用户及固定用户号码：用于 GSM－R 网络用户之间、其他通信网络的用户与 GSM－R 网络用户之间的呼叫。

特服号：用于特服业务呼叫。

GSM－R 网络设备编号：用于标识 GSM－R 网络设备。

IP 地址：用于 GPRS 网络设备、终端设备，以及网管设备的 TCP/IP 寻址。

信令点编码：用于采用 NO.7 信令方式的信令点寻址。

3.1.2 编号原则

号码应在全网范围内统一分配，应满足互联互通的要求。

编号方案应保证网络之间的互操作性，有助于用户身份的识别和权限限制，并保持稳定。

编号方案应具有灵活性和可扩充性，采用不等位编号，最长不超过 15 位，并且由 0 到 9 的数字组成。

为方便用户拨号，给特定用户分配功能号码，标识用户的职能身份。

可以用字母，字母在终端被转换成数字串，转换关系由国铁集团统一制定。

任务 3.2 GSM-R 网络用户号码

3.2.1 国际 GSM-R 网络用户号码编号方案

国际 GSM－R 网络用户号码用于跨国 GSM－R 网络之间的呼叫，在国内 GSM－R 网络用户号码前附加前缀作为路由码。

GSM－R 网络应能识别以 IC 开头的国际 GSM－R 网络用户号码，此时 GSM－R 网络内的呼叫方使用的应是国际 GSM－R 网络用户号码。

1. 国际 GSM－R 网络用户号码的结构

国际 GSM－R 网络用户号码由两部分组成：国际代码（IC）、国内 GSM－R 网络用户号码，如图 3－1 所示。

图 3－1　国际 GSM－R 网络用户号码的结构

2. 国际代码（IC）

国际代码（IC）用于将呼叫路由到其他国家 GSM－R 网络，最多由三位数字组成，基于

国家码 XCC/CCC，并符合 ITU－T E.164 的规定。

中国铁路 GSM－R 网络国际代码（IC）=086。

3. 国内 GSM－R 网络用户号码

国内 GSM－R 网络用户号码由呼叫类型（CT）、用户号码（UN）组成，用以鉴别被叫方，号码的格式应符合相关规定。

3.2.2　国内 GSM－R 网络用户号码编号方案

国内 GSM－R 网络用户号码的结构如图 3－2 所示。

图 3－2　国内 GSM－R 网络用户号码的结构

1. 呼叫类型（CT）

呼叫类型（CT）用来区分 GSM－R 网络内不同类型的呼叫，提示网络如何解释用户所拨打的号码。

2. 用户号码（UN）

呼叫类型为 2、3、4、5、6、91 的用户号码（UN）由用户识别号码（UIN）和功能码（FC）组成。

3. 用户识别号码（UIN）

用户识别号码（UIN）必须是以下号码之一。

车次号（TN）：标识特定旅程的列车车次号码。

机车号（EN）：永久标识牵引机车的号码（含机车类型代码和编号），在 GSM－R 网络内，机车号在全路范围内是唯一的。

车号（CN）：永久标识车辆的号码，在 GSM－R 网络内，车号在全路范围内是唯一的。

调车组位置号码（STLN）：标识调车组位置。

维修组位置号码（MTLN）：标识维修组位置。

调度员和值班员位置号码（TCLN）：标识各类调度员和值班员的位置。

组位置号码（GLN）：标识在 GSM－R 网络内划定的组呼业务区。

4. 功能码（FC）

功能码（FC）用来识别列车上或站场内的人员、设备，或者某给定区域内的特定编组。

3.2.3　国内 GSM－R 网络用户号码编号方案详解

1. 呼叫类型（CT）

呼叫类型由 1 到 3 个数字组成。呼叫类型定义见表 3－1。

表 3－1　呼叫类型定义

呼叫类型 CT	用途
1	短号码
2	车次功能号
3	机车功能号
4	车号功能号
50	语音组呼
51	语音广播
52～55	保留国际使用
56～59	保留国内使用
6	维修、调车组成员
7	FAS 网络用户号码 ISDN
8	移动用户号码 MSISDN
900	接入国际 GSM－R 网络
901	接入铁路专用自动电话网
902～909	预留
91	调度用户功能号码
92	RBC 用户号码 ISDN
99	保留公众紧急呼叫
0	接入 PSTN、PLMN

2. 用户号码（UN）

1）车次、机车及车号功能号（CT=2、3、4）

用户号码（UN）=用户识别码（UIN）+功能码（FC），UN 的长度依据它所包含的信息多少而变化。

（1）车次功能号（TFN），TFN=TN+FC，如表 3－2 所示。

表 3－2　CT=2 车次功能号格式

车次功能号（TFN）	备注
2 CCCC ××××× FF	共 8～12 位数字。 CCCC：车次号 0～2 位字母转换的 4 位数字，符合 ASCII 码转换规则，无字母时 CCCC＝0000，1 位字母时 CCCC＝00CC。 ×××××：车次号中的数字位，1～5 位可变，分别为×，××，……，×××××。 FF：2 位数字功能码 FC

（2）机车功能号（EFN），EFN=EN+FC，如表 3－3 所示。

表 3－3　CT=3 机车功能号格式

机车功能号（EFN）	备注
3 TTT ××××× FF	共 7～11 位数字。 TTT：3 位数字机车类型代码。 ×××××：机车编号，1～5 位数字可变，分别为×，××，……，×××××。 个别机车需区分 A、B 端，可用末位数字×表示×=0：A 端，×=1：B 端。 FF：2 位数字功能码 FC

（3）车号功能号（CFN），CFN=CN+FC，如表 3－4 所示。

表 3－4　CT=4 车号功能号格式

车号功能号（CFN）	备注
4 CC ××××××× FF	共 6～12 位数字。 CC：车种标识字母转换的 2 位数字，符合 ASCII 码转换规则。 ×××××××：车号，1～7 位数字可变，分别为×，××，……，×××××××。 FF：2 位数字功能码 FC

（4）功能码（FC），车次功能号（CT=2）、机车功能号（CT=3），以及车号功能号（CT=4）的功能码（FC）应符合表 3－5 的规定。

表 3－5　CT=2、3、4 的功能码（FC）

功能码（FC）	功能描述
00	为告警保留
01	本务机司机
02～05	补机司机
06	保留传真使用
07	车上内部通信
08	车内广播
09	保留国际使用
10	列车长 1
11	列车长 2
12～19	保留国际使用（列车员）
20	餐车主任
21～27	保留国际使用（餐车人员、列车员）
28	乘检人员
29	列检人员

续表

功能码（FC）	功能描述
30	铁路安全服务领导
31	乘警长
32～39	保留国际使用（乘警）
40	ETCS/CTCS 使用
41～49	保留国际使用（ETCS/CTCS）
50	车载记录器
51	故障诊断
52	列车数据总线
53	列车位置系统
54～59	保留国际使用（车载设备应用）
60	预先录制的旅客信息
61	旅客信息显示单元
62	旅客服务广播室
63～69	保留国际使用（旅客服务）
70～79	保留国际使用
80	保留国内使用
81	本务机司机手持台
82～85	补机司机手持台
86～89	保留国内使用
9X	保留国内使用

（5）ASCII 码转换表如表 3－6 所示。

表 3－6　ASCII 码转换表

字母	十进制数字	字母	十进制数字	字母	十进制数字
A	65	J	74	S	83
B	66	K	75	T	84
C	67	L	76	U	85
D	68	M	77	V	86
E	69	N	78	W	87
F	70	O	79	X	88
G	71	P	80	Y	89
H	72	Q	81	Z	90
I	73	R	82		

注：由终端按照该规则转换既有字母编号。

（6）机车类型编码表如表 3 – 7 所示。

表 3 – 7　机车类型编码表

车型代号	车型名称	车型符号	车型代号	车型名称	车型符号
001	解放	JF	131	东风 7（C）	DF7C
003	前进	QJ	132	东风 7（S）	DF7S
005	建设	JS	133	工矿 1	GK1
006	KD7	KD7	134	工矿 1F	GK1F
101	东风	DF	135	东风 4（E）	DF4E
102	东风 2	DF2	136	东风 7（D）	DF7D
103	东风 3	DF3	137	工矿 1（A）	GK1A
104	东风 4、东风 4B	DF4B	138	东风 11	DF11
105	东风 4（客）	DF4R	139	天安	TA
106	东风 4（C）	DF4C	140	东风 10（F）	DF10F
107	东风 5	DF5	141	东风 4（D）	DF4D
108	东风 5（宽）	DF5R	142	东风 8（B）	DF8B
109	东风 6	DF6	143	东风 12	DF12
110	东风 7	DF7	149	新曙光	NDJ1
111	东风 8	DF8	150	神州	NDJ2
112	东风 9	DF9	151	NJ2	NJ2
113	东风 10	DF10	152	东风 7G	DF7G
114	东方红 1	DFH1	201	8G	8G
115	东方红 2	DFH2	202	8K	8K
116	东方红 3	DFH3	203	6G	6G
117	东方红 5	DFH5	204	6K	6K
118	北京	BJ	205	韶山 1	SS1
119	北京（宽）	BJR	206	韶山 3	SS3
120	ND2	ND2	207	韶山 4	SS4
121	ND3	ND3	208	韶山 5	SS5
122	ND4	ND4	209	韶山 6	SS6
123	ND5	ND5	210	韶山 3（G）	SS3G
124	NY5	NY5	211	韶山 7	SS7
125	NY6	NY6	212	韶山 8	SS8
126	NY7	NY7	213	韶山 7B	SS7B
127	轻油	QY	214	韶山 7C	SS7C
128	东方红 21	DFH21	215	韶山 6B	SS6B
129	东风 7（B）	DF7B	216	韶山 9	SS9
130	东风 5（宽）S	DF5R0	217	韶山 7D	SS7D

续表

车型代号	车型名称	车型符号	车型代号	车型名称	车型符号
218	熊猫	DJ	507	重型轨道车	JY－400G
219	西门子车	DJ1	508	重型轨道车	GCY－400G
220	澳星（AC4000）	DJ2	509	重型轨道车	GCD－470
221	中原之星	DJF	605	起重轨道车	GQ16－2
222	蓝剑	DJJ1	608	起重轨道车	GQ30
223	先锋	DJF	655	道砟清筛车	SRM－80
224	韶山 7E	SS7E	686	双枕捣固车	D08－32、D09－32
228	天梭	DJ3	690	道岔捣固车	CD08－475
229*	DJ4	DJ4	695	动力稳定车	WD－320
300*	雪域神舟	DF8B－9001 DF8B－9002	700	配碴整形车	SPZ－160A
301	动车组	CRH1	701	配碴整形车	SPZ－200
302	动车组	CRH2	707	钢轨打磨车	PGM－48
303	动车组	CRH3	715	钢轨探伤车	GTC－4
305	动车组	CRH5	801	国产救援铁路起重机	NZS603（窄轨） NS0631 NS0632 NS0601 NS0602
500	重型轨道车	GC－160 JY－210 HH－210	802	国产救援铁路起重机	N1002 N1003
501	重型轨道车	GC－170	803	国产救援铁路起重机	NS100G NS1001 NS1002 NZS1001（窄轨）
502	重型轨道车	JY－230 HH－235	804	国产救援铁路起重机	NS100GT
503	重型轨道车	GC－210	805	国产救援铁路起重机	NS1251 NS1252
504	重型轨道车	GCS－220 JY－290	806	国产救援铁路起重机	N1601 N1602 NS160G
505	重型轨道车	GCS－270 JY－360 JY－360－2 GCY－270	807	国产救援铁路起重机	NS1601 NS1602 NS160 GTNZS1603
506	重型轨道车	GCS－290	808	进口救援铁路起重机	NS1600

注*：暂定，最终以国铁集团规定为准。

2）语音组呼和语音广播（CT=50、51）

语音组呼和语音广播用于在预定义区域、预定义用户之间的组呼叫和广播呼叫。组呼叫（组呼）参考包括呼叫类型（CT）、业务区号（SA）和组标识（GID）。

业务区号（SA）为 $S_1S_2S_3S_4S_5$ 共 5 位数字，用以确定组呼和广播呼叫的有效区域。目前共有调度辖区、车站（场）基站区、相邻三车站及区间、相邻三基站小区、编组场（分场）基站区等类型的 SA。调度区 SA 在全路按铁路局统一分配，其他类型 SA 在 MSC 管辖范围内统一分配。在 MSC 管辖范围边界地区，以及不同 GSM－R 网络边界地区，SA 应在双边协调的基础上进行分配。SA 分配见表 3－8。

表 3－8　SA 分配（CT=50、51）

组标识（GID）	功能说明			
	优先级	组呼区域	发起方	组成员
1××	保留国内使用			
200	保留国际使用（司机组呼）			
201	3	列车调度辖区	列车调度员	列车调度员、车站值班员、机车司机、助理值班员、机务段（折返段）调度员、列车段（车务段、客运段）值班员、机车调度员、牵引变电调度员、救援列车主任
202	3	列车调度辖区	列车调度员	列车调度员、机车司机
203	2	列车调度辖区	列车调度员	列车调度员、车站值班员、机车司机、助理值班员、工务巡道人员、道口值班人员
20×	保留国内使用			
210	3	车站基站区	车站值班员、助理值班员、司机、运转车长	车站值班员、助理值班员、机车司机
211	3	车站基站区	列车调度员	列车调度员、车站值班员、机车司机、助理值班员
21×	保留国内使用			
220	2	相邻三车站及站间区间	车站值班员	列车调度员、车站值班员、机车司机、助理值班员、工务巡道人员、道口值班人员
221	3	相邻三车站及站间区间	列车调度员、车站值班员、助理值班员、机车司机	列车调度员、救援列车主任、车站值班员、助理值班员、机车司机
22×	保留国内使用			
230～298	保留国内使用			
299	0	相邻三小区	机车司机、工务巡道人员、道口值班人员	列车调度员、车站值班员、机车司机、助理值班员、工务巡道人员、道口值班人员

续表

<table>
<tr><th rowspan="2">组标识（GID）</th><th colspan="4">功能说明</th></tr>
<tr><th>优先级</th><th>组呼区域</th><th>发起方</th><th>组成员</th></tr>
<tr><td>300</td><td>4</td><td>货运调度辖区</td><td>货运调度员</td><td>货运调度员、中间站（区段站、编组站、货运站）、货运室值班员、货运员</td></tr>
<tr><td>3××</td><td>保留国内使用</td><td></td><td></td><td></td></tr>
<tr><td>400</td><td>4</td><td>牵引供电调度辖区</td><td>牵引供电调度员</td><td>牵引供电调度员、牵引变电所值班员、电力机务段（折返段）值班员、接触网工区值班员、开闭所（分区所、自耦变电所）值班员、供电段调度员、接触网工区流动作业人员</td></tr>
<tr><td>4××</td><td colspan="4">保留国内使用</td></tr>
<tr><td>500</td><td colspan="4">调车组：缺省组</td></tr>
<tr><td>501～529</td><td colspan="4">调车组：专用于调车组</td></tr>
<tr><td>530</td><td colspan="4">车站和安全人员组：缺省组</td></tr>
<tr><td>53×</td><td colspan="4">车站和安全人员组：保留国际使用</td></tr>
<tr><td>539</td><td colspan="4">车站和安全人员组：2 级组呼</td></tr>
<tr><td>54×</td><td colspan="4">保留国际使用</td></tr>
<tr><td>55×</td><td colspan="4">保留国际使用</td></tr>
<tr><td>560</td><td colspan="4">现场维修组：缺省组</td></tr>
<tr><td>56×</td><td colspan="4">现场维修组：保留国际使用</td></tr>
<tr><td>569</td><td colspan="4">现场维修组：属于高优先级组呼，2 级优先级</td></tr>
<tr><td>570</td><td colspan="4">调度员组：缺省组</td></tr>
<tr><td>571</td><td>3</td><td>列车调度辖区</td><td>列车调度员</td><td>列车调度员、车站值班员</td></tr>
<tr><td>57×</td><td colspan="4">调度员组：保留国际使用</td></tr>
<tr><td>579</td><td colspan="4">调度员组：2 级组呼</td></tr>
<tr><td>58×</td><td colspan="4">保留国际使用</td></tr>
<tr><td>59×</td><td colspan="4">保留国际使用</td></tr>
<tr><td>599</td><td colspan="4">调车组：0 级紧急呼叫</td></tr>
<tr><td>600</td><td colspan="4">国铁集团调度组呼</td></tr>
<tr><td>601～604</td><td colspan="4">预留</td></tr>
<tr><td>605</td><td colspan="4">铁路局调度组呼</td></tr>
<tr><td>606～609</td><td colspan="4">预留</td></tr>
<tr><td>610</td><td colspan="4">铁路枢纽调度组呼</td></tr>
</table>

续表

组标识（GID）	功能说明			
	优先级	组呼区域	发起方	组成员
611～619	预留			
620	车务调度组呼			
621～629	预留			
630	工务调度组呼			
631～639	预留			
640	电务调度组呼			
641～649	预留			
650	供电调度组呼			
651～659	预留			
660	水电调度组呼			
661～669	预留			
670	机务调度组呼			
671～679	预留			
680	车辆调度组呼			
681～689	预留			
690	公安调度组呼			
691～699	预留			
700	车站（场）集中电话组呼			
701～709	预留			
710	车站（场）货运电话组呼			
711～719	预留			
720	车站（场）列检电话组呼			
721～729	预留			
730	车站（场）商检电话组呼			
731～739	预留			
740	车站（场）车号电话组呼			
741～749	预留			
750	施工养护通信组呼			
751～759	预留			
760	道口通信组呼			

续表

组标识（GID）	功能说明			
	优先级	组呼区域	发起方	组成员
761～769	预留			
770～789	保留国内使用			
790	应急通信组呼			
791～799	预留			
8××	保留国内使用			
9××	保留国内使用			
0××	保留国内使用			

3）与位置相关的功能号

（1）维修及调车组成员号码（CT=6）。

维修及调车组成员呼叫类型为 CT=6，维修及调车组成员用户号码（UN）由位置号（LN）和功能码（FC）组成。

功能码（FC）由 4 位数字组成，FC=T Y ××，T 为组类型，Y 为组成员功能，××为组编号，如表 3－9 所示。

表 3－9　CT=6 的功能码（FC）

T 组类型	Y××组成员功能和组编号		功能描述
T=1～4	保留国际使用		
T=5	调车组		
	Y=	0 1～3 4 5 6～9	调车长 调车员 调车司机 连接员（连接确认员） 保留国内使用
	××=	00 01～29 30～99	保留 专用于调车组编号* 保留
T=6～9	保留国内使用		
T=0	保留国际使用		

注*：与表 3－8 定义的调车组呼 FC“501～529”对应。

（2）调度身份用户功能号码（CT=91）。

调度身份用户包括各类调度通信业务的调度员和值班员。调度身份用户功能号码由位置号（LN）和功能码（FC）组成。

功能码（FC）描述终端（含有线终端和无线终端）的实际功能，应符合表 3－10 的规定。

表 3-10　CT=91 调度员和值班员功能码（FC）

功能码（FC）	功能说明
00	预留
列车调度通信	
01	列车调度员
02～04	预留
05	车站（场）、编组场（分场）值班员（主信号楼）
06～09	车站（场）、编组场（分场）值班员（其他信号楼）
10	车站（场）调度值班员
11	车站（场）内勤助理值班员
12	车站（场）计划调度值班员
13	车站（场）电力值班员
14～19	车站（场）内其他值班员
20	预留
21～29	车站（场）1～9 站台外勤助理值班员
机务调度通信	
30	机车调度员
31	机务段调度员
32	机务折返段调度员
33	机务段运转值班员
34	机务折返段运转值班员
35	列车段（车务段）值班员
36	列车段（客运段）值班员
37	救援列车主任
38～39	预留
货运调度通信	
40	货运调度员
41	中间站（区段站）货运室值班员
42	中间站（区段站）货运员
43	中间站（编组站）货运室值班员
44	中间站（编组站）货运员
45	中间站（货运站）货运室值班员
46	中间站（货运站）货运员

续表

功能码（FC）	功能说明
47～49	预留
牵引供电调度通信	
50	牵引供电调度员
51	牵引变电所值班员
52	电力机务段值班员
53	电力折返段值班员
54	接触网工区值班员
55	开闭所值班员
56	分区所值班员
57	自耦变电所值班员
58	供电段调度室值班员
59	“V 亭”控制站值班员
6×	预留
站场通信	
70	预留
71	货运计划员
72	列检值班员
73	红外线值班员
74	红外线调度员
75	内勤车号员
76	商检组长
77	商检员
78～79	预留
国铁集团、铁路局、站段各工种调度员及值班员（不含列调、货调、电调）	
80	电务调度员、值班员
81	车务调度员、值班员
82	工务调度员、值班员
83	供电调度员、值班员
84	水电调度员、值班员
85	机务调度员、值班员
86	车辆调度员、值班员

续表

功能码（FC）	功能说明
87	公安调度员、值班员
88～89	预留
应急通信	
90	救援中心指挥员
91	应急指挥现场指挥员
92～99	预留

（3）位置号。

位置号（LN）用以确定被叫方的注册位置，包括调度辖区、车站（场）、编组场（分场）位置号，由 5 位数字组成，在全国范围内统一分配。

位置号（LN）$=L_1L_2L_3L_4L_5$，其中 $L_1L_2=H_1H_2$，与 MSISDN 号码的 H_1H_2 相同，全路按照国铁集团、铁路局、地区统一分配。$L_3L_4L_5$ 表示位置区编号，其中 L_3 表示位置区类别，L_4L_5 表示位置区编号。$L_3L_4L_5$ 分配表见表 3－11。

表 3－11　$L_3L_4L_5$ 分配表

L_1L_2	L_3	位置区类别	L_4L_5	位置区编号
H_1H_2	0	预留	00	预留
			01～99	预留
	1	调度区	00	预留
			01～99	调度辖区编号
	2～8	车站（场）及其管辖区域	00	预留
			01～99	车站（场）编号
	9	编组场（分场）及其管辖区域	00	预留
			01～99	编组场（分场）编号

3. 短号码

对某些功能，终端应使用标准短号码发起呼叫。短号码应由 4 位数字组成，在全国范围内统一定义，第 1 位数字应为 1（CT=1），如表 3－12 所示。

表 3－12　CT=1 的短号码

短号码	功能说明
1000	试验号
1001	障碍申告台
10××	保留国内使用

续表

短号码	功能说明
11××	保留特服号使用（详见特服号）
1200	连接最适当的列车调度员
12××	保留国内使用（连接最适当的列车调度员）
1300	连接最适当的车站值班员
13××	保留国内使用（连接最适当的车站值班员）
1400	连接最适当的牵引供电调度员
14××	保留国内使用（连接最适当的牵引供电调度员）
1500	连接最适当的 CTCS RBC
15××	保留国内使用（连接最适当的 CTCS RBC）
1612	高优先级呼叫确认中心，包括铁路紧急呼叫确认中心
16××	保留国际使用
1700	司机安全设备
17××	保留国际使用
1800	调车无线机车信号无线传输业务节点
180×	保留国内使用
1810	机车同步操作无线传输业务节点
181×	保留国内使用
1820	连接最适当的 DMIS/TDCS/CTC 中心（电路交换传输方式）
182×	保留国内使用
184×～189×	保留国内使用
1900	连接最适当的机车调度员
1901	连接最适当的机务段运转值班员
1902	连接最适当的机务折返段运转值班员
190×	保留国内使用（机务）
1910	货运调度员
1911	车站（场）货运室值班员
1912	车站（场）货运员
191×	保留国内使用（货运）
1920	牵引变电所值班员
1921	接触网工区值班员
1926	电力调度值班员（水电）

续表

短号码	功能说明
192×	保留国内使用（牵引供电）
1930	列车段（客运段）值班员
1933	客运调度员
193×	保留国内使用（客运）
194×	保留国内使用
1950	工务工区值班员
1955	工务调度员
195×	保留国内使用（工务）
1960	电务工区值班员
1966	电务调度员
196×	保留国内使用（电务）
197×～199×	保留国内使用

注：12××、13××、14××、15××中的××用于提供补充精确位置信息，缺省值为00。

4. 引示号

引示号的结构如表 3－13 所示。

表 3－13　引示号的结构

分隔码	目标网络
900	国际 GSM－R 网络
901	铁路专用自动电话网
902～909	预留铁路固定网络和系统
91	预留调度用户功能号码
92～99	预留铁路固定网络和系统
0	国内公众电信网
00	国际公众电信网，国际 GSM－R 网络

任务 3.3　移动用户号码

与移动用户有关的号码包括 MSISDN 号码、国际移动用户识别码（IMSI）、临时移动用户识别码（TMSI）、移动用户漫游号码（MSRN）。

3.3.1 MSISDN 号码

MSISDN 号码采用 E.164 编码方式，MSISDN 号码结构如图 3－3 所示。

国家代码 CC	国内有效移动用户电话号码 NDC+SN

图 3－3　MSISDN 号码结构

1. 国家代码（CC）

中国国家代码 CC 为 86。

2. 国内目的代码（NDC）

NDC（$N_1N_2N_3$）为 GSM－R 国内目的代码，暂定为 149。

3. 用户号码（SN）

用户号码 SN 长度暂定为 8 位，用户号码（SN）结构如图 3－4 所示。

HLR 识别号 $H_0H_1H_2$	移动用户号码 ABCDE

图 3－4　用户号码（SN）结构

1）HLR 识别号的分配

$H_0H_1H_2$ 为 HLR 的识别号，其中 H_0=CT=8，MSISDN 号码 H_1H_2 分配表见表 3－14。

表 3－14　MSISDN 号码 H_1H_2 分配表

H_1 \ H_2	0	1	2	3	4	5	6	7	8	9
0										
1				柳州		襄樊			南昌	
2	国铁集团	北京		天津		石家庄		太原	临汾	大同
3	白城	沈阳	长春	哈尔滨	大连	齐齐哈尔	通辽	吉林	通化	锦州
4	青岛	上海		济南	福州	徐州		杭州	蚌埠	南京
5	羊城	武汉		郑州	安康	西安	怀化	广州	长沙	洛阳
6		成都		重庆		贵阳		昆明	北疆	
7		兰州	银川	乌鲁木齐	青藏（拉萨）	青藏（西宁）		哈密	南疆	武威
8		呼和浩特			佳木斯	海拉尔	牡丹江	图们		
9										

注：空格处的 H_1H_2 为备用。

2）移动用户号码的分配

移动用户号码 ABCDE，首位 A 表示用户类型，移动用户号码首位 A 的分配表见表 3－15。

表 3－15　移动用户号码首位 A 的分配表

A	用户类型
0～1	预留
2～4	调度通信用户
5～6	预留（调度通信用户）
7～9	其他用户

CT=8 移动用户号码个位（E）分配详见表 3－16，其他位和表中未列明的用户号码分配参照《GSM－R 数字移动通信网编号计划 v3.0》第 6 个移动用户号码内容，结合工程进行分配。

表 3－16　CT=8 移动用户号码个位（E）分配

E	铁路局	基层单位	E	铁路局	基层单位
1	预留（运输）	预留（运输）	6	电务、信息	电务、信息
2	运输	运输	7	数据	数据
3	机务、水电、电力	机务、水电、电力	8	公安、军运	公安、军运
4	车辆、调度	车辆	9	预留	预留
5	工务	工务	0	安监	安监

3.3.2　移动用户识别码

国际移动用户识别码即 IMSI 号码。

IMSI 号码采用 E.212 编码方式，号码总长度为 15 位，IMSI 号码结构如图 3－5 所示。

移动国家代码 MCC	移动网络代码 MNC	移动用户识别号码 MSIN

图 3－5　IMSI 号码结构

其中：MCC＝460，MNC 暂定为 20。MSIN 为 $H_0H_1H_2$ S ××××××，$H_0H_1H_2$ 与 MSISDN 号码中的 $H_0H_1H_2$ 相同，S 为 MSISDN 号码中的 NDC 的末位。

3.3.3　临时移动用户识别码（TMSI）

为了对 IMSI 保密，VLR 可给来访移动用户在位置登记（包括位置更新）后或激活补充业务时，分配一个唯一的 TMSI 号码，它仅在本地使用，为一个 4 字节的 16 进制编码。

3.3.4　移动用户漫游号码（MSRN）

MSRN 号码的结构为：NDC+0+$M_0M_1M_2$+ABCD。

其中：NDC+0 为漫游号码标记，$M_0M_1M_2$ 为漫游地 MSC 端局号码，与 MSISDN 号码中的 $H_0H_1H_2$ 相同，即 $M_0M_1M_2=8H_1H_2$。ABCD 为漫游地 MSC 临时分配给用户的漫游号码，范围为 0000～4999。

3.3.5 切换号码（HON）

HON 号码结构同 MSRN 号码，其中 ABCD 的范围为 5000～8999。

3.3.6 组呼号码（GCN）

GCN 号码结构同 MSRN 号码，其中 ABCD 的范围为 9000～9999。

任务 3.4 固定用户号码与特服号码

3.4.1 固定用户号码结构

FAS 网络用户 ISDN 号码，采用 E.164 编码方式。FAS 网络用户 ISDN 号码结构如图 3－6 所示。

国家代码 CC	FAS 用户电话号码 NDC+SN

图 3－6 FAS 网络用户 ISDN 号码结构

其中，CC、NDC 同 MSISDN 规定。

3.4.2 固定用户号码（SN）编号方案

1. 用户号码 SN 结构

SN 号码长度暂定为 8 位，SN 号码结构如图 3－7 所示。

FAS 识别号 $H_0H_1H_2$	FAS 用户号码 ABCDE

图 3－7 SN 号码结构

$H_0H_1H_2$ 为 FAS 的识别号，其中 H_0=CT=7，ISDN 号码 H_1H_2 分配表见表 3－17。

表 3－17 ISDN 号码 H_1H_2 分配表

H_1 \ H_2	0	1	2	3	4	5	6	7	8	9
0										
1				柳州					南昌	
2	国铁集团	北京						太原		

续表

H_1 \ H_2	0	1	2	3	4	5	6	7	8	9
3		沈阳		哈尔滨						
4		上海		济南						
5		武汉		郑州		西安		广州		
6		成都						昆明		
7		兰州		乌鲁木齐		青藏				
8		呼和浩特								
9										

注：空格处的 H_1H_2 为备用。

2. FAS 用户号码的分配

FAS 用户号码 ABCDE，首位 A 可表示铁路局内的 FAS 局向，个位（E）按照表 3–18 分配。其他位和表中未列明的用《GSM–R 数字移动通信网编号计划 v3.0》第 7 个固定用户号码内容，结合工程进行分配。BCDE=0000 预留为 FAS 虚拟用户号。

表 3–18　CT=7 FAS 用户号码个位（E）分配

E	铁路局	基层单位	E	铁路局	基层单位
1	预留（运输）	预留（运输）	6	电务、信息	电务、信息
2	运输	运输	7	数据	数据
3	机务、水电、电力	机务、水电、电力	8	公安、军运	公安、军运
4	车辆、调度	车辆	9	预留	预留
5	工务	工务	0	安监	安监

3.4.3　虚拟用户号

由 MSC 发起的组呼，预定义用户中调度身份用户超过 5 个，且 FAS 用户为 2 个以上时，在 GCR 中采用虚拟用户号标识全部 FAS 用户，由 FAS 组织该部分用户的组呼。

虚拟用户号：7 H1H2A0000，分配给局内不同的 FAS。

3.4.4　特服号码

GSM–R 网络特服号码表如表 3–19 所示。

表 3-19　GSM-R 网络特服号码表

号码	业务名称
114	接入最合适的电话查号台
117	接入最合适的事故救援台
110	公众紧急呼叫，接入最合适的匪警报警台
112	公众紧急呼叫提示
119	公众紧急呼叫，接入最合适的火警报警台
999	公众紧急呼叫，接入最合适的急救报警台

相关规范、规程与标准

《GSM-R 调度通信系统主要技术条件（V3.0）》

项目小结

本项目主要介绍了号码类型及编号原则、GSM-R 网络用户号码、移动用户号码、固定用户号码与特服号码四个方面的内容，通过学习，我们能够了解号码的组成结构、GSM-R 调度通信系统的编号原则，会对 GSM-R 网络用户号码、移动用户号码、固定用户号码进行号码编制。

复习思考题

1. GSM-R 网络用户号码的结构是什么？
2. GSM-R 网络用户号码的编号原则是什么？
3. 移动用户号码的结构是什么？
4. 移动用户号码的编号原则是什么？
5. 固定用户号码的结构是什么？
6. 固定用户号码的编号原则是什么？

项目 4

数字调度设备硬件认知

项目描述

MDS 数字调度通信系统是结合现代通信技术，吸收北京佳讯飞鸿电气股份有限公司（以下简称佳讯公司）同类产品开发的成功经验，经过反复论证设计出来的符合实际需要、性能稳定的新一代调度产品，是该公司现有 FH98 数字调度产品的升级换代产品，能够满足现代通信的需要，具有指挥调度、数字交换、电话会议和维护管理等功能，主要应用于铁路、城市轨道交通、军队和公安领域的指挥调度系统，也适用于其他行业企业。本项目主要从MDS3400 数字调度通信系统（以下简称 MDS3400）硬件总体结构和硬件配置、MDS3400 电路板功能和接口特性、CTT4000 数字调度通信系统（以下简称 CTT4000）硬件总体结构和硬件配置及 CTT4000 电路板功能和接口特性四个部分来进行阐述，通过对本项目进行学习，我们能够认知 MDS3400 和 CTT4000 的组成、功能，各个组成部分的作用，功能板的作用与参数，各个接口板的特性，能根据各个指示灯的状态，判断系统的工作状态。

拟实现的教学目标

能力目标

具备 MDS3400、CTT4000 设备的认知能力；具备 MDS3400、CTT4000 设备插箱内板卡功能的认知能力；具备 MDS3400、CTT4000 设备板卡指示灯的灯显分析能力。

知识目标

掌握 MDS3400、CTT4000 的组成、网络结构和基本原理；掌握 MDS3400、CTT4000 设备插箱内各板卡的组成及功能，熟练掌握各板卡的技术指标及板卡指示灯的灯显意义。

素质目标

培养面向国家铁路、地方铁路、城市轨道交通、工程公司、通信设备工厂等企事业单位，在生产、建设、管理、服务第一线，具有较强的铁路通信设备基本结构、工作原理、技术条件、维护标准、施工工艺等专业技术理论知识，较强的计算机、相关工程技术应用能力和较强的铁路通信设备安装、调试、日常养护、故障处理及检（维）修等实践技能，具有良好职业道德和职业生涯发展基础，具备较强岗位实践能力及新技术学习应用能力的高端技能型专门人才。

任务 4.1　MDS3400 硬件总体结构和硬件配置

MDS3400 由后台交换机、系列化调度终端、网管系统、集中录音系统等部分组成。后台交换机提供数字中继、模拟中继、模拟用户、数字用户（2B+D）、数字 E1、2/4 线音频、磁石、环路中继、共电、选号、以太网和 RS485 等接口。并通过这些接口与电话公网、普通话机、磁石话机、2B+D 键控式操作台、2B+D 触摸屏操作台、集中数字录音仪、网管系统等相连，MDS3400 总体结构框图如图 4－1 所示。

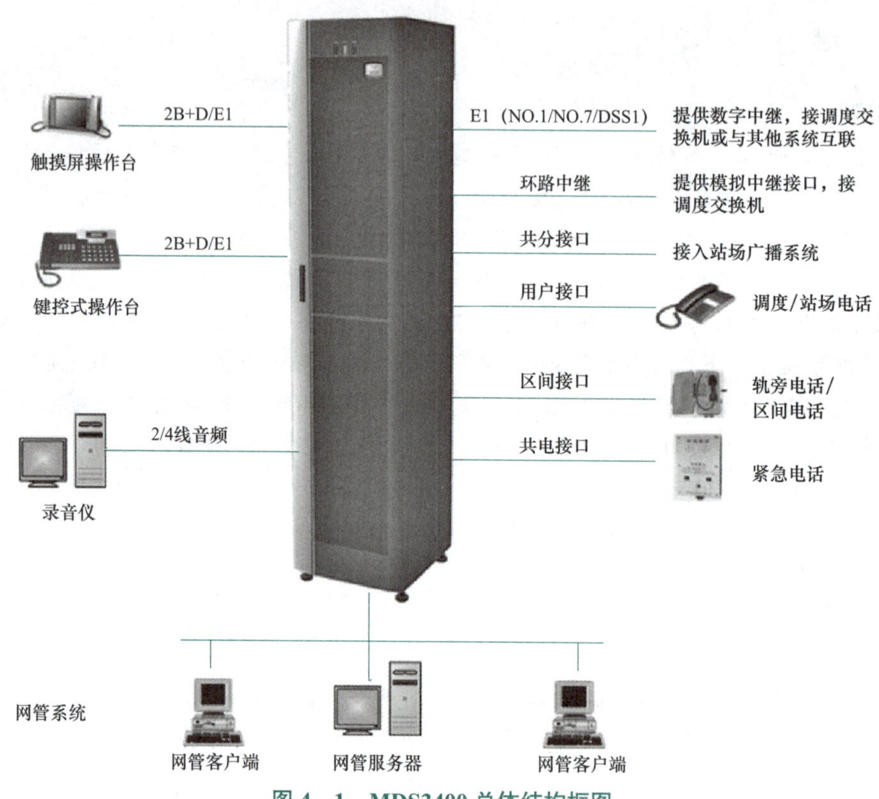

图 4－1　MDS3400 总体结构框图

4.1.1　主机

系统主机包括系统机柜、控制层、扩展层、直流配电单元、交流配电单元、风扇框和配线单元。

1. 机柜

MDS3400 采用标准 19 英寸机柜（2 000 mm×600 mm×600 mm），为插箱插板式结构。单个 MDS3400 分为主控层和扩展层两种插箱。机框和插箱外观图如图 4－2 所示。

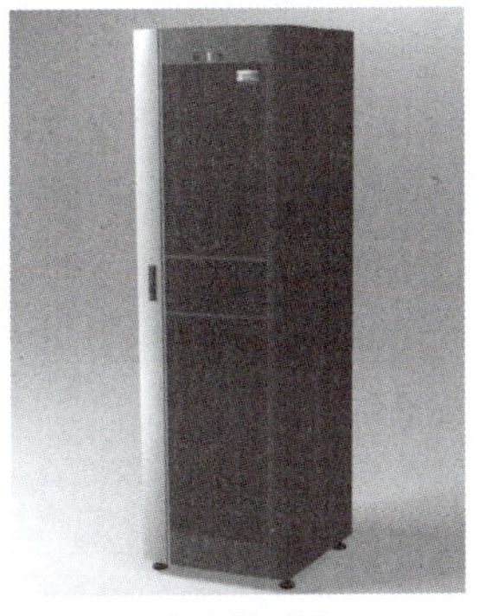

(a) 机框外观图

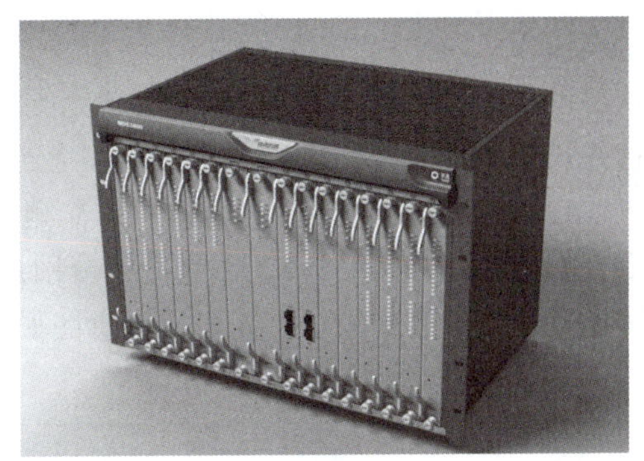

(b) 插箱外观图

图 4－2　机框和插箱外观图

2. 控制层

控制层共有 16 个槽位，7、8 槽位为 1+1 主备用的主控板，其余 14 个槽位可以插任意接口板。其中带扩展层时需要插扩展板。15、16 接口板槽位可插铃流板。铃流板只能插在 15、16 槽位。14 个接口板槽位都可以插各种接口板，如图 4－3 所示。

1	2	3	4	5	6	7	8	9	10	11	12	13	14	15	16
扩展/数字/接口	扩展/数字/接口	扩展/数字/接口	扩展/数字/接口	扩展/数字/接口	扩展/数字/接口	主控	主控	扩展/数字/接口	扩展/数字/接口	扩展/数字/接口	扩展/数字/接口	扩展/数字/接口	扩展/数字/接口	扩展/数字/接口/铃流	扩展/数字/接口/铃流

图 4－3　控制层结构图

3. 扩展层

扩展层是通过控制层的扩展板来扩展的，扩展板支持 1:1 备份。扩展层共有 16 个槽位。其中 7、8 槽位为 1+1 主备用的驱动板，其余 14 个槽位可以插任意接口板，15、16 接口板槽位还可插铃流板。14 个接口板槽位都可以插各种接口板，除铃流板槽位外其余 12 个槽位还可以接高速板（如数字环板）。扩展层不可插入主控板和扩展板。扩展层结构图如图 4－4 所示。

1	2	3	4	5	6	7	8	9	10	11	12	13	14	15	16
数字环/接口	数字环/接口	数字环/接口	数字环/接口	数字环/接口	数字环/接口	驱动	驱动	数字环/接口	数字环/接口	数字环/接口	数字环/接口	数字环/接口	数字环/接口	接口/铃流	接口/铃流

图 4－4　扩展层结构图

4. 直流配电单元

机柜的顶部设有直流配电单元。直流配电单元支持 2 路独立的直流 48 V 输入，2 路 48 V 输入经二极管并联成 1 路 48 V，之后通过空开（空气开关）再到每个插框。每个插框由一个空开控制。#1、#2 两个指示灯分别代表 2 路 48 V 电源的工作指示灯，#1、#2 两个空开为 2 路 48 V 输入开关，R1、R2、R3、R4 四个空开分别是四个插箱的供电开关，F1、F2 两个空开为两个风扇单元开关，直流配电单元面板示意图如图 4－5 所示。

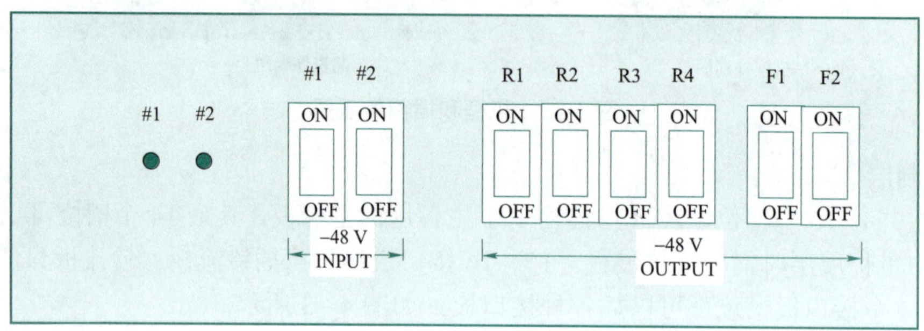

图 4－5　直流配电单元面板示意图

5. 交流配电单元

数字调度通信系统常用直流 48 V 供电，但有些场合要求必须使用交流 220 V 供电。MDS3400 在机柜的底部保留一区域，可以放置一个交流 220 V 转直流 48 V 的配电设备，先把交流转成直流后再接到直流配电单元。

6. 配线单元

在系统容量较小的情况下，不需要单独的配线架，而在机柜底部设有配线单元，通过背板上的欧式插座把各单板上的线连到配线单元。有配线单元更方便工程的实施。机柜底部的配线单元仅适用于模拟用户线较少的情况，当 MDS3400 单机容量很大时，需要外置单独的配线架。机柜底部的配线单元也可设数字配线模块。

4.1.2　网管系统

网管系统是用于管理数字调度通信系统各种型号设备的软件，该软件运行于 Windows 操作系统。网管与交换机之间采用 TCP/IP 通信，网管只需要与一台或几台交换机在一个 LAN 里，其余交换机可以靠主控之间的通信为网管远程管理网元提供 IP 通信通道。网管系统和网元之间采用佳讯公司私有的应用层协议。

网管系统软件采用 C/S 方式。客户端软件相同，但根据不同的权限可以加载运行一个、多个或全部模块。客户端软件可以和服务器端软件部署在一台计算机上，也可以分别部署在不同的计算机上。

4.1.3　操作台

MDS3400 支持的操作台包括触摸屏操作台和键控式操作台，两者都是通过 2B+D 接口或 E1 接口接入后台交换机。操作台采用了 DSP 数字信号处理技术，使喇叭对麦克风的回声得以抑制，同时抵消模拟接口 2/4 线转换所带来的回波，消除了自激现象产生的可能，实现了全双工通信，触摸屏操作台又分为一体化和分体式两种。

1. 触摸屏操作台

1）一体化触摸屏操作台

一体化触摸屏操作台与后台交换机之间通过 2B+D 接口或 E1 接口或以太网接口连接，支持主辅两个通道。其中麦克风、扬声器和左手柄为主通道，右手柄为辅通道，如图 4－6 所示。

图 4－6　一体化触摸屏操作台

2）分体式触摸屏操作台

分体式触摸屏操作台也叫大屏幕操作台，主要由工控机、大屏幕触摸屏、通话终端三部分组成，如图 4－7 所示。

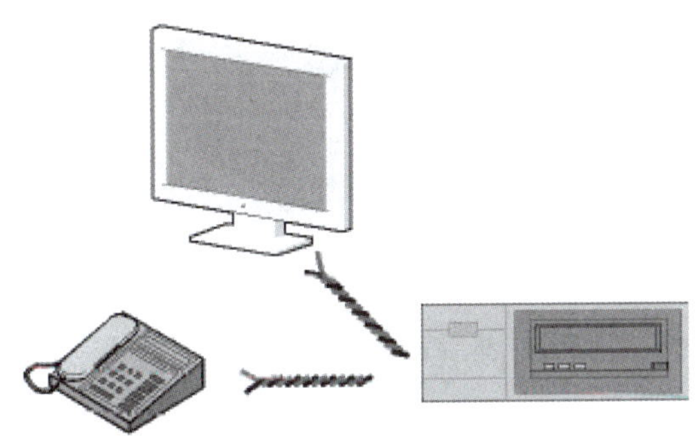

图 4－7　分体式触摸屏操作台

触摸屏操作台可实现的功能如下：单呼、组呼、会议、广播；呼叫转接、呼叫转移、呼叫保持；强拆、强插；来电电话号码显示、来电中文显示；呼叫状态显示、呼叫级别显示；双通道通话、一键直通；保存通话记录；数据业务等。

2. 键控式操作台

1）可扩展式 KDT 操作台

可扩展式 KDT 操作台与系统主机之间通过 2B+D 接口或 E1 接口连接，其支持主辅两个通道，其中麦克风、扬声器为主通道，手柄为辅通道，如图 4－8 所示。

图 4－8　可扩展式 KDT 操作台外观图

2）24 键及 48 键操作台

24 键及 48 键操作台由拨号键区、呼叫键区、功能键区、液晶显示屏、按键指示灯、手柄和麦克风等部分构成。

JK24/JK48 型操作台外观大致相同，其与系统主机之间通过 2B+D 接口连接，支持主辅两个通道，其中麦克风、扬声器为主通道，手柄为辅通道。若采用后台供电方式，操作台与系统主机之间的距离可达 1 km，若采用本地供电方式可达 5.5 km，也可通过传输设备将调度台无限延伸。JK24/JK48 型操作台外观如图 4－9 所示。

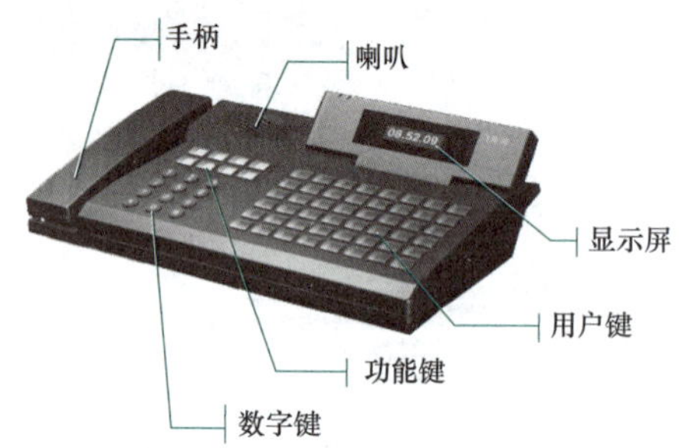

图 4－9　JK24/JK48 型操作台外观

4.1.4　录音系统

MDS3400 提供调度终端录音和数字用户接口板录音两种方式，可以满足不同应用场合的需求。其中调度终端录音只提供录音接口，不提供录音数据的保存。数字用户接口板录音支持声控和电控录音。

系统可配置 FH8161 数字录音系统，可实现对模拟线路的录音，提供电话查询、监听、调听、备份、数据维护功能，同时提供完备的网络配置管理、故障管理、安全管理模块以进行远程维护。系统可以接数字录音仪，支持声控和信控录音方式。信控录音方式还可以记录通话的主被叫号码。

任务 4.2　MDS3400 电路板功能和接口特性

4.2.1　控制层背板 BKC

控制层背板提供 2 个主控槽位，14 个通用接口槽位。控制层背板结构图如图 4－10 所示。

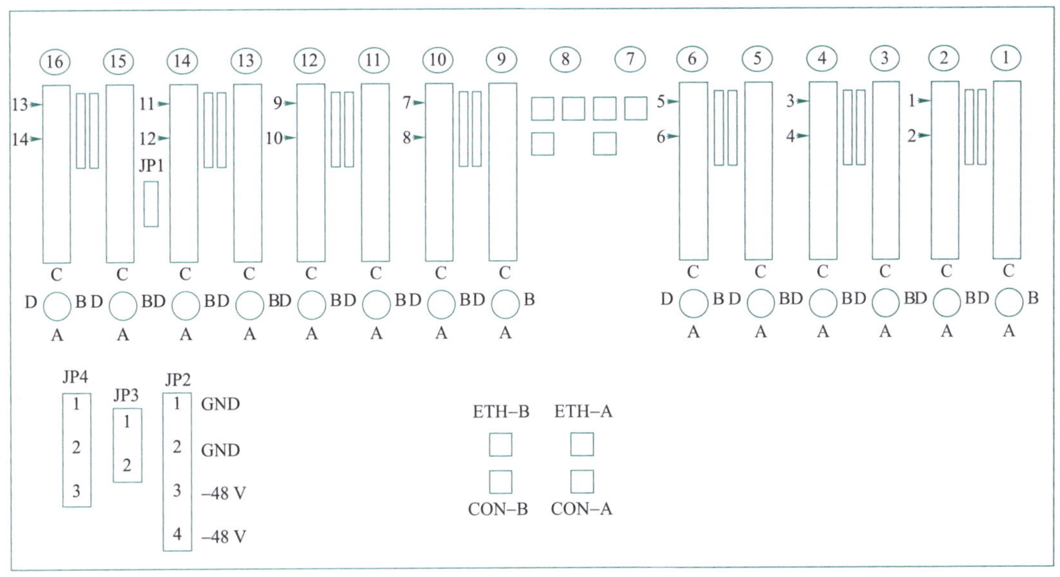

图 4－10　控制层背板结构图

1. 通用接口

控制层背板的 1～6、9～14 槽位为通用接口，可接 4 个 32 路的欧式插头。其中每对槽位之间有两排主备跳线插针，槽位 2、4、6、10、12、14、16 旁边标注有扩展电缆号。

2. 防误插旋钮

位于每个接口下方的是防误插旋钮，可防止因人为误插电路板引起的故障。通过旋转防误插旋钮，可以使旋钮上的指针分别对准 A、B、C、D 四个方向，代表了四类电路板。A、B、C、D 对应的电路板如下。

A：数字环板（DLL）、数字中继板（DTL）、铃流板（RNG）、扩展板（EXT）。

B：模拟用户板（ASL）。

C：数字用户板（DSL）。

D：多功能接口板（MIL）、数据通信板（DCL）。

3. JP 说明

JP2 为 48 V 电源输入；JP3 为铃流输入（RING－IN）；JP4 为铃流输出（RING－OUT）。

4. 网口

ETH－A 和 ETH－B 是两块主控板提供的网口，通过网线连接集线器，再通过集线器上的网线连接网管系统；CON－A 和 CON－B 是串口。

4.2.2 扩展层背板 BKX

扩展层背板提供 2 个驱动槽位，14 个通用接口槽位，如图 4－11 所示。

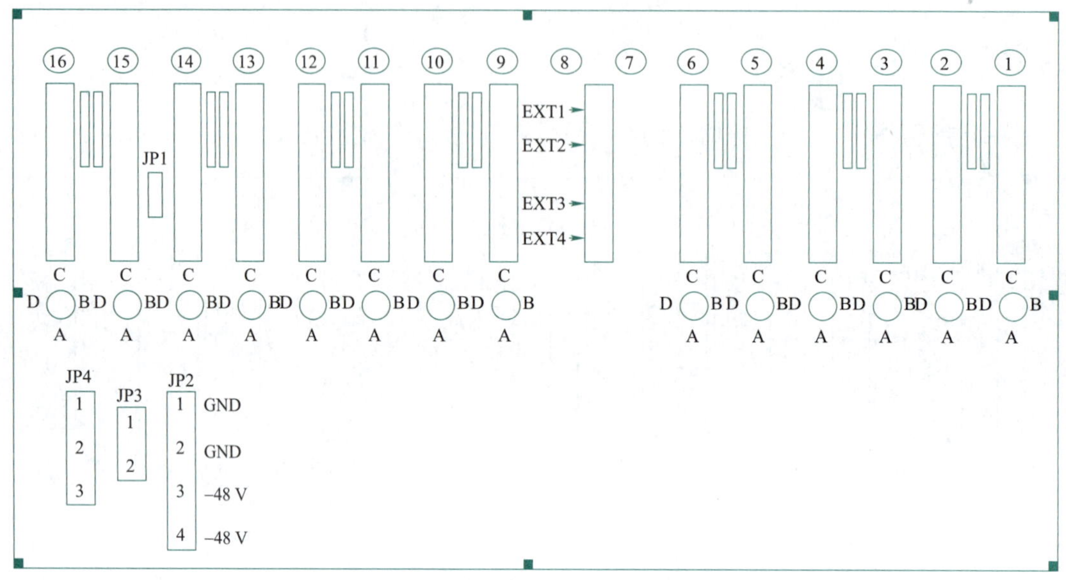

图 4－11　扩展层背板结构图

扩展层背板的 7、8 槽位可插驱动板，驱动板提供一个接口，可以插接 4 条扩展线缆（EXT1、EXT2、EXT3、EXT4）到控制层。

4.2.3 MPU－主控板

MPU（main processor unit card）－主控板的主要功能：系统主处理机，双网双机热备份；提供 4 096×4 096 时隙的无阻塞交换；提供 64 个数字信号音资源；提供 128 方会议；提供掉电能保持的实时时钟；提供保存一定数量话单的存储器；提供整个主机系统所需的 4 级时钟，具有自由振荡、跟踪、保持 3 种工作模式，MPU－主控板面板指示灯说明如表 4－1 所示。

表 4－1　MPU－主控板面板指示灯说明

灯名	颜色	说明	含义
ACT	绿色	主备用指示	亮：主用；灭：备用
RUN	绿色	运行状态指示	0.2 s 亮/0.2 s 灭：正常运行；灭：工作不正常
BUSY	绿色	保留	
ALM	红色	告警指示（保留）	
MOD	绿色	时钟模式	亮：自由振荡模式；1 s 亮/1 s 灭：保持模式；0.25 s 亮/0.25 s 灭：跟踪模式

MPU－主控板技术指标：功耗为 7 W（不包含以太网交换模块）。

4.2.4　DRV－驱动板

DVR（DRiVer card）－驱动板的主要功能：扩展层插箱的核心板，完成话音信号的分配及通信消息的转发；作为本层单板与主控板的通信代理；支持主备用；支持软件在线升级。DRV－驱动板面板指示灯说明如表 4－2 所示。

表 4－2　DRV－驱动板面板指示灯说明

灯名	颜色	说明	含义
ACT	绿色	主备用指示	亮：主用；灭：备用
RUN	绿色	运行状态指示	0.2 s 亮/0.2 s 灭：正常运行；灭：工作不正常
BUSY	绿色	保留	
ALM	红色	告警指示	

DVR－驱动板技术指标：功耗为 2.5 W。

4.2.5　EXT－扩展板

EXT－扩展板的主要功能：控制层到扩展层的 LVDS 信号转换；插在控制层的通用槽位上，双板备份，无处理机。EXT－扩展板面板指示灯说明如表 4－3 所示。

表 4－3　EXT－扩展板面板指示灯说明

灯名	颜色	说明	含义
ACT	绿色	主备用指示	亮：主用；灭：备用

EXT－扩展板技术指标：功耗为 1 W。

4.2.6　ASL－模拟用户板

ASL（analog subscriber line card）－模拟用户板的主要功能：单板 16 路用户，支持 DTMF 的收发，支持来电显示，能提供反极性信号；增益软件可调；在电路板上以过流、过压保护器件实现过电流、过电压防护；支持主备用；支持软件在线升级。ASL－模拟用户板面板指示灯说明如表 4－4 所示。

表 4－4　ASL－模拟用户板面板指示灯说明

灯名	颜色	说明	含义
ACT	绿色	主备用指示	亮：主用 灭：备用
RUN	绿色	运行状态指示	1 s 亮/1 s 灭：正常运行
COM	绿色	与主控板通信状态指示	常亮：与主控板通信正常 闪：正在进行数据通信

续表

灯名	颜色	说明	含义
ALM	红色	告警指示	灭：正常 亮：时钟丢失告警
STA1～STA16	绿色	模拟用户电路状态指示	常灭：话机挂机 常亮：话机摘机或者通话中 1 s 亮/4 s 灭：正在振铃 0.25 s 亮/0.25 s 灭：本路用户电路有故障

ASL－模拟用户板技术指标：静态无摘机时功耗为 10 W、每路摘机最大输出 21 mA 电流。

4.2.7 DSL–数字用户板

DSL（digital subscriber line card）－数字用户板的主要功能：每板 4 路，每路提供模拟录音接口，支持 B1、B2 混合录音和分开录音（跳线设置）；支持现有的专用调度终端；在电路板上以过流、过压保护器件实现过电流、过电压防护；接口支持主备用；支持软件在线升级。DSL－数字用户板面板指示灯说明如表 4－5 所示。

表 4－5　DSL－数字用户板面板指示灯说明

灯名	颜色	说明	含义
ACT	绿色	主备用指示	亮：主用 灭：备用
RUN	绿色	运行状态指示	1 s 亮/1 s 灭：正常运行
COM	绿色	与主控板通信状态指示	常亮：与主控板通信正常 闪：正在进行数据通信
ALM	红色	告警指示	灭：正常 亮：时钟丢失告警
STA1～STA4	绿色/红色	数字用户电路状态指示	常灭：与调度台通信不正常 常亮：与调度台通信正常 1 s 亮/4 s 灭：正在振铃 0.25 s 亮/0.25 s 灭：链路已连接，正在等待数据，通信正常

DSL－数字用户板技术指标：静态功耗 8 W。

4.2.8 DTL–数字中继板

DTL（digital trunk line card）－数字中继板的主要功能：每板提供 8 路 E1 接口；支持公共信令和随路信令；提取时钟；接口支持主备用；支持软件在线升级。DTL–数字中继板面板指示灯说明如表 4－6 所示。

表 4－6 DTL－数字中继板面板指示灯说明

灯名	颜色	说明	含义
ACT	绿色	主备用指示	亮：主用 灭：备用
RUN	绿色	运行状态指示	1 s 亮/1 s 灭：正常运行
COM	绿色	与主控板通信状态指示	常亮：与主控板通信正常 闪：正在进行数据通信
ALM	红色	告警指示	灭：正常 亮：时钟丢失告警
STA1～STA8	绿色	E1 接口状态	亮：正常 灭：同步丢失告警

DTL－数字中继板技术指标：功耗为 5 W。

4.2.9 DLL－数字环板

DLL（digital loop line card）－数字环板的主要功能：每板提供 8 路 E1 接口，4 个数字环；E1 线支持断电直通功能（1 与 2 直通、3 与 4 直通、5 与 6 直通、7 与 8 直通）；提供 256 方会议，每个环 64 方；提取时钟；接口支持主备用；支持软件在线升级；板内为每个数字环提供 8 位的地址拨码开关。DLL－数字环板面板指示灯说明如表 4－7 所示。

表 4－7 DLL－数字环板面板指示灯说明

灯名	颜色	说明	含义
ACT	绿色	主备用指示	亮：主用 灭：备用
RUN	绿色	运行状态指示	1 s 亮/1 s 灭：正常运行
COM	绿色	与主控板通信状态指示	常亮：与主控板通信正常 闪：正在进行数据通信
ALM	红色	告警指示	灭：正常 亮：时钟丢失告警
STA1～STA8	绿色	E1 接口状态	亮：正常 灭：同步丢失告警

DLL－数字环板技术指标：功耗为 11 W，每板提供 8 路 E1 接口即 4 个数字环接口，该接口支持铁路专用数字环信令。

地址拨码开关的作用：单板上的数字环号由网管在 DLL 板属性中设置。用 8421 码设定地址，向上为“0”，向下为“1”，左为低位，右为高位。例如：某车站号为 12，换成二进制为 0011，DLL 板的拨码开关依次拨为：向上向上向下向下右高左低。

4.2.10 MIL－多功能接口板

MIL（multi-function interface line card）－多功能接口板的主要功能：单板可插 4 个小插

板；板内带 DSP 资源模块；支持的插板类型有环路 HL（1 路）、磁石 CS（2 路）、二线音频 Y2P（2 路）、四线音频 Y4P（2 路）、选号 XH（2 路）、共电 GD（只用于区间功能，2 路）；增益软件可调；支持软件在线升级。MIL－多功能接口板面板指示灯说明如表 4－8 所示。

表 4－8　MIL－多功能接口板面板指示灯说明

灯名	颜色	说明	含义
ACT	绿色	主备用指示	亮：主用 灭：备用
RUN	绿色	运行状态指示	1 s 亮/1 s 灭：正常运行
COM	绿色	与主控板通信状态指示	常亮：与主控板通信正常 闪：正在进行数据通信
ALM	红色	告警指示	灭：正常 亮：时钟丢失告警
STA1～STA8	绿色	多功能接口板状态指示	亮：正常 灭：时钟同步告警

MIL－多功能接口板技术指标：静态功耗 7 W。

4.2.11　RNG－铃流板

RNG（Ring power card）－铃流板的主要功能：支持主备用；产生铃流和磁石铃流，各 30 W；提供过压、过流保护；提供告警指示。RNG－铃流板面板指示灯说明如表 4－9 所示。

表 4－9　RNG－铃流板面板指示灯说明

灯名	颜色	说明	含义
RING	绿色	铃流输出指示	亮：铃流输出正常 灭：铃流输出故障
SRING	绿色	磁石铃流输出指示	亮：磁石流输出正常 灭：磁石流输出故障
COM	绿色	与主控板通信状态指示	常亮：与主控板通信正常 闪：正在进行数据通信
ALM	红色	告警指示	亮：本板故障告警 灭：本板正常

RNG－铃流板技术指标：本板静态功耗 7 W；最大铃流输出 30 W；最大磁铃输出 30 W。

4.2.12　RES－资源板

RES－资源板的主要功能：可插 4 个 DSP 小插板、每个插板可支持 64 方会议或 64 个 DTMF/MFC 收发号器、支持软件在线升级。RES－资源板面板指示灯说明如表 4－10 所示。

表 4－10　RES－资源板面板指示灯说明

灯名	颜色	说明	含义
ACT	绿色	主备用指示	亮：主用 灭：备用
RUN	绿色	运行状态指示	1 s 亮/1 s 灭：正常运行
COM	绿色	与主控板通信状态指示	常亮：与主控板通信正常 闪：正在进行数据通信
ALM	红色	告警指示	灭：正常；亮：时钟丢失告警

RES－资源板技术指标：静态功耗为 5 W。

任务 4.3　CTT4000 硬件总体结构和硬件配置

4.3.1　调度主机

CTT4000 调度主机实现全系统的网络和通道管理功能，全系统的呼叫处理和交换功能，调度台的管理和调度功能，接口的处理及组网功能等。

CTT4000 调度主机采用标准 19 英寸结构，高为 2 m 或 2.2 m；所有单板插框采用 19 英寸 7U 结构；单板插框分模块框和时钟/以太网框两种，模块框内除 PWR 和 MPU 板外，其他槽位所有接口板均可混插，CTT4000 调度主机结构框图如图 4－12 所示。

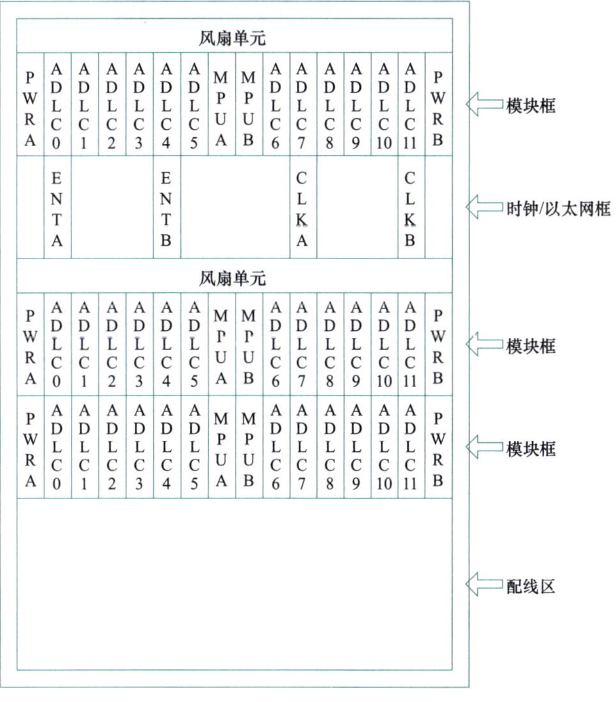

图 4－12　CTT4000 调度主机结构框图

4.3.2 调度台

调度台是调度员（车站值班员使用操作台，其功能与调度台类似）进行调度指挥工作的操作平台。调度员通过调度台上各种按键进行各种调度操作，如应答来话、单呼、组呼、全呼、转移或保持来话、召集会议等。

CTT4000 调度台分触摸屏调度台（操作台）和键控式调度台（操作台）两种。

触摸屏调度台通过触摸屏显示器界面进行各种操作；键控式调度台则直接通过各种特定意义按键进行操作，两者功能基本相同。

1. 触摸屏调度台

触摸屏调度台由触摸屏显示器、调度台主机、通话装置三部分组成。

1）触摸屏显示器

触摸屏显示器向调度指挥人员提供操作和显示界面。

可根据用户需求选用不同尺寸的显示器，一般为 15 英寸，触摸屏显示器实物如图 4－13 所示。

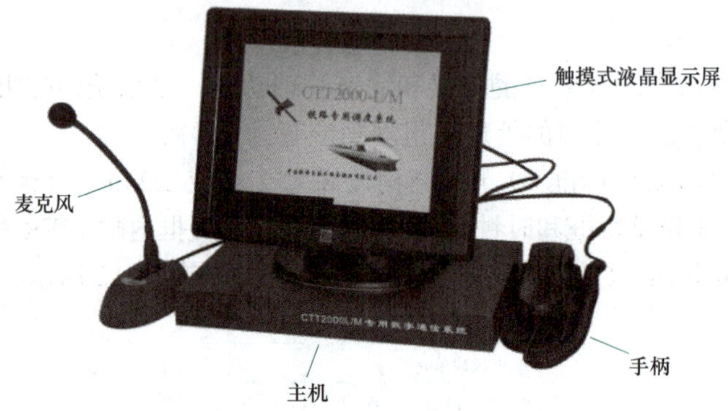

图 4－13 触摸屏显示器实物

操作界面包括：消息显示区、呼叫键区和功能键区。

（1）消息显示区显示各种呼叫状态和信息。可显示呼叫方向、中文名称、功能号码、优先级、呼叫状态、通话开始和结束时间、ISDN 号码等信息。

（2）呼叫键区即单呼、组呼按键区，包含若干个单呼按键、组呼按键、语音广播按键，各个按键用于完成相应的呼叫，同时显示相应的呼叫状态，具有翻页功能。

（3）功能键区包含上一条键、下一条键、主应答/主挂机键、辅应答/辅挂机键、保持键、转接键、切换键、拒绝键、自动键、静音键、重拨键、会议键、拨号盘键、设置键、紧急键、麦克风/手柄选择键、备用键等功能键组成。

① 上一条键：选择上一条通话记录。

② 下一条键：选择下一条通话记录。

③ 主应答/主挂机键：接听或挂断主通道呼叫。

④ 辅应答/辅挂机键：接听或挂断辅通道呼叫。

⑤ 保持键：保持当前呼叫。

⑥ 转接键：转接当前通话到第三方。

⑦ 切换键：用于主辅通道切换。

⑧ 拒绝键：拒绝当前呼入。

⑨ 自动键：自动应答选择。

⑩ 静音键：用于将本方的麦克风屏蔽，使对方听不到本方的声音。

⑪ 重拨键：自动重拨上次的呼出。

⑫ 会议键：组织会议。

⑬ 拨号盘键：显示拨号盘。

⑭ 设置键：显示系统设置界面，实现音量调节、振铃音设置、按键设置、呼叫限制、屏幕调节等功能。

⑮ 紧急键：进行 GSM－R 紧急组呼。

⑯ 麦克风/手柄选择键：选择当前操作对麦克风还是对手柄有效。

⑰ 备用键：共四个备用键，如果呼入的号码在调度台上没有对应按键，从四个备用键中选择一个空闲备用键进行应答，并显示相应电话号码。

2）触摸屏调度台主机

通过操作触摸屏调度台主机可实现接口控制、呼叫处理、显示处理和通话处理功能。

（1）接口部分：完成调度台与数字调度主机的接口功能。分 2B+D 接口、2M 接口、双 2M 接口三种。

2B+D 接口：传输码型为 2B1Q 码，为调度台与数字调度主机之间提供两个 64 kbit/s 的话音通道，以及一个 16 kbit/s 的信令通道。两个 64 kbit/s 通道分别对应调度台的主辅通道，而调度台与数字调度主机之间各种信令交互则通过 16 kbit/s 的信令通道完成。

2M 接口：传输码型为 HDB3 码，为调度台与数字调度主机之间提供两个或多个 64 kbit/s 的话音通道，以及一个 64 kbit/s 的信令通道。两个 64 kbit/s 通道分别对应调度台的主辅通道，64 kbit/s 的信令通道完成调度台与调度交换机之间各种信令的交互。为了完成某些特定功能，话音通道可以多于两个。

双 2M 接口：同 2M 接口相关描述。两个接口可以分别接入互为备份的两套调度交换机，或同一个调度交换机的两个模块，以实现调度台的双接口备份。

（2）控制部分：实现调度台内各部分的管理和控制、调度台的呼叫处理、与数字调度主机的信令交互等功能。

（3）通话回路部分：分为主通道（外置麦克风和扬声器）和辅通道（手柄）两部分。两个通道均为全双工通信，两个通道都采用回波相消和自动增益控制等技术，以防止啸鸣，提高通话质量，主用通道同时具备噪声抑制功能。

（4）电源部分：为调度台提供所需的各种工作电源，如 12 V、5 V、3 V 等。触摸屏调度台一般采用 220 V 交流供电，也可采用 48 V 直流供电。

（5）显示控制部分：实现对触摸屏显示器的控制和显示驱动。

3）通话装置

两个通道都支持使用外置麦克风或手柄，即主辅通道同时使用麦克风，主辅通道同时使用手柄，主辅通道分别使用麦克风和手柄。两个通道都支持头戴式耳机、手麦。两个通道均支持摘挂机功能、PTT 功能，支持通话装置在位信息提示功能。

2. 键控调度台

1）键控调度台组成

键控调度台有 48 直通键、25 直通键两种规格。25 直通键调度台实物如图 4-14 所示。

图 4-14 25 直通键调度台实物

键控调度台由键盘部分、显示部分、接口部分、控制部分、通话回路部分、电源部分、通话装置及其他辅助功能部分等组成。

（1）键盘部分：为调度（值班）员提供操作界面。分为单呼组呼键区、功能键区、数字键区。

单呼组呼键区为调度（值班）员提供单键呼叫功能，同时具备应答和挂机功能。该键区一般分为 48 键和 24 键两种规格，键区内任何键均可根据现场需要任意定义。

功能键区为调度（值班）员提供其他特定的功能，如键权、主辅切换、转移、保留、会议、全呼、录音、放音等功能。

数字键区为呼出拨号、菜单选择、参数设置键区。

（2）显示部分：用以指示调度台的运行状态和各种呼叫状态，分为灯显示和液晶显示两部分。灯显示通过指示灯的不同颜色和不同闪烁频率提示当前各种状态；液晶显示则可以直观地显示各种运行状态。

（3）接口部分：完成调度台与数字调度主机的接口功能。分 2B+D 接口、2M 接口、双 2M 接口三种。

① 2B+D 接口：传输码型为 2B1Q 码，为调度台与数字调度主机之间提供两个 64 kbit/s 的话音通道，以及一个 16 kbit/s 的信令通道。两个 64 kbit/s 通道分别对应调度台的主辅通道，而调度台与数字调度主机之间各种信令交互则通过 16 kbit/s 的信令通道完成。

② 2M 接口：传输码型为 HDB3 码，为调度台与数字调度主机之间提供两个或多个 64 kbit/s 的话音通道，以及一个 64 kbit/s 的信令通道。两个 64 kbit/s 通道分别对应调度台的主辅通道，64 kbit/s 的信令通道完成调度台与调度交换机之间各种信令的交互。为了完成某些特定功能，话音通道可以多于两个。

③ 双 2M 接口：同 2M 接口相关描述。两个接口可以分别接入互为备份的两套调度交换机，或同一个调度交换机的两个模块，以实现调度台的双接口备份。

（4）控制部分：实现调度台内各部分的管理和控制、调度台的呼叫处理、与数字调度主机的信令交互等功能。

（5）通话回路部分：分为主通道（外置麦克风和扬声器）和辅通道（手柄）两部分。两个通道均为全双工通信。两个通道都采用回波相消和自动增益控制等技术，以防止啸鸣，提高通话质量。

（6）电源部分：为调度台提供所需的各种工作电源，如 12 V、5 V、3 V 等。键控调度台一般采用远端供电方式，即调度台电源部分的输入直接由远端数字调度主机提供。

（7）通话装置：主通道采用外置麦克风和扬声器，辅通道采用手柄。

2）键控操作台性能

（1）采用 2B+D 接口时，一对双绞线可实现语音、数据、电源同传，距离可远至 5.5 km（0.5 mm 以上线径）。

（2）双通道（麦克风/扬声器通道、手柄）处理，采用回波相消和自动增益控制等专用语音处理技术，通话质量高。

（3）48 个可定义单呼、组呼键；12 个功能键；18 个数字及设置键。单呼、组呼及功能键上有双色灯（红、绿）指示操作的各种状态。

（4）中文液晶显示屏，可帮助调度人员迅速了解操作进程及调度对象的各种状态。

（5）16 min 的电子复述机功能。

（6）可选 8～32 h 的实时录音功能。

3）键控调度台功能

单呼、组呼、全呼功能，会议、通播、广播功能，紧急呼叫、紧急组呼、呼叫转移、呼叫转接、呼叫保持功能，用户强插、强拆功能，自动应答/选择应答功能，DTMF 拨号功能，多呼叫处理功能，呼叫调度台的无阻塞性、调度呼叫的分组处理、双通道处理、区别振铃功能，用户号码、用户中文名称、呼叫状态显示功能，通话记录功能，用户级别的处理、录音数据的灵活读取功能。

任务 4.4　CTT4000 电路板功能和接口特性

4.4.1　单板介绍

（1）MPU 板：模块处理机板，每模块配置两块，采用并行处理方式。内置 16K×16K 大型数字交换网络，256 方会议资源，64 套 DTMF 资源，个性化语音 32 种，信号音 64 种，并为本模块提供全系统同步的各种时钟和时序；完成模块内和模块间的网络交换、呼叫处理和控制。MPU 单板面板指示灯说明如表 4－11 所示。

表 4－11　MPU 单板面板指示灯说明

灯名	说明	故障分析
RUN	有规律闪烁，表示单板运行正常	
ET	ET1 闪烁表示 MPU 板网口 1 工作；ET2 闪烁表示 MPU 板网口 2 工作	MPU 工作正常时只有 1 个灯闪烁
PA	表示该 MPU 板为 A 平面	
PB	表示该 MPU 板为 B 平面	
AL	表示 MPU 板告警	

（2）CLK 板：时钟板，为系统内各模块提供基准同步时钟源，每系统配置两块，时钟源完全同步，并行输出；每块时钟板设计有单独的电源，两块时钟板在物理上完全独立。

（3）ENT 板：100 M 以太网板，每系统配置两块，并行运行；每板提供 24 个 100 M 以太网接口。每块以太网板设计有单独的电源，两块以太网板在物理上完全独立。

（4）PWR 板：电源板，提供模块框系统所需的电源及铃流，每模块框配两块电源板，两板的直流电源工作于并联热供方式，铃流为热备份。

（5）DTU 板：数字中继处理机板，可选热备份，每板两个 A 口，完成系统共线信令、NO.1 信令、NO.7 信令的处理。DTU 板面板指示灯说明如表 4－12 所示。

表 4－12　DTU 板面板指示灯说明

灯名	说明	故障分析
RUN	快闪，表示与 MPU 板通信正常	慢闪，表示该板与 MPU 板通信故障或该 DTU 板不在数字环上、与数字环通信故障
AL	灯亮，表示 DTU 板告警	
M	灯亮，表示此板为主用 DTU	
S	灯亮，表示此板为备用 DTU	
S0	灯亮，表示 2M1 无码流	如果是主系统，表示备环方向，主站与末端站通信发生线路故障；如果是分系统，表示主环方向，该站与上行站通信发生线路故障 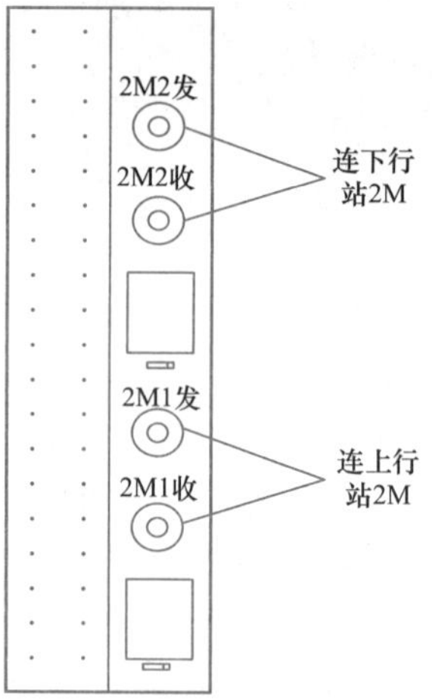 2M2发 2M2收 连下行站2M 2M1发 2M1收 连上行站2M
	灯灭，表示 2M1 有码流	如果是主系统，表示备环方向主站与末端站通信线路正常；如果是分系统，表示主环方向，该站与上行站通信线路正常
S1	灯亮，表示 2M2 无码流	如果是主系统，表示主环方向，主站与下行站通信发生线路故障；如果是分系统，表示备环方向，该站与下行站通信发生线路故障
	灯灭，表示 2M2 有码流	如果是主系统，表示主环方向，主站与下行站通信线路正常；如果是分系统，表示备环方向，该站与下行站通信线路正常

（6）30B+D 板：PRI 接口板，可选热备份，每板两个 A 口，完成 DSS1 信令的处理。

（7）DDU 板：2M 触摸屏调度台接口板，每板两个 A 口，完成 2M 调度台接口信令等的处理。DDU 板面板指示灯说明如表 4－13 所示。

表 4－13 DDU 板面板指示灯说明

灯名	说明	故障分析
RU	快闪，表示该板与 MPU 板通信正常	慢闪，表示该板与 MPU 板通信故障
AL	灯亮，表示 DDU 板告警	
M	灯亮，表示此板为主用 DDU	
S	灯亮，表示此板为备用 DDU	
S0	灯亮，表示 2M1 无码流	表示 DDU 板 1 口与触摸屏主机通信发生线路故障 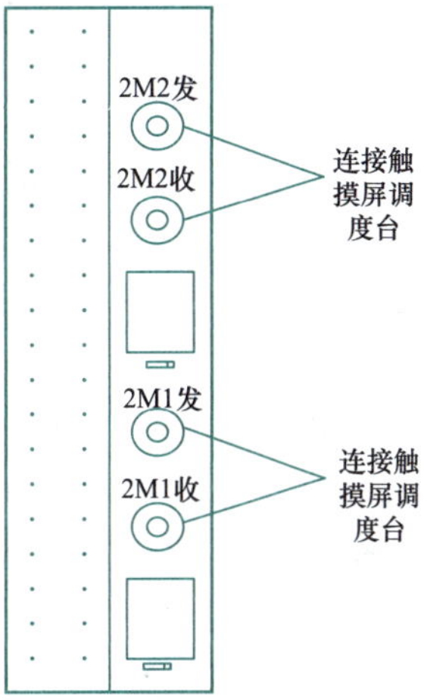 2M2发 2M2收 连接触摸屏调度台 2M1发 2M1收 连接触摸屏调度台
	灯灭，表示 2M1 有码流	表示 DDU 板 1 口与触摸屏主机通信线路正常
S1	灯亮，表示 2M2 无码流	表示 DDU 板 2 口与触摸屏主机通信发生线路故障
	灯灭，表示 2M2 有码流	表示 DDU 板 2 口与触摸屏主机通信线路正常

（8）DSU 板：数字用户信令处理机板，可选热备份，每板 2/4 个标准 2B+DU 接口，完成标准 U 口信令及调度台信令处理。DSU 板面板指示灯说明如表 4－14 所示。

表 4－14 DSU 板面板指示灯说明

灯名	说明	故障分析
DL0～DL1	红灯亮	哪一个灯亮，表示对应的哪一路 2B+D 连接发生故障
RUN	快闪，表示该板与 MPU 板通信正常	慢闪，表示该板与 MPU 板通信故障
AL	灯亮，表示 DSP 板告警	
M	灯亮，表示此板为主用 DSP	
S	灯亮，表示此板为备用 DSP	

（9）ALC 板：为接口模块母板，每板提供 8 个接口模块槽位，可混插 8 种不同的模块。ALC 板面板指示灯说明如表 4－15 所示。

表 4－15　ALC 板面板指示灯说明

灯名	说明	故障分析
AL	灯亮，表示 ALC 板告警	
RUN	快闪，表示该板与 MPU 板通信正常	慢闪，表示该板与 MPU 板通信故障
R0～R7	灯常亮，用户通话中或外线混线	查找对应用户接口

CTT4000 提供的接口模块种类如下：

SLICM4	用户接口模块（Z 接口）；	SLICMQ	下行区间接口模块；
RCTNM V4.2	环路中继接口模块；	ZCT1M V4.2	磁石接口模块；
ZCT2M	上行区间接口模块；	EMM	E/M 接口模块；
VF24M	2/4 线音频接口模块；	V35M	V35 接口模块；
232M	子速率接口模块；	64KM	64K 同向接口模块；
YD3M	YD－3 接口模块；	DC7M	DC－7 接口模块。

4.4.2　系统容量

最大模块数：16 个。

分布式网络容量：8 192 时隙。

单模块网络：16 384×16 384。

单模块 2M 接口：16 个。

单模块用户接口：256（含 Z 接口、2B+D 接口、磁石接口、环路接口、2/4 线音频接口等）。

单模块会议资源：256 方。

单模块 DTMF：64 套。

单模块语音：32 种。

单模块信号音：64 种。

本项目主要介绍 MDS3400 硬件总体结构和硬件配置、MDS3400 电路板功能和接口特性、CTT4000 硬件总体结构和硬件配置、CTT4000 电路板功能和接口特性四个方面的内容，通过学习，我们能够认知 MDS3400 的组成、功能，各个组成部分的作用，功能板的作用与参数，各个接口板的技术指标，根据各个指示灯的状态，判断系统的工作状态；了解 CTT4000 系统的组成、功能，各个组成部分的作用，功能板的作用，面板指示灯的指示说明及技术指标。

复习思考题

1. 简述 MDS3400 的组成。
2. MDS3400 操作台的种类有哪些?
3. MDS3400 录音系统的功能是什么?
4. 控制层背板 BKC 各槽位上的板卡有哪些?具有哪些功能。
5. 请对 MDS3400 MPU－主控板面板灯显进行说明。
6. 请对 CTT4000 MPU－主控板面板灯显进行说明。
7. 请对 CTT4000 DDU 板面板灯显进行说明。
8. 请对 CTT4000 DTU 板面板灯显进行说明。

项目 5

数字调度通信网管系统介绍

项目描述

网络管理系统（网管系统）是一个软硬件结合，以软件为主的分布式网络应用系统，其目的是管理网络，使网络高效正常运行。网络上有各种网络设备，对这些设备的管理无非是要向它们发送命令和数据，以及从它们那里取得数据和状态信息。要实现对被管理程序（代理）的管理，管理者需要知道被管理程序中的信息模型（实际上就是代理包含的被管理对象的信息模型）。为了这些信息的传送，人们就必须在管理者和被管理者之间规定一个网络协议。本项目从网管的认知、网管的功能、数字调度通信系统网管的使用三个方面进行叙述，最后介绍了两个关于现场软件告警方面的案例。

拟实现的教学目标

能力目标

具备网络管理基本概念的认知能力；具备网络管理功能的认知能力，知道网络管理的重要性；具备 CTT4000 网管及 MDS3400 网管的认知与使用的能力。

知识目标

掌握网管的概念、组成及功能；学会 MDS3400 网管软件的使用，通过网管的告警，能够判断故障原因并进行故障恢复。

素质目标

培养面向国家铁路、地方铁路、城市轨道交通、工程公司、通信设备工厂等企事业单位，在生产、建设、管理、服务第一线，具有较强的铁路通信设备基本结构、工作原理、技术条件、维护标准、施工工艺等专业技术理论知识，较强的计算机、相关工程技术应用能力和较强的铁路通信设备安装、调试、日常养护、故障处理及检（维）修等实践技能，具有良好职业道德和职业生涯发展基础，具备较强岗位实践能力及新技术学习应用能力的高端技能型专门人才。

相关案例

2023 年 2 月 23 日 9 时 13 分，网管工作人员通过数字调度网管系统发现某车站数调设备

备用主控板（MPU）故障，网管中心值班人员 A 于 9 时 15 分通知某通信工区工长 B，并立即向车间及电务部相关领导汇报，通信工区工长 B、通信工 C 于 15 时 10 分到达该车站确认备用主控板（MPU）故障，并立即进行更换，备用主控板（MPU）于 15 时 40 分正常使用。对于网管的功能及使用，以及怎样利用网管故障告警来判断故障并恢复系统正常运行，本项目都会详细说明。

任务 5.1　网络管理概述

5.1.1　网络管理系统简介

网络管理系统是一个软硬件结合以软件为主的分布式网络应用系统，其目的是管理网络，使网络高效正常运行。网管软件可划分为三代。

第一代网管软件采用最常用的命令行方式，并结合一些简单的网络监测工具，它不仅要求使用者精通网络的原理和概念，还要求使用者了解不同厂商的不同网络设备的配置方法。

第二代网管软件有着良好的图形化界面。用户无须过多了解设备的配置方法，就能图形化地对多台设备同时进行配置和监控，这大大提高了工作效率，但仍然存在人为因素造成的设备功能使用不全面或不正确的问题，容易引发错误操作。

第三代网管软件相对来说比较智能，是真正将网络和管理进行有机结合的软件系统，具有“自动配置”和“自动调整”功能。

5.1.2　数字调度网管概述

网管与数字调度系统间采用 TCP/IP 通信，网管只需要与一台或几台调度交换机在一个 LAN 里，其余调度交换机可以通过网管通道进行管理，网管与调度交换机的组成如图 5－1 所示。网管系统软件采用 C/S 方式。客户端软件相同，根据不同的权限可以加载运行一个、多个或全部模块。客户端软件可以和服务器端软件部署在同一台计算机上。

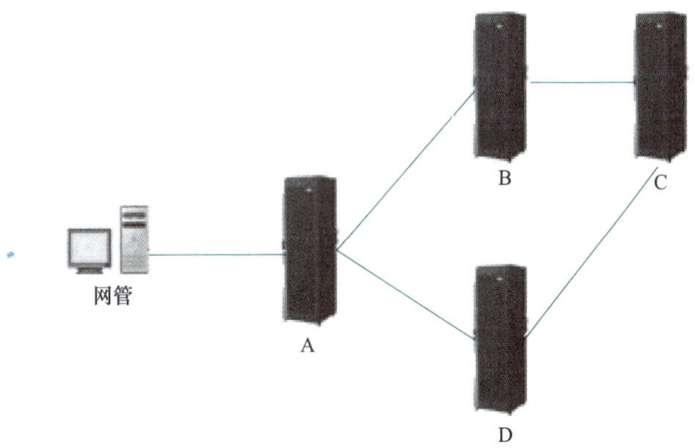

图 5－1　网管与调度交换机的组成

任务 5.2　网络管理功能介绍

网络管理系统一般具备配置管理、故障管理、性能管理、安全管理和计费管理五大管理功能。

5.2.1　配置管理

配置管理分为拓扑发现、网络拓扑管理和数据管理三部分，具体内容如图 5－2、图 5－3、图 5－4 所示。

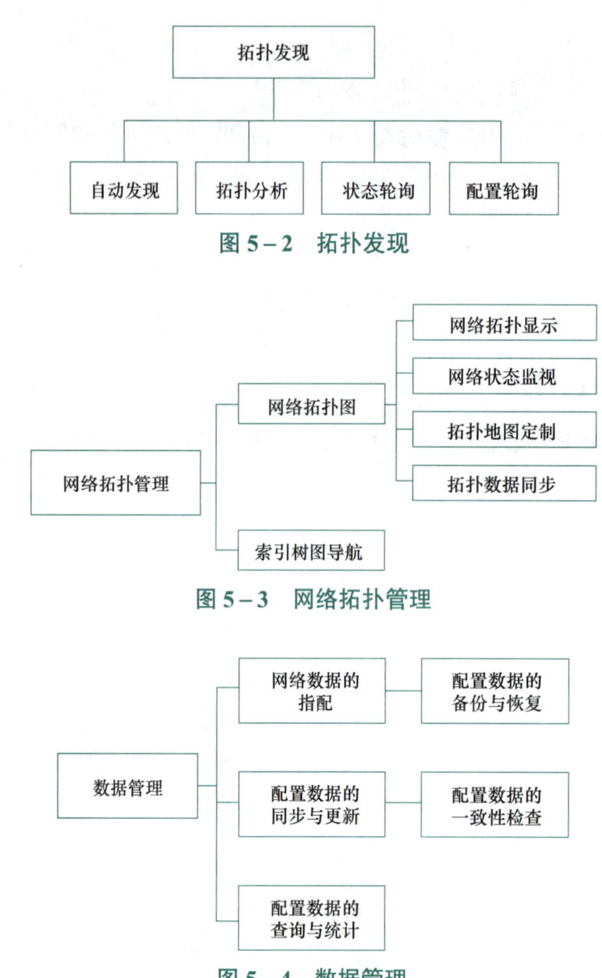

图 5－2　拓扑发现

图 5－3　网络拓扑管理

图 5－4　数据管理

5.2.2　故障管理

故障管理是用来维护网络正常运行的。故障管理主要承担与检测、诊断、恢复和排除设备故障有关的网络管理功能，通过故障管理来及时发现故障，找出故障原因，实现对系统异常操作的检测、诊断、跟踪、隔离、控制和纠正等。故障管理功能如图 5－5 所示。

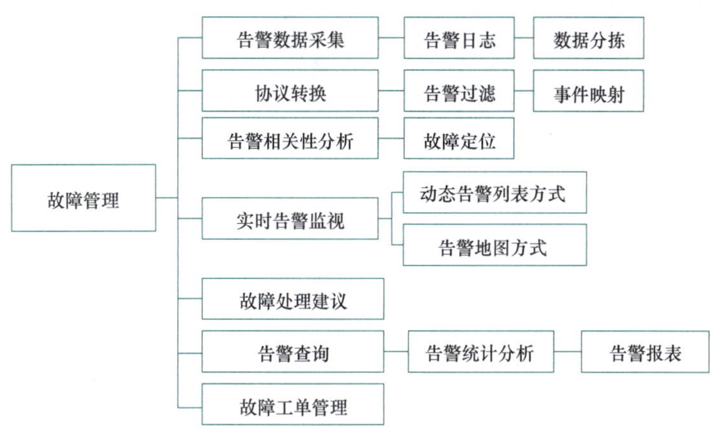

图 5－5　故障管理功能

5.2.3　性能管理

性能管理是对管理对象的行为和通信活动的有效性进行管理。性能管理通过收集有关统计数据，对收集的数据运用一定的算法进行分析以获得系统的性能参数，以保证网络保持可靠、连续通信的能力。

性能管理由用于对网络工作状态信息的收集及整理的性能检测和用于改善网络设备的性能而采取的动作及操作的网络控制两部分组成。性能管理功能如图 5－6 所示。

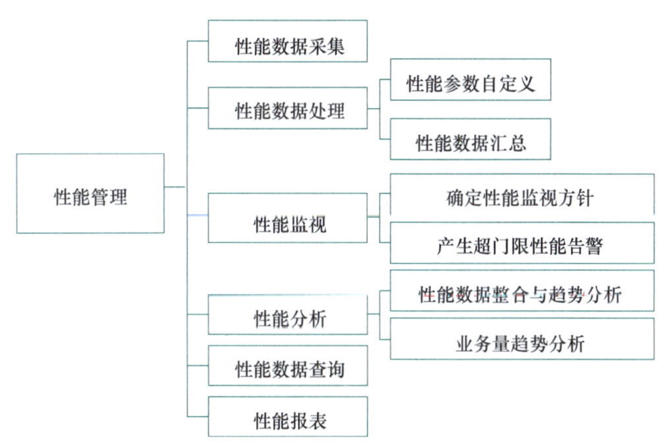

图 5－6　性能管理功能

5.2.4　安全管理

网络安全问题主要包括通信和服务的安全、操作系统的安全、应用程序的安全，而网管的安全管理分为用户管理、安全记录和非正常状态告警三部分。

5.2.5 计费管理

计费管理是对用户进行流量计算、费用核算、费用收取。其主要功能包括：以一致的格式和手段来收集、分析和表示计费信息；在计算费用时有能力选取计算所需的数据；有能力根据资源使用情况调整价目表，根据选定的价目、算法计算用户费用；有能力提供用户账单、用户明细账和分摊账单；对于所出账单有能力根据需要改变格式而无须重新编程；便于检索、处理，费用可再分配。

5.2.6 网络管理通道原理

网管通过网管通道管理各分系统。网管连接到系统节点 A 上，分系统则通过数字环的 2M 接口连接。多个调度设备通过 E1 数字中继接口一一连接，最后一个调度设备的下行 E1 口连接到第一个调度设备上行 E1 数字接口上。这样，这 n 个调度设备就构成了一个封闭的数字环，如图 5-7 所示。

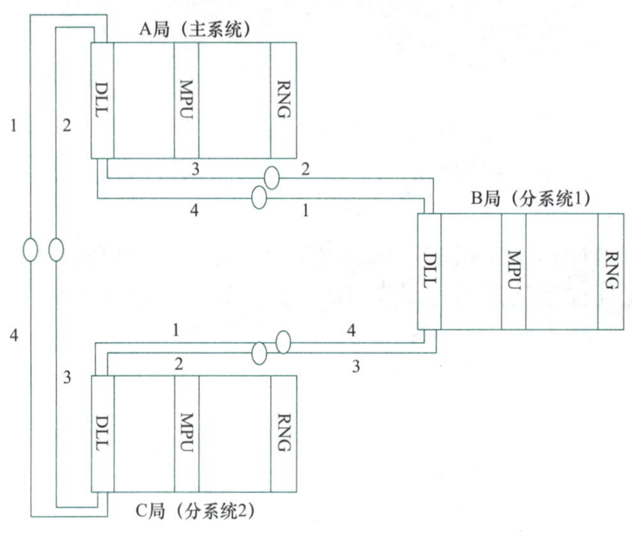

图 5-7 数字环网管通道

任务 5.3 CTT4000 的网管系统

5.3.1 网管系统的组成

CTT4000 的维护软件采用 Windows 操作系统为开发平台，采用 SQL Server 2000 作为数据库管理系统。如图 5-8 所示，CTT4000 维护台系统由客户端、数据库服务器、通信服务器三个部分组成，采用客户/服务器结构和流行的 TCP/IP 通信协议互连。

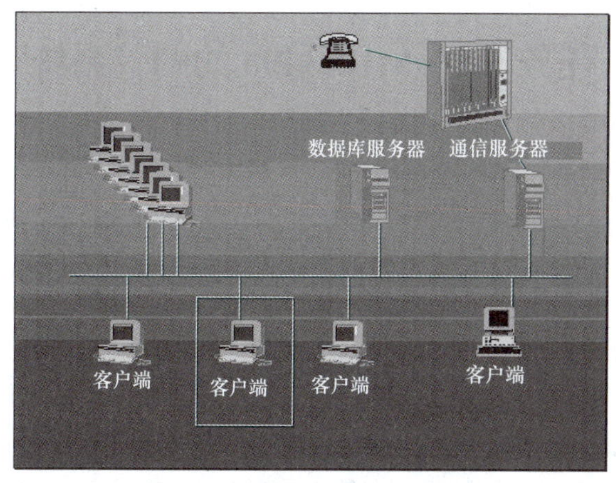

图 5-8　CTT4000 维护台系统

1. 通信服务器

通信服务器即 CommServer4000。其主要功能是通过以太网网口使用网线与后台主机相连，完成维护台与后台主机之间的命令、数据的通信等功能，其是客户端与后台主机之间的通信桥梁。

2. 数据库服务器

存储并管理后台主机的相关配置信息及其他数据，如环数据、车站数据等。在实际应用中，一般采用 SQL-Server 作为数据库管理系统。

3. 客户端

客户端即 CttClient4000，是系统所有数据的集中管理及维护终端，提供人、机交互界面。

5.3.2　网管系统的功能

1. 日常管理

查看网络、主系统和各分系统的运行状况；查看各系统的程序和数据版本；加载程序和数据；下发远程主备切换、复位等命令；远程完成建立固定连接、半固定连接等网络功能；监视系统中所有的模拟和数字端口状态；远程调整主/分系统中模拟端口电平值。

2. 数据配置管理

网络通道时隙使用方式的配置；主系统和分系统的数据配置；调度台、车站值班台数据的配置等。

3. 故障管理

全系统所有告警、故障信息的收集、统计和分析；生成告警日志；告警信息的查看和打印；建立管理员和操作员数据库，记录管理员和操作员的各种操作信息；为各级管理员和操作员分配不同的操作权限；针对不同的管理员和操作员设置不同的操作内容，确保网管系统的安全性。

任务 5.4　MDS3400 的网管系统

5.4.1　硬件条件

网管系统要求运行平台的最低配置如下。

1. 硬件平台

CPU：P4 3GHz 或以上；

内存：1 GB 以上（推荐 1 GB）；

硬盘：空闲空间 80 GB 或以上；

显示器及显卡：19 英寸液晶显示，支持 1 280×1 024 分辨率；

键盘和鼠标：标准键盘和 3 键鼠标；

音箱：选配。

2. 软件平台

操作系统：Windows 2000/Windows XP 以上；

数据库：MySQL。

5.4.2　EMS 的安装与启动

1. 软件安装

（1）安装软件只用于安装，而非升级所用。

（2）安装软件分为两个版本：附带 java 运行环境的版本和不带 java 运行环境的版本。

（3）安装注意事项如下。

① MySQL 服务问题。

安装任意一个版本都需要保证本机不存在服务名为 MySQL 的服务。

检查方法：依次打开控制面板－管理工具－服务，查找是否存在服务名为 MySQL 的服务，如图 5－9 所示。

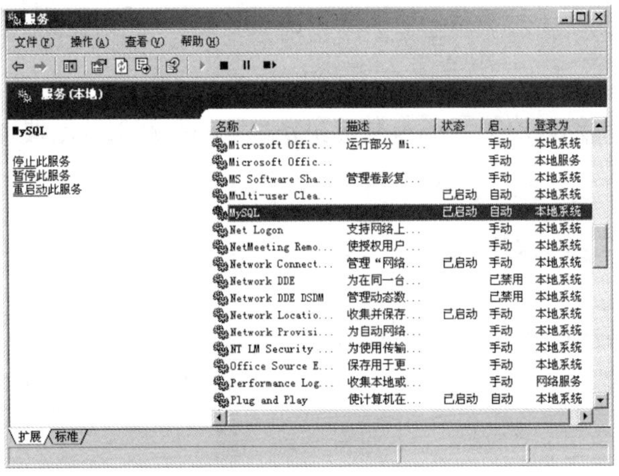

图 5－9　查找是否存在服务名为 MySQL 的服务

如果检查存在此服务，应先“停止”它，再删除它。删除方法：在 dos 命令下输入 sc delete mysql 即可；也可以在控制面板 – 添加或删除程序中找到名为“MySQL Server x.0”的程序，删除此程序即可。

② java 运行环境问题。

java 运行环境是该软件正常使用所必须具备的环境。应确认电脑中已安装了此环境。若没有安装，应安装附带 java 运行环境的版本。

③ 安装后重启。

当安装的版本是附带 java 运行环境的版本时，需要重启电脑，软件才能正常使用。安装不带 java 运行环境的版本不需要重启电脑。

④ 安装方法及步骤。

选择所需的版本，双击【安装】即可。本书介绍的演示步骤，使用的是不带 java 运行环境的版本，其他版本的安装与之类似。首先双击安装软件，出现图 5 – 10 所示界面。

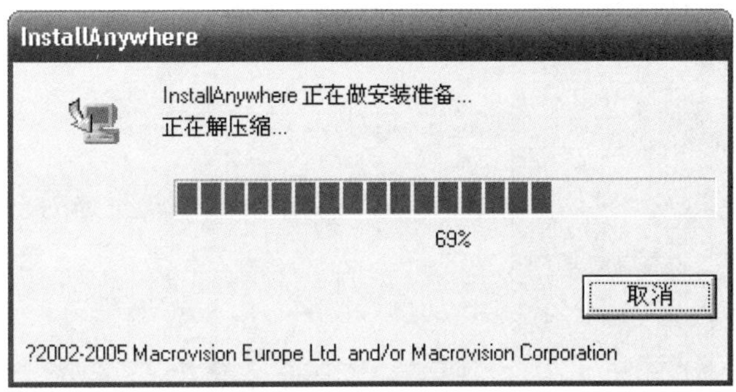

图 5 – 10　安装准备界面

安装准备结束后出现图 5 – 11 所示界面。

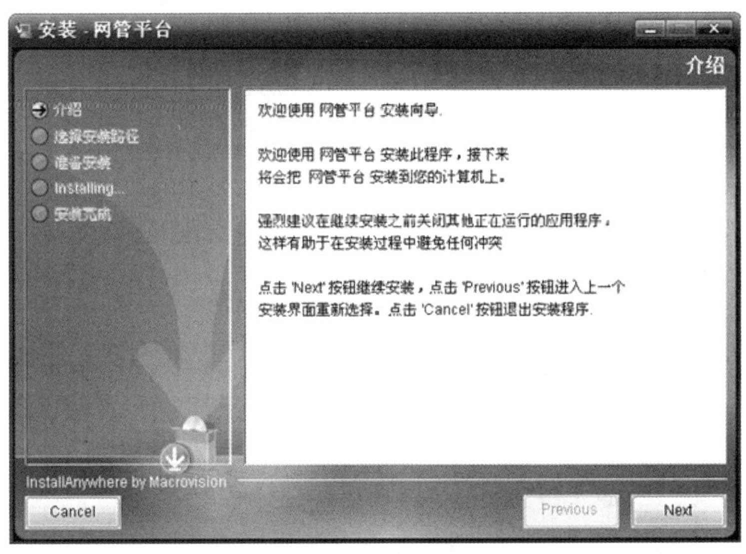

图 5 – 11　安装准备结束后显示的界面

单击【Next】，出现图 5－12 所示提示对话框。

图 5－12　单击【Next】后显示的提示对话框

单击【OK】，进入图 5－13 所示界面。

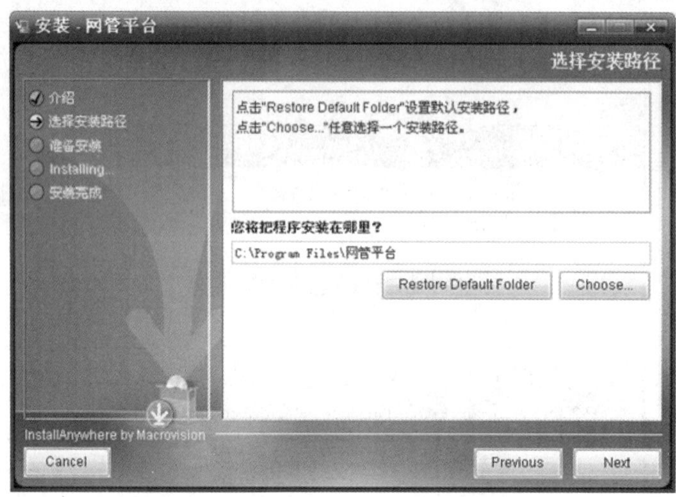

图 5－13　单击【OK】后进入的界面

在此界面设置软件安装的路径，默认为：C:\Program Files\网管平台。单击【Next】，进入图 5－14 所示界面。

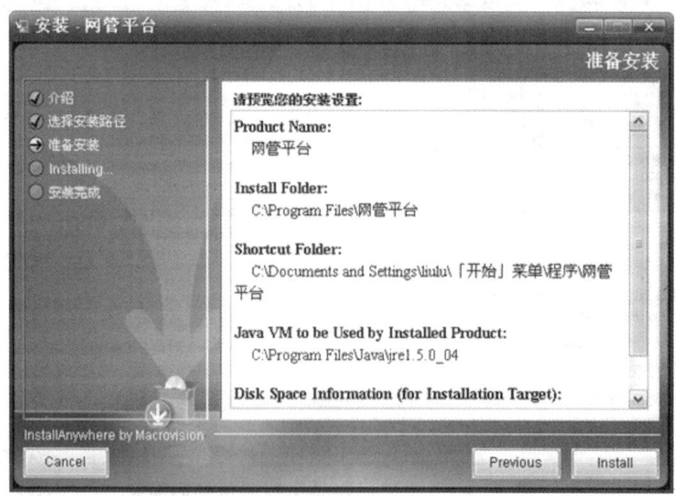

图 5－14　单击【Next】后进入的界面

图中显示要安装的相关信息，单击【Install】，开始安装，出现图 5－15 所示安装界面。

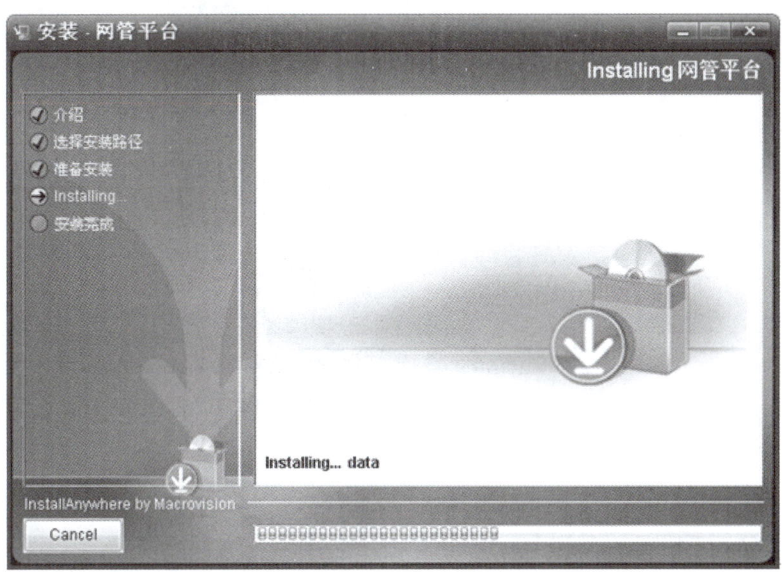

图 5-15　安装界面

安装完成后，出现图 5－16 所示界面。

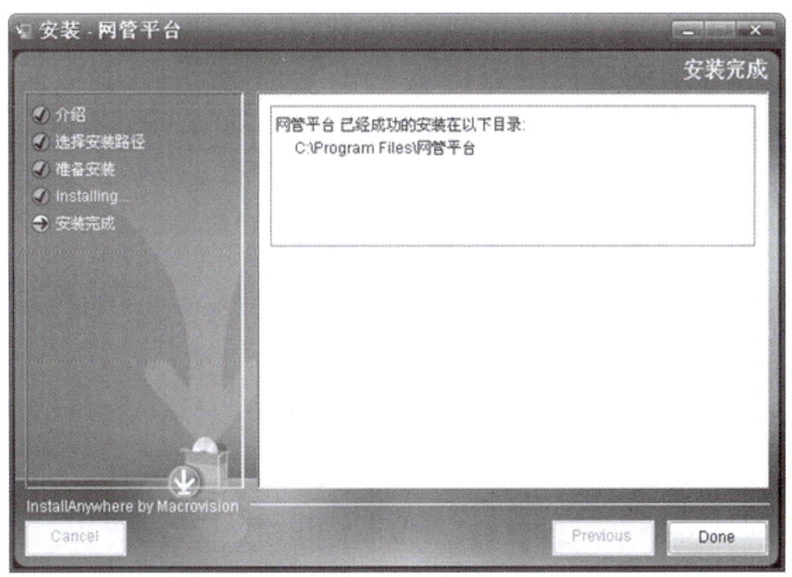

图 5－16　安装完成界面

图中显示安装结束信息，单击【Done】结束安装。软件在开始菜单中的显示如图 5－17 所示。

图 5-17 软件在开始菜单中的显示

首先启动“后台”，然后启动“界面”，即可。

2. 启动 EMS

1）启动 EMS 服务器

双击 EMS 工程目录中 ems.bat 文件，便可以启动 EMS 服务器，如图 5-18 所示。

图 5-18 启动 EMS 服务器

当启动状态块由红色全部变为绿色后，表示所有服务启动成功。

2）启动 EMS 客户端

双击 EMS 工程目录中 gui.bat 文件，出现图 5-19 所示 EMS 登录界面。

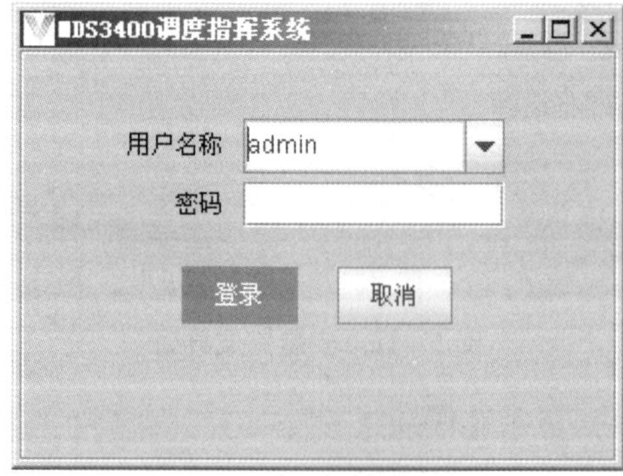

图 5-19 EMS 登录界面

系统刚安装完成后，将提供一个初始用户名称“admin”，其默认密码为“admin”（在登录后进入安全管理→EMS，用户可修改密码）。可以在用户名称对应的下拉框中键入或选择用户的初始名称，然后输入相应的密码，单击【登录】按钮，系统进行用户名和密码的验证，验证无误则完成登录操作。

5.4.3 界面介绍

1. 主界面描述

登录后，进行主程序初始化，网管主界面如图 5-20 所示。

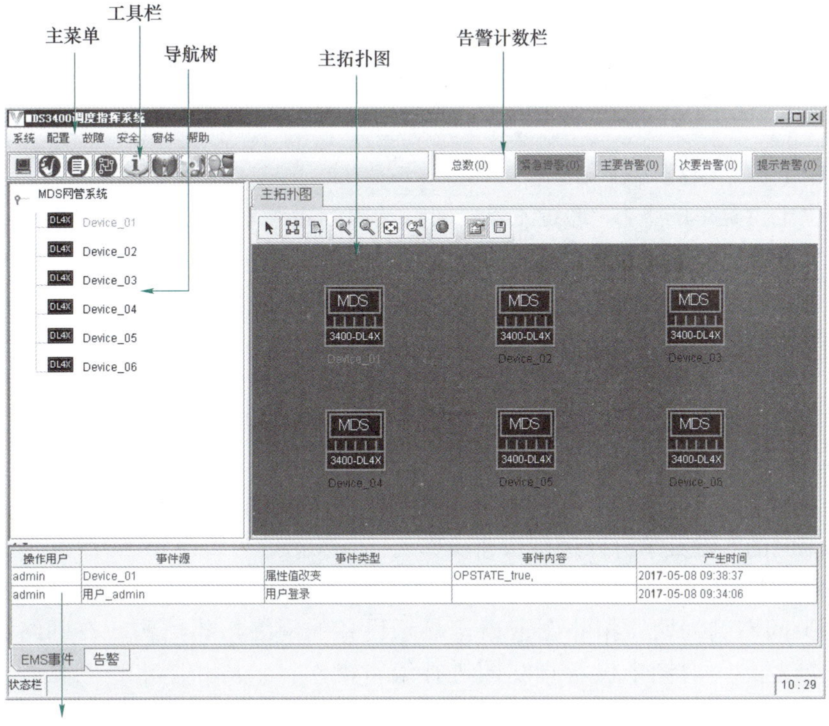

图 5-20 网管主界面

1）主菜单

界面最上面的区域为主菜单，网管主菜单内容见表 5-1。

表 5-1 网管主菜单内容

菜单	菜单内容
系统	■ 退出：退出网管系统；或者通过“Ctrl+E”键退出管理界面
配置	■ 子网管理：管理所有的子网 ■ 设备属性配置：管理所有的网元属性 ■ MDS 数字环配置：管理数字环 ■ 设备管理：进入设备管理界面 ■ 设备配置复制：将某一个网元的所有数据复制到另一个网元

续表

菜单	菜单内容
故障	■ 故障管理：管理告警信息 ■ 活动告警列表：查看告警信息 ■ 告警铃音设置：设置告警铃音 ■ EMS 事件查询：查看 EMS 事件
安全	■ EMS 用户：管理用户名、密码、级别等信息
窗体	■ 层叠窗口 ■ 排列窗口
帮助	■ 查看软件版本

2）工具栏

工具栏位于主菜单的下方，通过工具栏可快速执行主菜单中的一些常用操作，包括退出、设备管理、设备属性配置、子网管理、故障管理、活动告警列表、告警声音设置和 EMS 用户共 8 个快捷键。

3）告警计数栏

工具栏右侧为告警计数栏，能够按照告警的级别显示所有网元当前告警的计数，单击相应区域将弹出“告警列表”对话框，显示当前告警的详细信息。

4）导航树

主界面中间左侧为导航树，显示子网、设备树型结构，供用户快速浏览和选择操作。各节点分别有相应的右键菜单可以进行快速操作。

5）主拓扑图

主界面中间右侧为网络拓扑图窗口，显示设备的网络拓扑结构，在网络拓扑图窗口上有水平工具栏，可对图中设备直观图进行编辑操作。主拓扑图水平工具栏中按钮功能见表 5-2。

表 5-2　主拓扑图水平工具栏中按钮功能

按钮	名称	功能
	选择	切换到选择模式，只有处于“选择模式”，用户才可以在拓扑区拖动网元节点
	全选	选中拓扑区所有节点和连接
	不选	取消所有选中
	放大	放大拓扑图
	缩小	缩小拓扑图
	合适窗口	调整整个拓扑图大小使所有节点刚好在拓扑区中显示

续表

按钮	名称	功能
	1:1	使拓扑图恢复原始大小
	鸟瞰图	弹出“鸟瞰图”对话框，通过移动红色方框的位置来调整拓扑区的显示范围
	背景属性	弹出“背景属性设置”对话框，可以设置背景颜色、背景图片、网格等属性
	保存拓扑位置	可以保存各节点的拓扑位置，下一次登录时将以保存后的位置显示各个节点

在主拓扑图中分别用右键单击主拓扑图（绿色空白处）、网元、子网，会出现相应右键菜单，右键菜单内容说明见表 5－3。

表 5－3　右键菜单内容说明

右键菜单	菜单内容
主拓扑图右键菜单	■ 背景属性：配置背景颜色、线性等属性 ■ 增加子网：创建子网 ■ 增加设备：创建网元
网元右键菜单	■ 设备属性：查看、修改设备属性 ■ 登录失败原因：显示登录失败的各种原因 ■ 设备管理：进入设备管理界面 ■ 设备重启：重新启动设备 ■ 设备校时：校对设备与网管的时间 ■ 系统状态：显示设备是处于非阻断还是人工阻断状态 ■ 删除设备：删除设备 ■ 数据维护：实现对该层主控板的数据管理和状态显示 ■ 全部告警：显示全部告警列表
子网右键菜单	■ 子网属性：修改子网属性 ■ 告警管理：管理告警信息 ■ 删除子网：删除子网

6）事件、告警实时显示区

主界面最下方状态栏为 EMS 事件实时显示区和告警记录实时显示区（事件、告警实时显示区）。

EMS 事件是指网络维护人员对设备及网管所作的各种操作，EMS 事件实时显示区以表格的形式实时显示发生的 EMS 事件，包括 EMS 操作用户、事件源、事件类型、事件发生时间等信息，最多显示 500 条记录，超过这个范围时自动删除最早的记录。

告警记录实时显示区以表格形式实时记录告警的产生、确认、消失的过程，包括告警源、告警类型、告警严重级别、告警产生时间、告警状态（如产生、消失、确认）等。最多显示500条记录，超过这个范围时自动删除最早的记录。

这两个区域的显示可通过单击下方的 EMS事件 告警 按钮进行选择。

2. 设备管理界面描述

在主界面中单击“配置”菜单，在下拉菜单中选择设备管理选项或在主拓扑图中双击所要管理的网元，便可进入图5-21所示的设备管理界面。

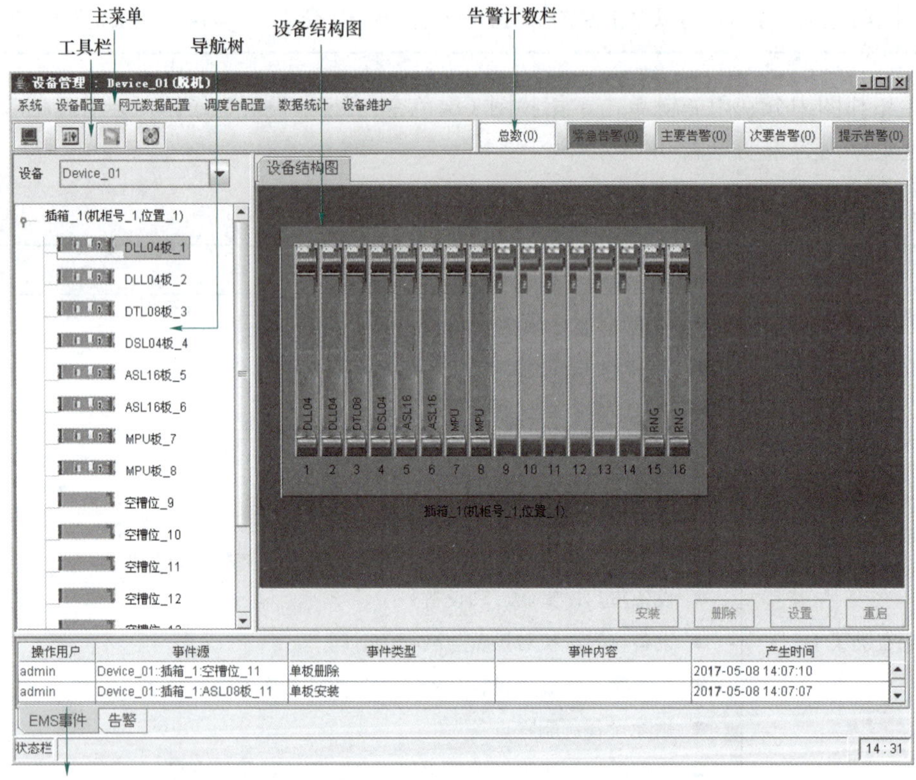

图5-21 设备管理界面

1）主菜单

界面最上面的区域为主菜单，设备管理界面主菜单内容见表5-4。

表5-4 设备管理界面主菜单内容

菜单	菜单内容
系统	■ 关闭：关闭设备管理界面
设备配置	■ 设备属性：查看、修改设备属性 ■ 设备重启：重新启动设备 ■ 插箱配置：管理插箱 ■ 槽位配置：管理槽位

续表

菜单	菜单内容
网元数据配置	■ 用户数据配置 ■ 编号计划表 ■ 用户权限限制表 ■ 信令配置 ■ 7号信令设置 ■ 中继配置 ■ 路由配置 ■ 参考时钟 ■ 区间号码 ■ DSP 类型 ■ 组呼/全呼配置 ■ 模调配置 ■ 网管通道配置 ■ 振铃组 ■ 会议配置 ■ 区别振铃配置 ■ 系统参数配置 ■ 语音配置
调度台配置	■ 调度台数据配置：配置调度台数据 ■ 调度台按键配置：配置调度台按键 ■ 调度台选项：配置调度台选项 ■ 调度群配置：配置调度群
数据统计	■ 话务统计：统计话务数据
设备维护	■ 单板软件：管理单板软件 ■ 语音下载：下载语音文件 ■ 数据维护：实现对该层主控板的数据管理和状态显示 ■ 保存数据：保存主控板数据 ■ 硬件测试：包括半固定连接测试和音源测试

2）工具栏

主菜单下为工具栏，可实现快速执行主菜单中的一些常用操作，包括关闭、故障管理、槽位、单板软件共 4 个快捷键。

3）告警计数栏

工具栏右侧为告警计数栏，功能与网管主界面相同。

4）导航树

设备管理界面中间左侧为导航树，如图 5－22 所示，显示插箱中各槽位的单板，供用户快速浏览和选择操作。各单板分别有相应的右键菜单可以进行快速操作。

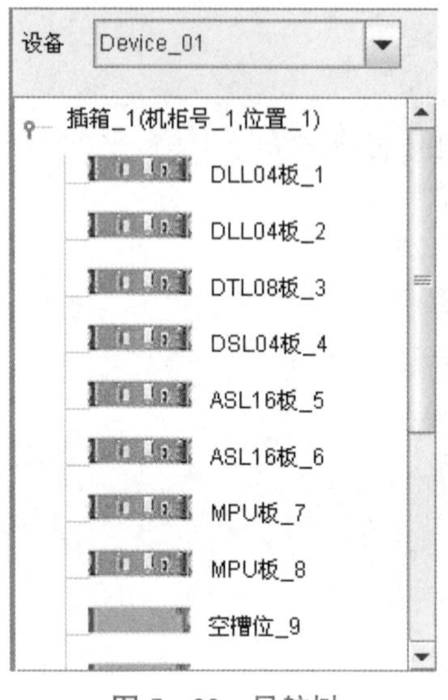

图 5－22　导航树

5）设备结构图

设备管理界面中间右侧为设备结构图，如图 5－23 所示，显示插箱中各单板的安装情况，用右键单击设备结构图中绿色空白处、插箱、单板、空槽位，可出现相应右键菜单，右键菜单内容见表 5－5。

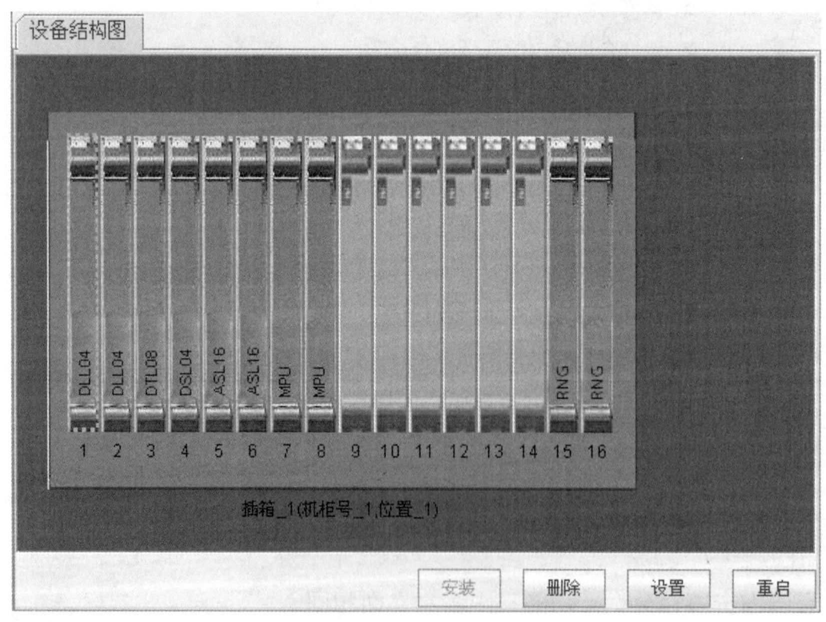

图 5－23　设备结构图

表 5－5　右键菜单内容

右键菜单	菜单内容
设备结构图右键菜单	■ 背景属性：配置背景颜色、线性等属性 ■ 增加插箱：增加插箱
插箱右键菜单	■ 插箱属性：查看插箱属性 ■ 自动识别：自动识别板卡 ■ 删除插箱：删除插箱 ■ 当前告警：本插箱自身告警列表 ■ 全部告警：本插箱全部告警列表
单板右键菜单	■ 单板属性：配置各个单板属性 ■ 删除单板：删除此单板 ■ 重启单板：重新启动此单板 ■ 测试单板：测试此单板 ■ 单板运行状态：查看、切换单板运行状态 ■ 当前告警：本单板自身告警列表 ■ 全部告警：本单板全部告警列表
空槽位右键菜单	■ 安装单板：在此空槽位上安装 ■ 自动识别：自动识别此槽位是否存在板卡 ■ 当前告警：此空槽位自身告警列表

6）事件、告警实时显示区

设备管理界面最下方状态栏为 EMS 事件实时显示区和告警记录实时显示区（事件、告警实时显示区），其功能与主界面相同。

5.4.4　操作指南

1. 配置管理

1）设备配置

（1）网元配置。

网元作为网管系统的基本单元，具有全网唯一的网元标识（ID）、网元名称及 IP 地址。网元配置的主要工作内容是配置网元类型、设备 ID、配置方式等设备相关信息。设备一旦设定好，其网元类型、设备 ID 就不允许修改。

网元可属于任何已创建的子网，也可不属于任何子网（孤网元）。网元的各种属性配置存入网元数据库。网管系统通过网元标识（ID）来与实际的网元物理设备相对应。在主界面中单击“配置”菜单，在下拉菜单中选择“设备属性配置”，出现设备属性配置窗口（见图 5－24）。

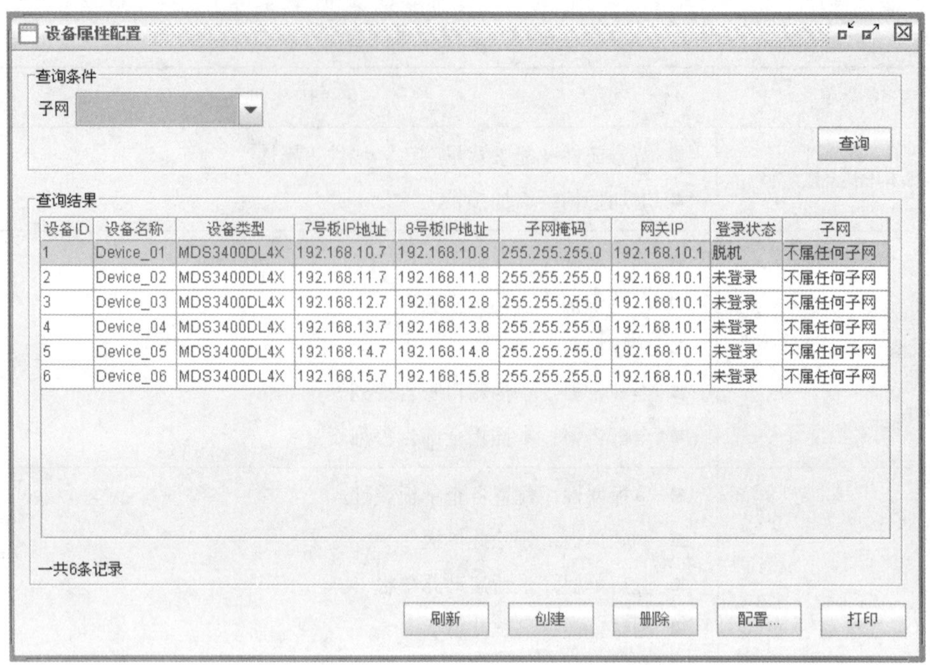

设备ID	设备名称	设备类型	7号板IP地址	8号板IP地址	子网掩码	网关IP	登录状态	子网
1	Device_01	MDS3400DL4X	192.168.10.7	192.168.10.8	255.255.255.0	192.168.10.1	脱机	不属任何子网
2	Device_02	MDS3400DL4X	192.168.11.7	192.168.11.8	255.255.255.0	192.168.10.1	未登录	不属任何子网
3	Device_03	MDS3400DL4X	192.168.12.7	192.168.12.8	255.255.255.0	192.168.10.1	未登录	不属任何子网
4	Device_04	MDS3400DL4X	192.168.13.7	192.168.13.8	255.255.255.0	192.168.10.1	未登录	不属任何子网
5	Device_05	MDS3400DL4X	192.168.14.7	192.168.14.8	255.255.255.0	192.168.10.1	未登录	不属任何子网
6	Device_06	MDS3400DL4X	192.168.15.7	192.168.15.8	255.255.255.0	192.168.10.1	未登录	不属任何子网

图 5-24　设备属性配置窗口

单击【创建】出现设备创建窗口，如图 5-25 所示。

图 5-25　设备创建窗口

设备 ID 为创建设备的编号，在 1 到 60 000 中，可选择任意一个未用的设备号。设备名称可自由定义。设备类型根据实际设备选择“MD3400E、MDS3400E4、MDS3400DL1X、MDS3400DL4X”或者“FH98”。IP 地址需要根据实际值设置，且不能和现有的网元地址重复。子网选项可选择该设备所属子网。选择完成后单击【确定】，在导航树和主拓扑图中都可以看到该设备的图标。用右键单击图标可进行设备管理、重启、校时、删除和属性修改等操作。

设备创建后，在“设备属性配置”框中通过选择条件和查询可以查找并查看每个子网所属的设备及其属性。如果要继续创建设备，单击“设备属性配置”中【创建】，可创建一个新的网元。在配置下拉菜单“设备属性配置”中单击【配置】，出现设备属性设置窗口，如图 5－26 所示。

Device_06 ：属性设置

设备ID	6
设备名称	Device_06
设备类型	MDS3400DL4X
7号板IP地址	192.168.15.7
8号板IP地址	192.168.15.8
设备信息	MDS3400
配置方式	联机配置

确定　取消

图 5－26　设备属性设置窗口

在此窗口中可以修改设备名称、IP 地址等信息。在“配置方式”中，如选择脱机配置，则系统不向设备发送消息，仅在网管系统中保存数据，如选择联机配置，则网管向设备发送消息。修改 IP 时网管会重新登录设备，从未登录状态到登录状态或者从登录状态到未登录状态的变化时间大约为 1 min。

（2）插箱配置。

在设备管理界面中，插箱编号、机柜号按顺序排列，不同机柜号不能重复，电缆 1 到 4 代表扩展层跟主控层连接的扩展板所对应扩展电缆号的位置，如图 5－27 所示。

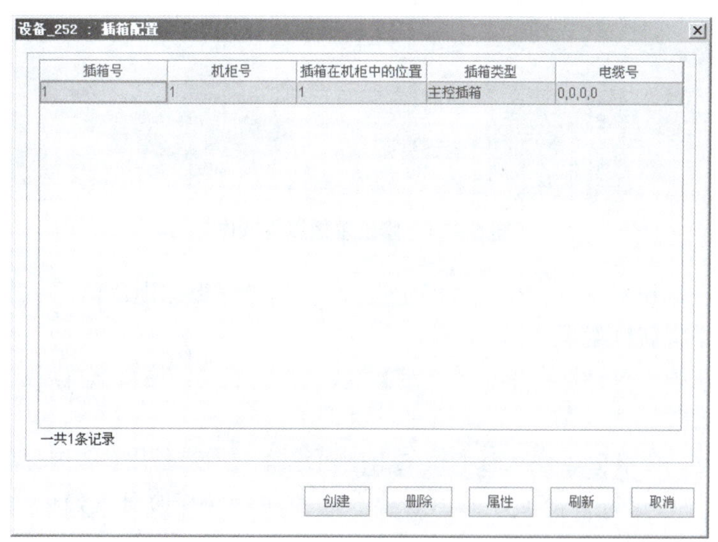

图 5－27　插箱配置界面

（3）槽位配置。

安装单板：在设备结构图中的插箱图标中，用右键单击对应的槽位可进行单板安装，如图 5－28 所示。

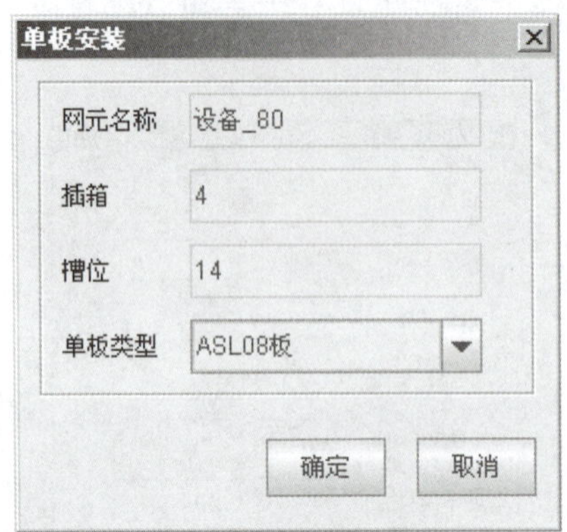

图 5－28　单板安装

单板属性：用右键单击相应的单板，在下拉菜单中可以定义或修改该单板的属性，如图 5－29 所示。

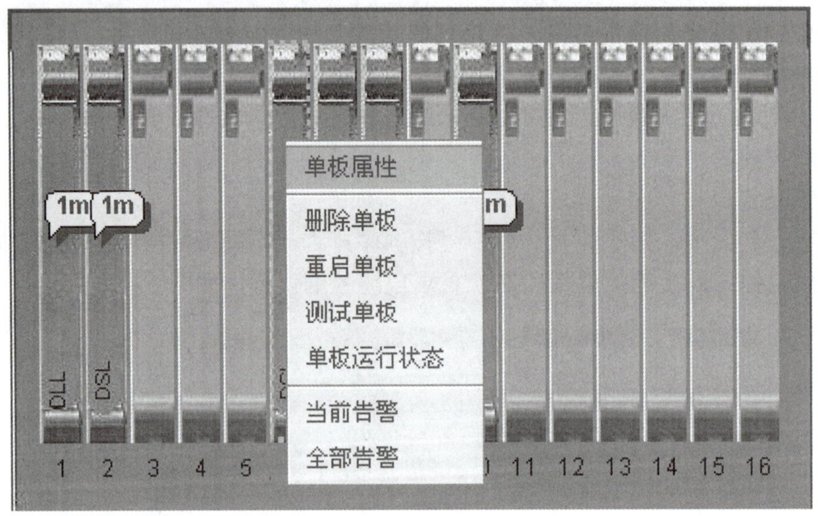

图 5－29　修改单板属性操作

删除单板：在确认对话框中单击【确定】，此时删除该板的配置信息，图上显示未安装，用户可进行新的单板属性配置。

重启单板：在确认对话框中单击【确定】，该板重新启动，注意在重启过程中可能会中断某些业务。

单板运行状态：在单板运行状态下拉菜单中可选择主用或备用，即进行单板的主备切换。

告警查看：弹出设备告警框，显示该单板的当前告警和所有告警记录。

自动识别：在空槽位或者插箱上单击【自动识别】，如图 5－30 所示。系统能够识别板卡类型以备安装。RNG、EXT 不能被识别，如果要识别扩展插箱的槽位要先手工创建插箱、EXT、DRV。

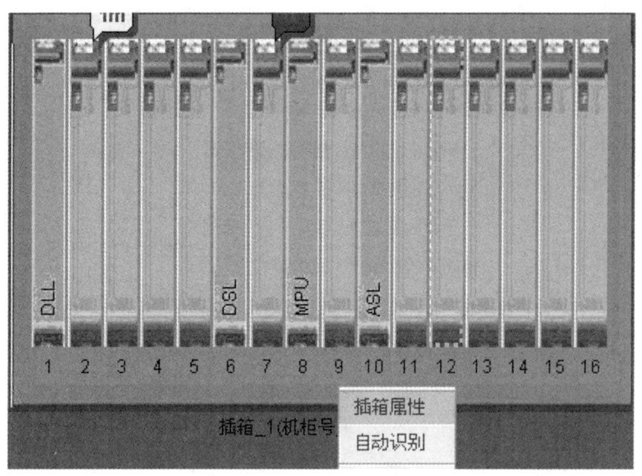

图 5－30 自动识别操作

自动安装：创建自动识别的所有板卡，如图 5－31 所示。

设备_249 : 槽位配置

查询条件

插箱 插箱_1

查询

查询结果

插箱	槽位	应安单板	实安单板	状态	硬件发布日期	PCB版本	逻辑器件版本
插箱_1	1	ASL板	ASL板	单机	2017-08-28	2	1,0,0
插箱_1	2	ASL板	空槽位	不在位		0	0,0,0
插箱_1	3	EXT板	EXT板	主用		0	0,0,0
插箱_1	4	EXT板	EXT板	备用		0	0,0,0
插箱_1	5	DLL板	空槽位	不在位		0	0,0,0
插箱_1	6	DLL板	DLL板	主用	2017-10-12	1	1,1,0
插箱_1	7	MPU板	MPU板	主用	2017-08-27	3	1,1,1
插箱_1	8	MPU板	MPU板	备用	2017-08-23	1	1,1,1
插箱_1	9	DSL板	DSL板	主用	2017-05-25	2	1,0,0
插箱_1	10	DSL板	空槽位	不在位		0	0,0,0
插箱_1	11	MIL板	空槽位	不在位		0	0,0,0
插箱_1	12	RES板	空槽位	不在位		0	0,0,0
插箱_1	13	空槽位	空槽位	不在位		0	0,0,0
插箱_1	14	MIL板	MIL板		2017-08-28	1	1,0,0
插箱_1	15	DTL板	DTL板		2017-11-17	2	1,1,0
插箱_1	16	RNG板	空槽位			0	0,0,0

一共16条记录

刷新
软件下载
DSP信息
子板信息

自动识别
自动安装
安装
删除
配置
重启
切换
全部刷新
取消

图 5－31 自动安装界面

DSP 信息：只有 MPU，MIL 包含 DSP 信息，如图 5－32 所示。

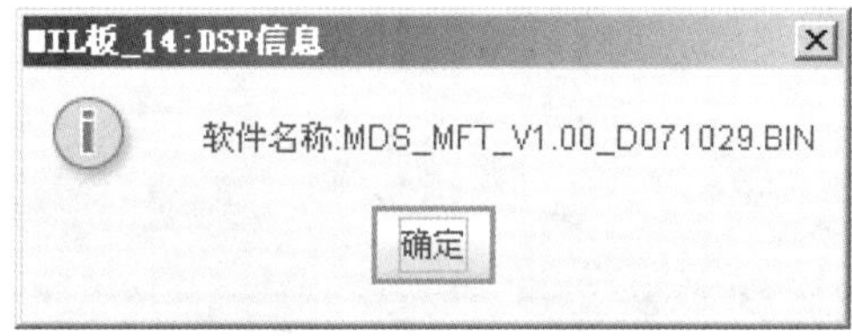

图 5－32 DSP 信息配置界面

子板信息：只有 MIL 包含子板信息，如图 5－33 所示。

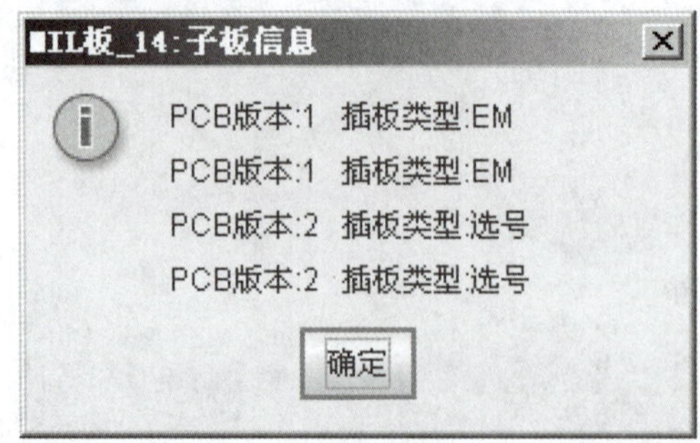

图 5－33　子板信息

2）子网管理

因管理的需要，通常将在一定区域内具有物理连接关系的一组网元划分为一个子网。网元与子网间没有必然的对应关系。子网具有全网唯一的标识（子网 ID）、唯一的名称（一般以系统所在地名称表示）。子网的创建将同时启动子网数据库的创建，子网的所有信息都保存在子网数据库中。子网数据库中除了记录子网标识、名称外，还记录子网创建时间及所拥有的网元标识。任一网元都可加入/退出某一子网。子网的创建、删除、修改不影响网元自身的管理特性。在 GUI 的网络树型结构中，子网与网元同处于系统的根目录下，子网拥有的网元同时也处于该子网自身目录下。在网络的拓扑图中，用户可设置仅显示指定子网的网元或显示所有网元，但指定子网的网元显示方式与其他网元有所区别。对于不归属于任何子网的网元，系统缺省地全部归为子网“0”。单击“配置”菜单，在下拉菜单中选择“子网管理”，子网管理界面如图 5－34 所示。

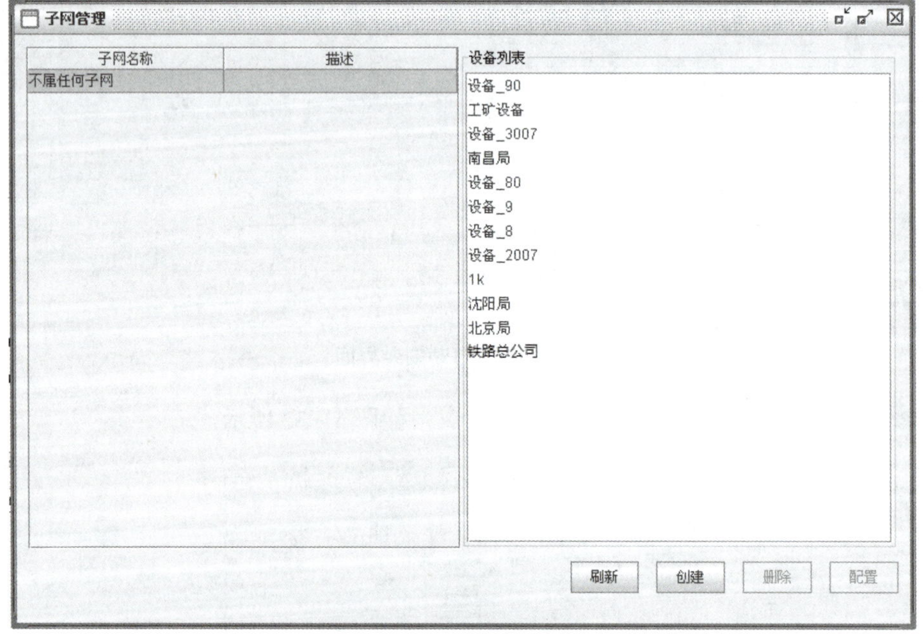

图 5－34　子网管理界面

单击【创建】，出现图 5－35 所示子网创建窗口。

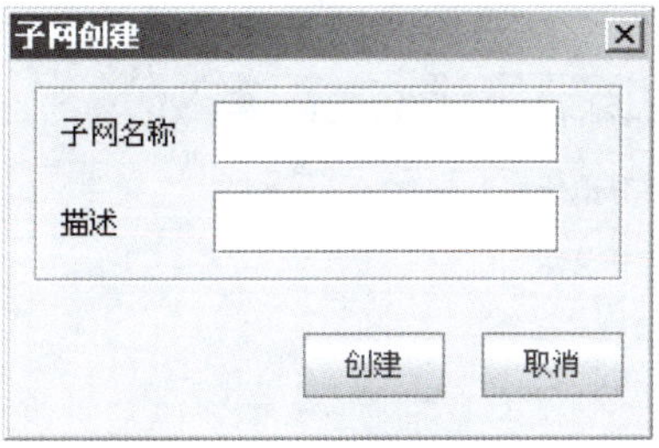

子网创建

子网名称

描述

创建　取消

图 5－35　子网创建窗口

在“子网名称”中添加该子网的名称号，在“描述”中填写该子网的名称等相关信息。完成后单击【创建】，在主拓扑图和导航树中出现该子网的图标，用右键单击子网图标，在下拉菜单中可选择删除子网、修改属性或进行故障告警的查看。

在子网管理配置中单击【刷新】，对新创建的子网属性进行排序。单击【创建】，进行新的子网配置。单击【设置】可以对已有的子网属性进行修改。

3）MDS 数字环

多个 MDS3400 通过 E1 数字中继接口相连，某一 MDS3400 的下行 E1 接口经过数字传输通道连接到另一 MDS3400 的上行 E1 接口，该 MDS3400 的下行 E1 接口同样经过数字传输通道连接到下一系统的上行 E1 接口上，如此串接到最后一个 MDS3400 系统的上行 E1 接口，其下行 E1 接口经过另外一条数字传输通道直接连接到第一个 MDS3400 上行 E1 接口上。这样，这 n 个 MDS3400 系统就构成了一个封闭的数字环。此时组网需要通过在数字环配置中定义，单击配置菜单，在下拉菜单中选择“MDS 数字环配置”。数字环配置界面如图 5－36 所示。

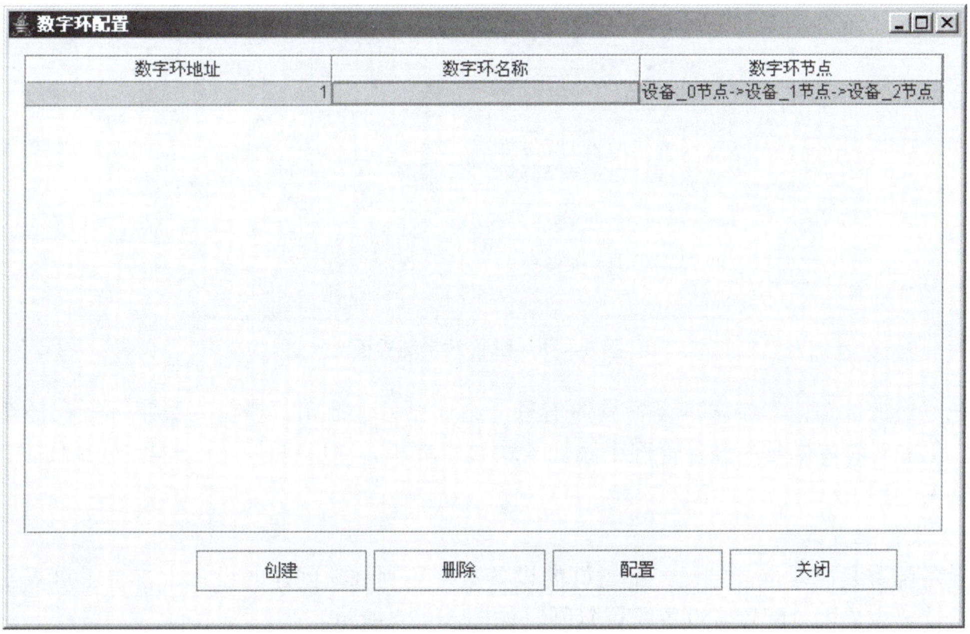

数字环配置

数字环地址	数字环名称	数字环节点
1		设备_0节点->设备_1节点->设备_2节点

创建　删除　配置　关闭

图 5－36　数字环配置界面

单击【创建】，出现图 5－37 所示创建数字环界面。

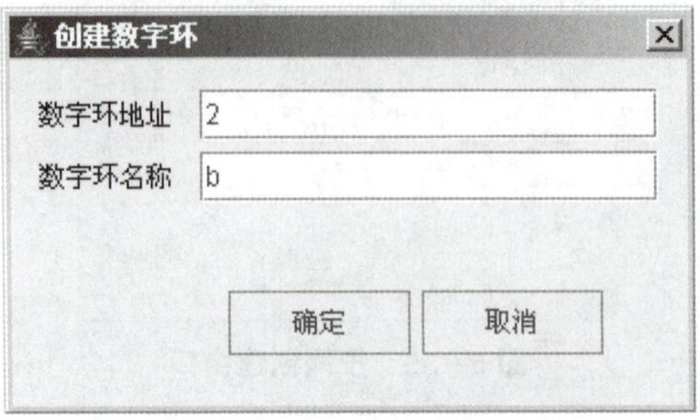

图 5－37　创建数字环界面

设置数字环属性，可从 1 到 255 中选择一个未用的数字环地址，数字环名称可根据物理位置或名称自定义，不大于 20 个字节。单击【确定】后在配置数字环界面中出现所定义数字环。单击【配置】对所定义数字环节点进行设置，在出现的对话框中单击【添加】，如图 5－38 所示。

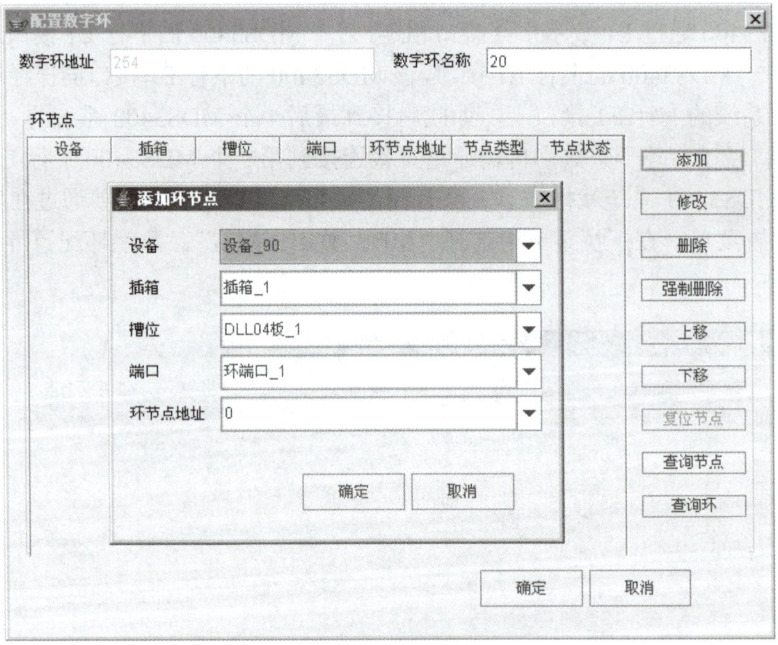

图 5－38　配置数字环界面

在“添加环节点”中根据设备具体信息，选择设备、插箱，槽位为数字环板在插箱中的槽位，在定义前首先要在设备管理中添加一块数字环板，端口可选择 1 到 4，分别代表该板 1 至 4 路 E1 接口。

4）设备配置复制

设备配置复制功能能把已经配置好的设备数据复制到新创建的设备，减少了重复创建的工作。选择主界面－配置－设备配置复制，如图 5－39 所示。

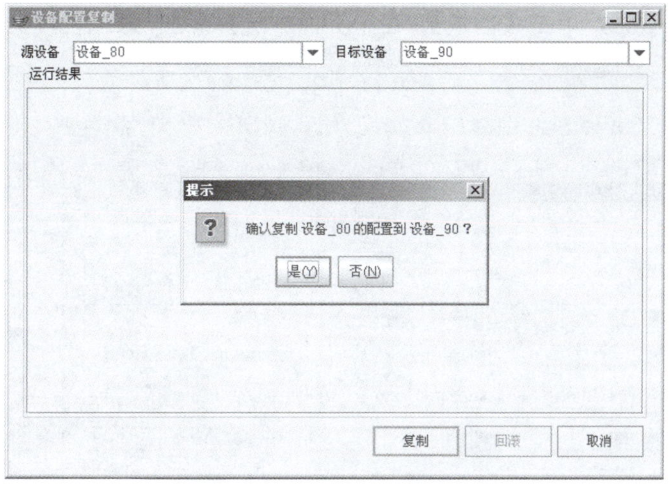

图 5-39　设备配置复制界面

通过选择源设备和目标设备，确认后将源设备数据复制到目标设备。“回滚”操作可以取消刚做的复制操作。

5）网元数据配置

网元数据配置菜单主要包括用户数据配置、编号计划表、用户权限限制表、信令配置、中继配置、路由配置、参考时钟、区间号码、DSP 类型、组呼/全呼配置、模调配置、网管通道配置、振铃组、会议配置、区别振铃配置和系统参数配置等表格，通过定义各个表格属性及相互的关联来实现各种业务作业。

（1）用户数据配置。

用户数据用于配置用户号码，包括模拟用户、数字用户、音频用户、选号用户、磁石用户，如图 5-40 所示。

用户数据配置

模拟用户　数字用户　音频用户　选号用户　磁石用户

号码	用户名称	插箱	槽位	线路号	业务类型	用户类型	用户状态	用户权限	呼叫级别
71003000		插箱_1	ASL16板_9	1	调度	普通话机	正常	1	
71003001		插箱_1	ASL16板_9	2	调度	普通话机	正常	1	
71003002		插箱_1	ASL16板_9	3	调度	普通话机	正常	1	
71003003		插箱_1	ASL16板_9	4	调度	普通话机	正常	1	
71003004		插箱_1	ASL16板_9	5	调度	普通话机	正常	1	
71003005		插箱_1	ASL16板_9	6	调度	普通话机	正常	1	
71003006		插箱_1	ASL16板_9	7	调度	普通话机	正常	1	
71003007		插箱_1	ASL16板_9	8	调度	普通话机	正常	1	
71003008		插箱_1	ASL16板_9	9	调度	普通话机	正常	1	
71003009		插箱_1	ASL16板_9	10	调度	普通话机	正常	1	
71003010		插箱_1	ASL16板_9	11	调度	普通话机	正常	1	
71003011		插箱_1	ASL16板_9	12	调度	普通话机	正常	1	
71003012		插箱_1	ASL16板_9	13	调度	普通话机	正常	1	
71003013		插箱_1	ASL16板_9	14	调度	普通话机	正常	1	
71003014		插箱_1	ASL16板_9	15	调度	普通话机	正常	1	
71003015		插箱_1	ASL16板_9	16	调度	普通话机	正常	1	
71003016		插箱_1	ASL16板_10	1	调度	普通话机	正常	1	
71003017		插箱_1	ASL16板_10	2	调度	普通话机	正常	1	
71003018		插箱_1	ASL16板_10	3	调度	普通话机	正常	1	
71003019		插箱_1	ASL16板_10	4	调度	普通话机	正常	1	
71003020		插箱_1	ASL16板_10	5	调度	普通话机	正常	1	
71003021		插箱_1	ASL16板_10	6	调度	普通话机	正常	1	
71003022		插箱_1	ASL16板_10	7	调度	普通话机	正常	1	
71003023		插箱_1	ASL16板_10	8	调度	普通话机	正常	1	
71003024		插箱_1	ASL16板_10	9	调度	普通话机	正常	1	
71003025		插箱_1	ASL16板_10	10	调度	普通话机	正常	1	
71003026		插箱_1	ASL16板_10	11	调度	普通话机	正常	1	

创建　删除　配置　关闭

图 5-40　用户数据配置界面

选中模拟用户数据，单击【创建】，在子界面中选择添加，如图 5－41 所示。

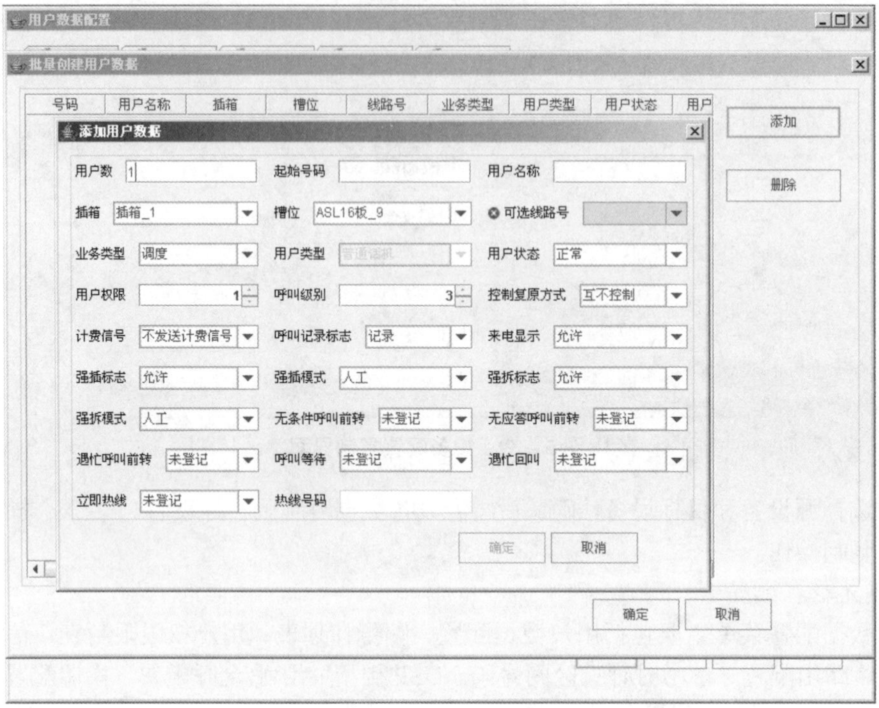

图 5－41　添加用户数据操作

用户数：批量创建的用户数量，范围为 1 到 16。

起始号码：如果用户数为 1，即创建的用户号码；若用户数>1，则创建的号码依次加 1。例如用户数为“3”，起始号码为“5200”，则生成的号码为“5200，52001，52002”，最大长度 20。

插箱：选择对应插箱编号。

槽位：选择对应的电路板。

可选线路号：ASL 每板 16 路，从 1 到 16 线。MIL 每板 8 路，从 1 到 8 线。

业务类型：公务或调度。

其他选项可使用系统默认参数，或根据具体需求选择，如来电显示可选择“不允许”等。数字用户针对 DLL 电路板，数据定义同上。

音频用户、选号用户、磁石用户属于 MIL 电路板上的小插板数据配置，根据不同插板所在的插槽选择不同的线路号，其他定义同上。

（2）编号计划表。

编号计划用于设置本局特殊号码（如*114 查询本机号码），以及设置出局号码。

网管系统默认创建如下编号计划。

##　紧急呼叫

*57　无条件呼叫前转登记

#57　无条件呼叫前转撤销

*41　无应答呼叫前转登记

#41　无应答呼叫前转撤销

*40　遇忙呼叫前转登记

#40　遇忙呼叫前转撤销

*58　呼叫等待登记

#58　呼叫等待撤销

*59　遇忙回叫登记

#59　遇忙回叫撤销

*114　报本机号码

编号计划表主要定义呼叫号码的字冠，字冠类型及路由号等，在设备管理中单击网元数据配置，在下拉菜单中选择编号计划表，编号计划配置如图 5－42 所示。

编号计划配置

编号计划表

字冠号码	后续号码长度	字冠类型	路由号
##	255	紧急呼叫	65535
#40	255	遇忙呼叫前转取消	65535
#41	255	无应答呼叫前转取消	65535
#57	255	无条件呼叫前转取消	65535
#58	255	呼叫等待取消	65535
#59	255	遇忙回叫取消	65535
*114	255	报本机号码	65535
*40	255	遇忙呼叫前转登记	65535
*41	255	无应答呼叫前转登记	65535
*57	255	无条件呼叫前转登记	65535
*58	255	呼叫等待登记	65535
*59	255	遇忙回叫登记	65535
222	5	本地	99
29	255	本地	2
39	255	本地	2
71001304	255	本地	91
711	5	本地	81
712	5	本地	82

创建　删除　配置　取消

图 5－42　编号计划配置

单击【创建】，可以创建一条新的记录，如图 5－43 所示。

创建编号计划表

字冠号码　906

后续号码长度　☑ 变长

255

字冠类型　本地

路由号　7(906)

确定　取消

图 5－43　创建编号计划表窗口

字冠号码：所呼叫号码的前 N 位，最长可为 28 位。

后续号码长度：号码总位数减去字冠号长度，或者选择变长。

字冠类型：可根据具体业务选择紧急呼叫、本地、本局、国内/国际长途、组呼、全呼等。

路由号：选择相应的路由，如果没有合适的路由可先创建路由，缺省无路由。

数字环节点地址：呼叫号码所属网元的数字环地址，注意只有“字冠类型”为“数字环”时才允许输入，缺省无。

（3）用户权限限制表。

用户权限限制表用于设置限制呼叫的号码，如限制拨叫 168xxxx 信息台。在设备管理中单击网元数据配置，在下拉菜单中选择“用户权限限制表”，出现图 5－44 所示用户权限限制表界面。

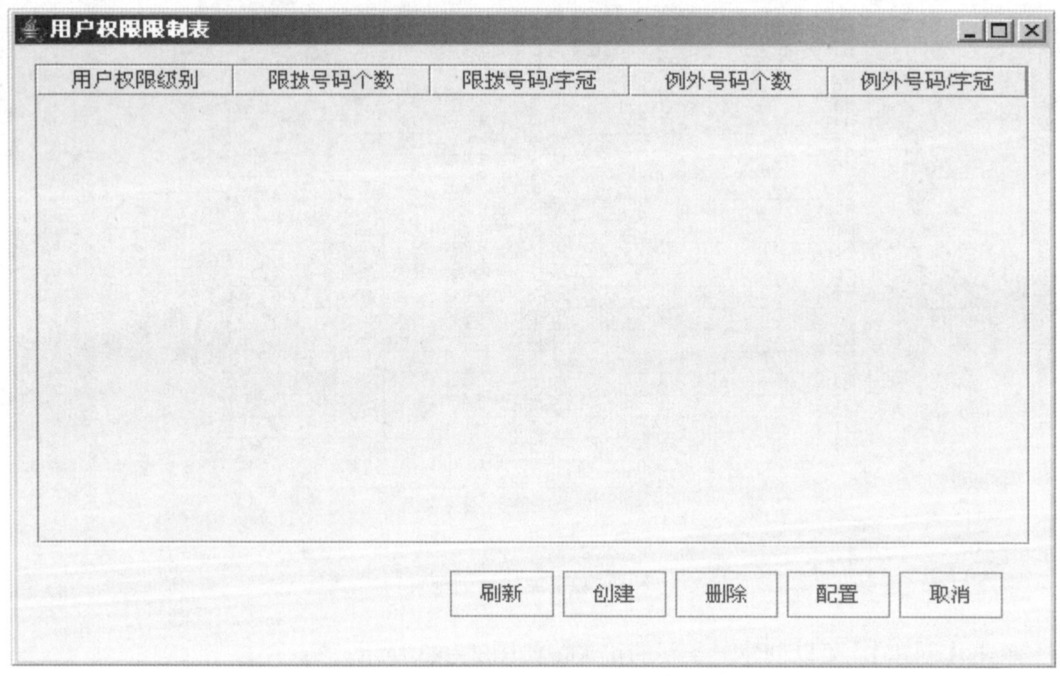

图 5－44　用户权限限制表界面

单击【创建】，出现图 5－45 所示用户权限配置界面。

用户权限级别：系统自动生成，但是最多只能设置 16 个。

限拨号码：限制呼出的号码，输入号码后按回车键。每种级别最多有 100 个限拨号码。

例外号码：不受限拨号码限制的允许呼出的例外号码，输入号码后按回车键。每种级别最多 20 个例外号码。

（4）信令配置。

设置与其他厂家设备互通时的信令参数。包括模拟环路信令配置和数字信令（DSS1）配置。在设备管理中单击网元数据配置，在下拉菜单中选择“信令配置”，出现图 5－46 所示的信令配置界面。

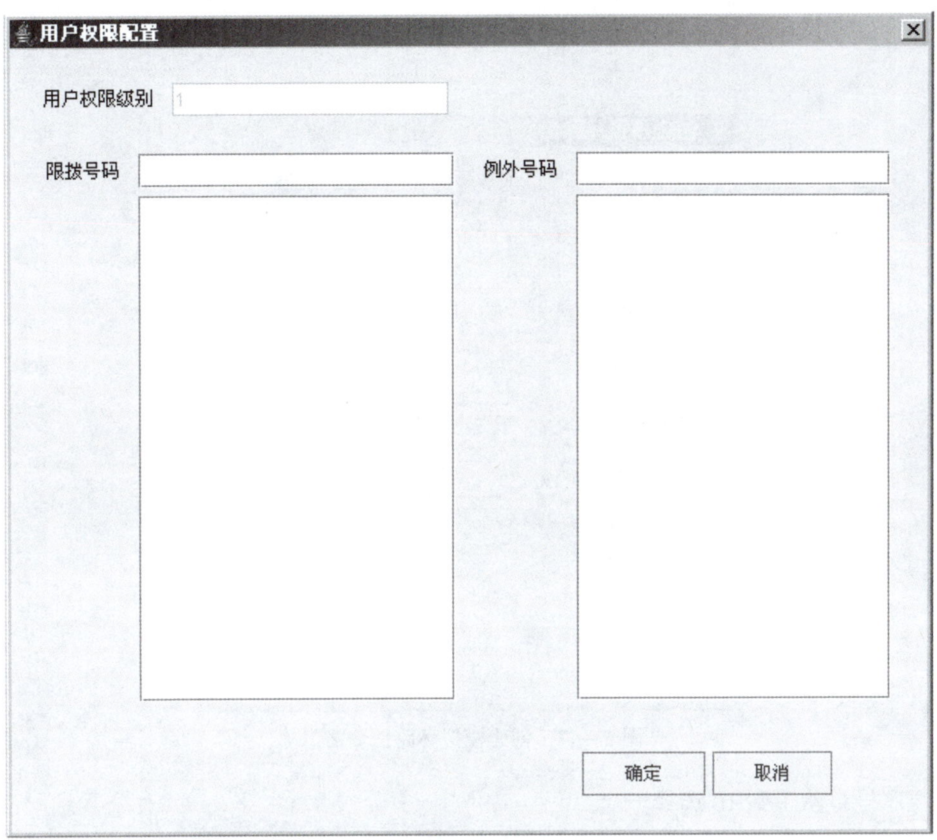

图 5－45　用户权限配置界面

信令配置

模拟环路信令配置　DSS1信令配置　一号信令配置

信令序号	互联厂家	来电显示选项	来电显示模式	极性反转	发号延迟	自动接听时间

创建　删除　配置　取消

图 5－46　信令配置界面

① 选择模拟环路信令，单击【创建】，出现图 5－47 所示创建模拟环路信令窗口。

创建模拟环路信令

信令序号	1
互联厂家	Jiaxun
来电显示选项	有
来电显示模式	FSK
极性反转	无极性反转
发号延迟(100毫秒)	5
自动接通时间(秒)	2

确定　取消

图 5－47　创建模拟环路信令窗口

信令序号：从 1 到 10 选择一个。

互联厂家：选择需要互联互通的厂家名称。

来电显示选项：根据实际选择有或无。

来电显示模式：根据实际选择 FSK 或 DTMF 方式。

极性反转：选择有或无极性反转。

② 选择 DSS1 信令，配置数据，如图 5－48 所示。

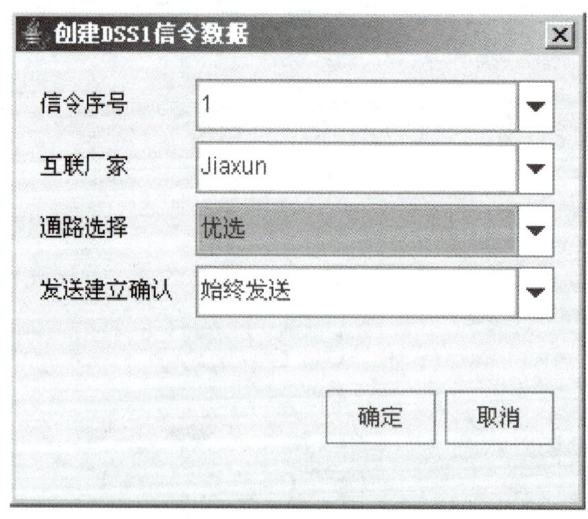

图 5－48　创建 DSS1 信令数据窗口

信令序号：从 1 到 10 选择一个。

互联厂家：选择需要互联互通的厂家名称。

通路选择：选择指定或优先。

③ 选择一号信令配置，如图 5－49 所示。

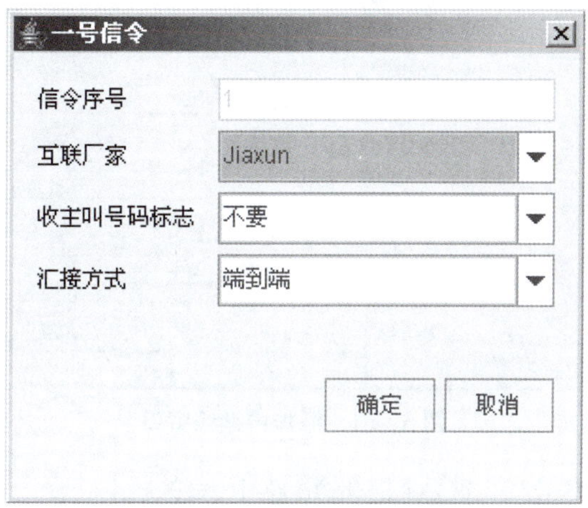

图 5－49　一号信令配置窗口

（5）中继配置。

中继配置包括中继线配置和中继群配置，中继配置界面如图 5－50 所示。

中继配置

中继线配置　中继群配置

中继线...	插箱	槽位	E1数字...	时隙	业务类型	出入方式	工作模式	信令配置	信令序号	回铃音...	中继状态	PCM序号	时隙号
1	插箱_1	DTL04...	1	1	调度	双向	DID	DSS1...	1	远端	空闲	0	0
2	插箱_1	DTL04...	1	2	调度	双向	DID	DSS1...	1	远端	空闲	0	0
3	插箱_1	DTL04...	1	3	调度	双向	DID	DSS1...	1	远端	空闲	0	0
4	插箱_1	DTL04...	1	4	调度	双向	DID	DSS1...	1	远端	空闲	0	0
5	插箱_1	DTL04...	1	5	调度	双向	DID	DSS1...	1	远端	空闲	0	0
6	插箱_1	DTL04...	1	6	调度	双向	DID	DSS1...	1	远端	空闲	0	0
7	插箱_1	DTL04...	1	7	调度	双向	DID	DSS1...	1	远端	空闲	0	0
8	插箱_1	DTL04...	1	8	调度	双向	DID	DSS1...	1	远端	空闲	0	0
9	插箱_1	DTL04...	1	9	调度	双向	DID	DSS1...	1	远端	空闲	0	0
10	插箱_1	DTL04...	1	10	调度	双向	DID	DSS1...	1	远端	空闲	0	0
11	插箱_1	DTL04...	1	11	调度	双向	DID	DSS1...	1	远端	空闲	0	0
12	插箱_1	DTL04...	1	12	调度	双向	DID	DSS1...	1	远端	空闲	0	0
13	插箱_1	DTL04...	1	13	调度	双向	DID	DSS1...	1	远端	空闲	0	0
14	插箱_1	DTL04...	1	14	调度	双向	DID	DSS1...	1	远端	空闲	0	0
15	插箱_1	DTL04...	1	15	调度	双向	DID	DSS1...	1	远端	空闲	0	0
16	插箱_1	DTL04...	1	17	调度	双向	DID	DSS1...	1	远端	空闲	0	0
17	插箱_1	DTL04...	1	18	调度	双向	DID	DSS1...	1	远端	空闲	0	0
18	插箱_1	DTL04...	1	19	调度	双向	DID	DSS1...	1	远端	空闲	0	0
19	插箱_1	DTL04...	1	20	调度	双向	DID	DSS1...	1	远端	空闲	0	0
20	插箱_1	DTL04...	1	21	调度	双向	DID	DSS1...	1	远端	空闲	0	0
21	插箱_1	DTL04...	1	22	调度	双向	DID	DSS1...	1	远端	空闲	0	0
22	插箱_1	DTL04...	1	23	调度	双向	DID	DSS1...	1	远端	空闲	0	0
23	插箱_1	DTL04...	1	24	调度	双向	DID	DSS1...	1	远端	空闲	0	0
24	插箱_1	DTL04...	1	25	调度	双向	DID	DSS1...	1	远端	空闲	0	0
25	插箱_1	DTL04...	1	26	调度	双向	DID	DSS1...	1	远端	空闲	0	0
26	插箱_1	DTL04...	1	27	调度	双向	DID	DSS1...	1	远端	空闲	0	0
27	插箱_1	DTL04...	1	28	调度	双向	DID	DSS1...	1	远端	空闲	0	0

批量创建　删除　配置　取消

图 5－50　中继配置界面

选择中继线配置，单击【批量创建】，在新的对话框中单击【添加】，弹出图 5－51 所示窗口。

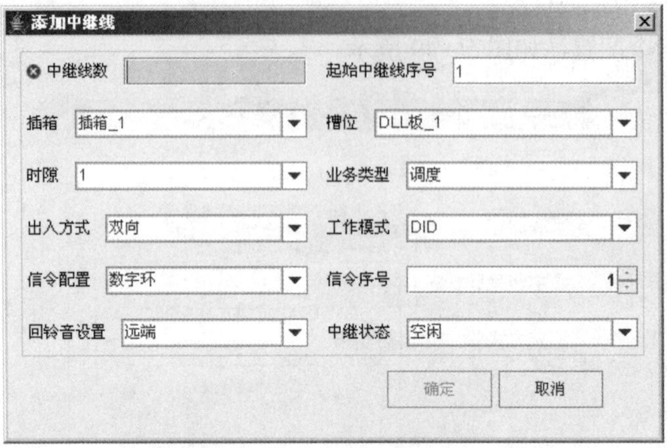

图 5－51　添加中继线窗口

中继线数：从 1 到 256，一个 2M 提供 30 路中继线。

起始中继线序号：从 1 到 2 000，按顺序排列。

插箱：选择该 DLL、DTL、MIL 板所在的插箱号。

槽位：选择板卡。

时隙：根据具体业务选择一条未用时隙。

信令序号：根据业务选择对应的信令序号，默认为 1。

其他选项基本保持系统默认选择。

选择中继群配置，单击【批量创建】，弹出图 5－52 所示窗口。

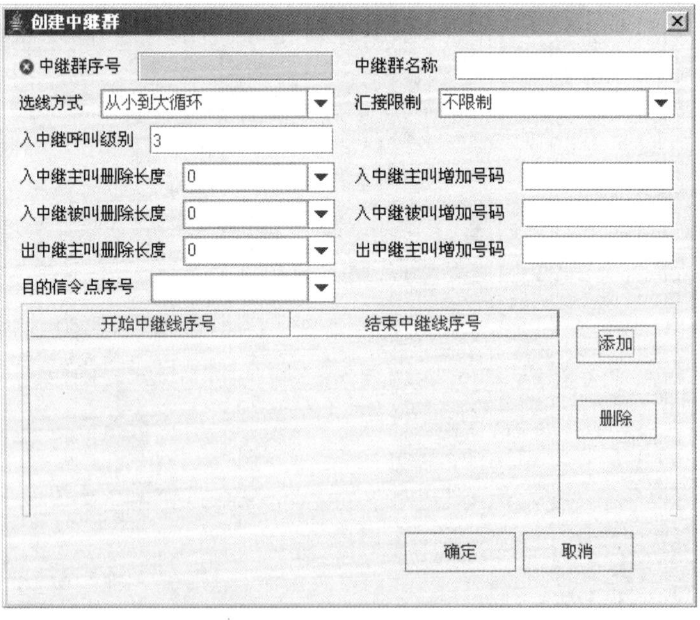

图 5－52　创建中继群窗口

中继群序号：从 1 到 1 000，依次排列，也可直接输入一个未用的序号。

中继群名称：根据业务自定义一个名称。

其他值默认即可。

单击【添加配置】，设置开始中继号和结束中继号，如果是第一条中继线路，则从 1 开始到 30 结束，第二条中继线从 31 开始到 60 结束，依次类推。

（6）路由配置。

路由配置界面如图 5－53 所示。

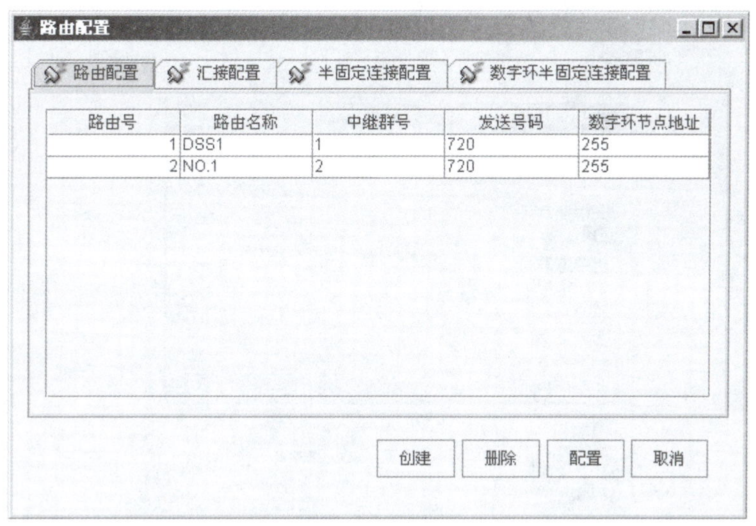

图 5－53　路由配置界面

选择“路由配置”，单击【创建】，填写路由号和路由名称。

路由号：从 1 开始到 1 000，依次往后排列，也可任选一个未用的号码。

名称：自定义一个名称。然后单击【添加】，出现图 5－54 所示创建路由界面。

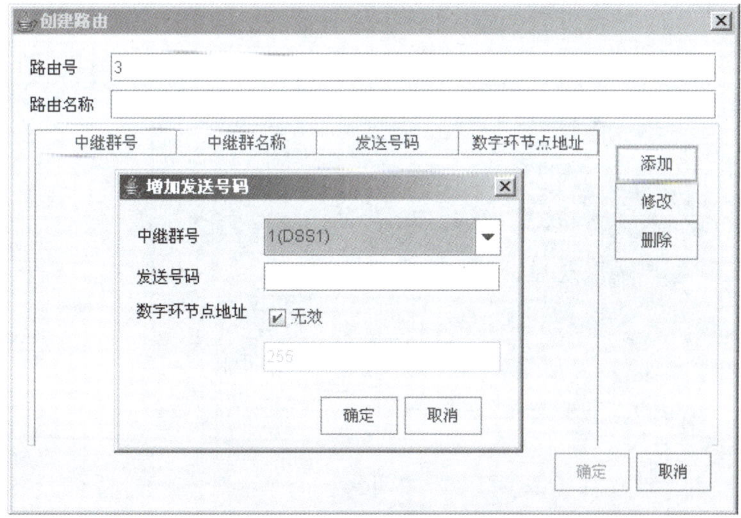

图 5－54　创建路由界面

中继群号：填中继群配置中所设置的中继群号码。

发送号码：填所呼叫节点的字冠号码。

数字环节点地址：当所选中继为数字环中继时，必须填数字环节点地址；当所选的中继是除了数字环以外的其他中继时，在无效前点“√”，即不需要填数字环节点地址。

选择汇接限制，单击【创建】，出现图 5-55 所示创建汇接限制表界面。

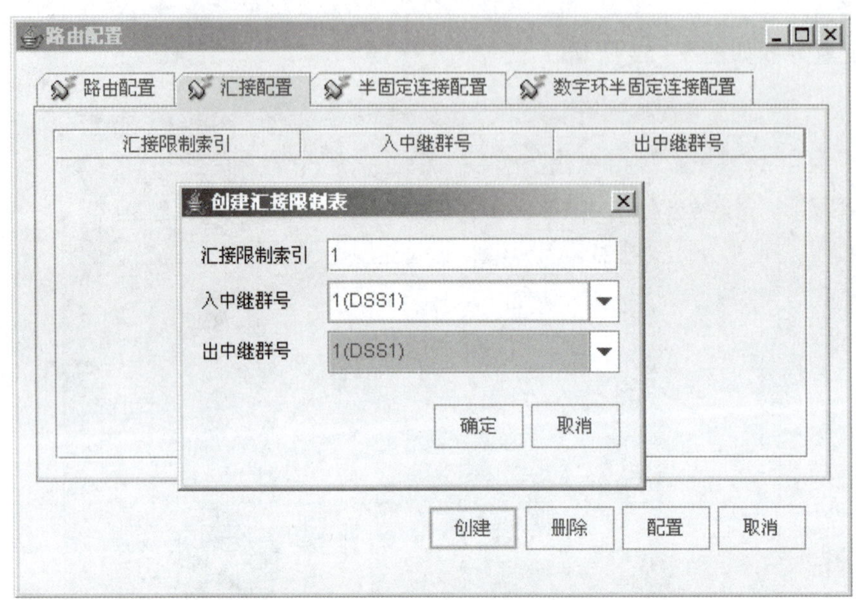

图 5-55 创建汇接限制表界面

（7）参考时钟。

选择系统的同步时钟，单击【创建】，出现图 5-56 所示创建参考时钟界面。

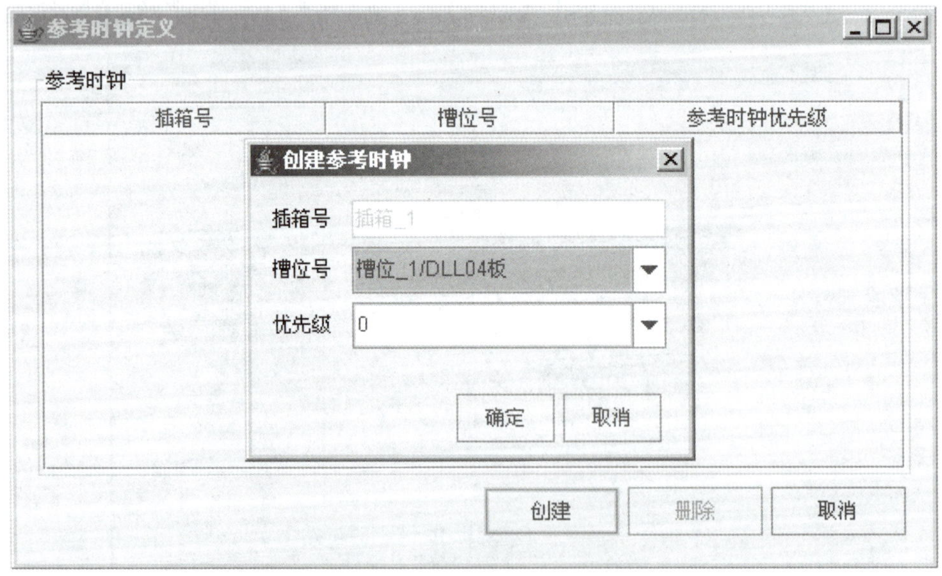

图 5-56 创建参考时钟界面

（8）区间号码。

区间号码配置界面如图 5－57 所示。

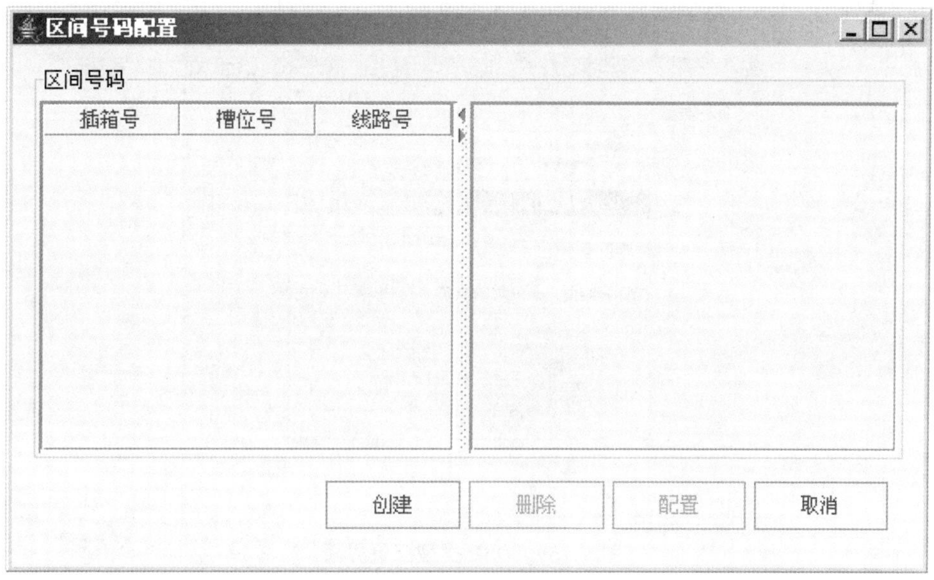

图 5－57　区间号码配置界面

单击【创建】，出现图 5－58 所示创建区间号码界面。

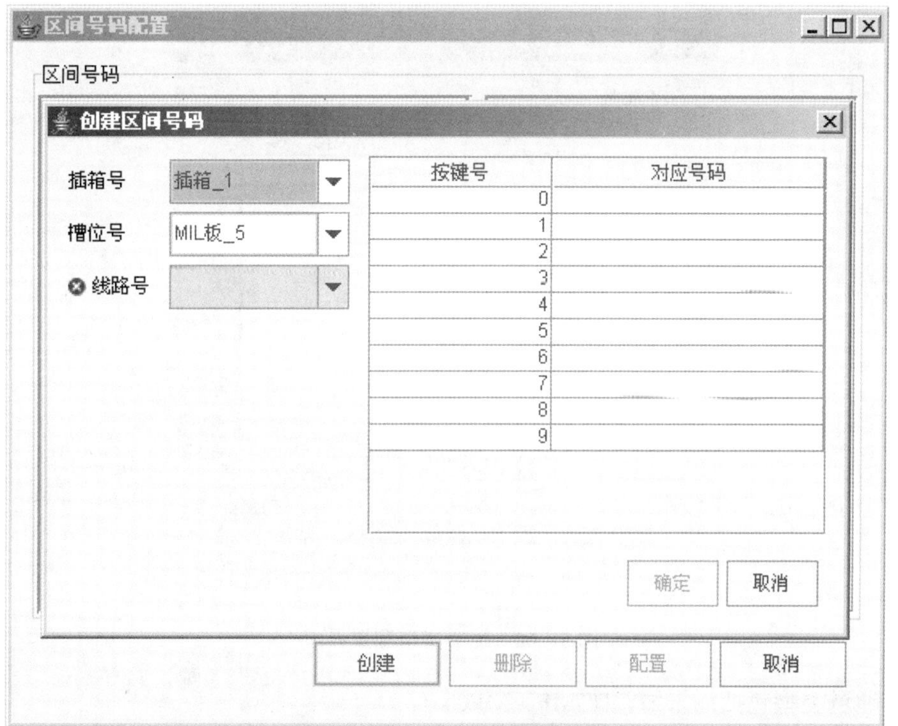

图 5－58　创建区间号码界面

对应号码：10 个按键的对应号码，号码可以是用户号码或出局号码。

（9）DSP 类型。

单击【配置】，DSP 类型配置界面如图 5－59 所示。

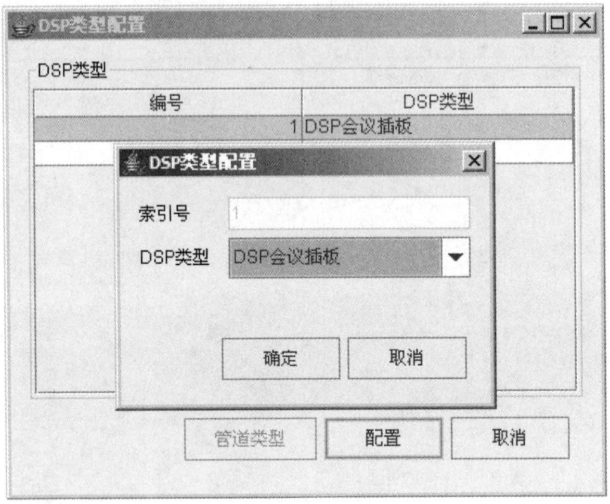

图 5－59　DSP 类型配置界面

DSP 有四种类型：未知、会议、收发号器、语音。当 DSP 类型是“收发号器”时，需要定义每个通道的类型。若 DSP 类型是“收发号器”，则单击“通道类型”，出现图 5－60 所示通道类型配置界面。

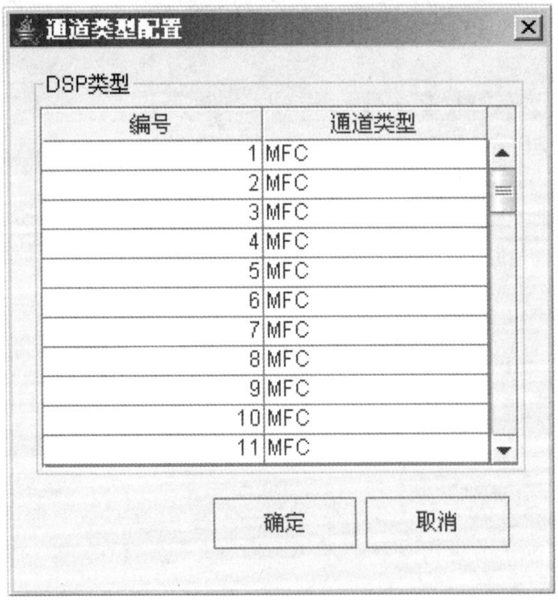

图 5－60　通道类型配置界面

DSP 通道类型包括：未知、DTMF、MFC。

（10）组呼/全呼配置。

组呼/全呼配置界面如图 5－61 所示。

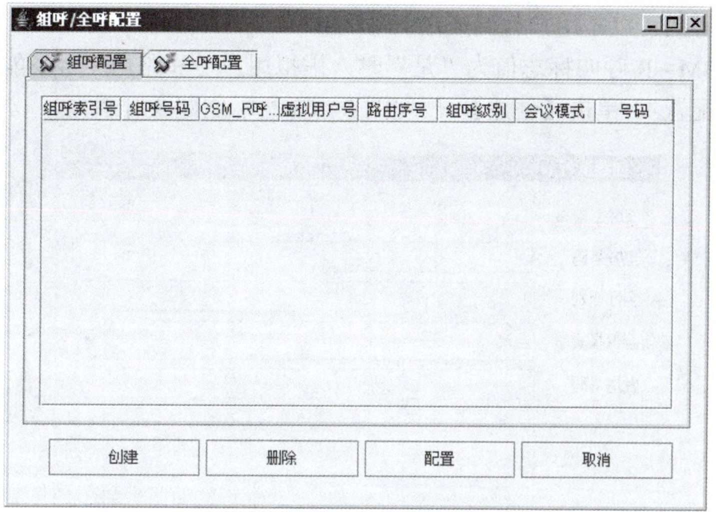

图 5－61　组呼/全呼配置界面

选择“组呼配置”，单击【创建】，出现图 5－62 所示创建组呼界面。

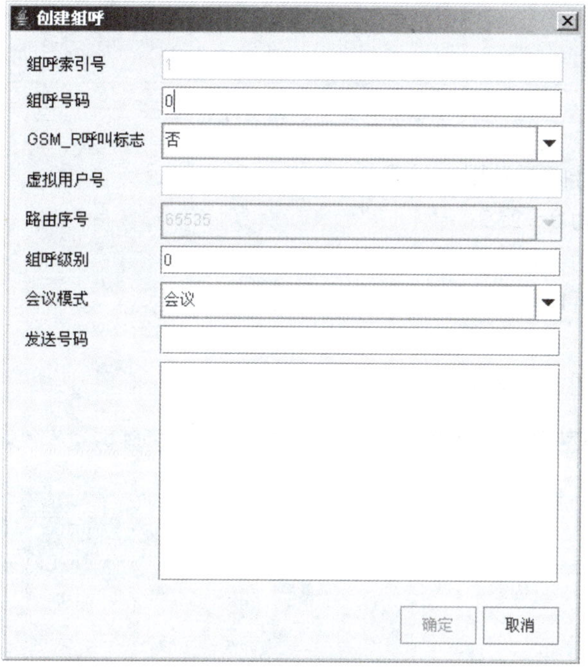

图 5－62　创建组呼界面

组呼号码：组呼号码不是用户号码。

GSM－R 呼叫标志：是否为 GSM－R 呼叫。

虚拟用户号：GSM－R 呼叫用。

路由序号：GSM－R 呼叫用，在路由表中定义。

组呼级别：范围为 0～255。

会议模式：范围为会议、通播、广播。

发送号码：号码可以是用户号码或出局号码。

注意：当 GSM－R 呼叫标志值为“是”时，虚拟用户号和路由序号不能为空。

选择“全呼配置”，单击【创建】，出现图 5－63 所示创建全呼界面。

创建全呼

全呼索引号 1

全呼号码

全呼级别 0

会议模式 会议

发送号码

确定 取消

图 5－63　创建全呼界面

全呼号码：全呼号码不是用户号码。

全呼级别：范围为 0～255。

会议模式：范围为会议、通播、广播。

发送号码：号码可以是用户号码或出局号码。

（11）模调配置。

模调配置界面如图 5－64 所示。

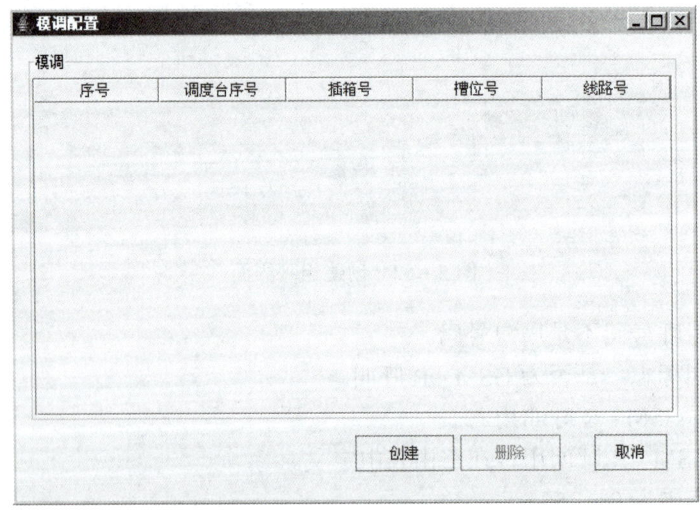

图 5－64　模调配置界面

单击【创建】，出现图 5－65 所示创建模调界面。

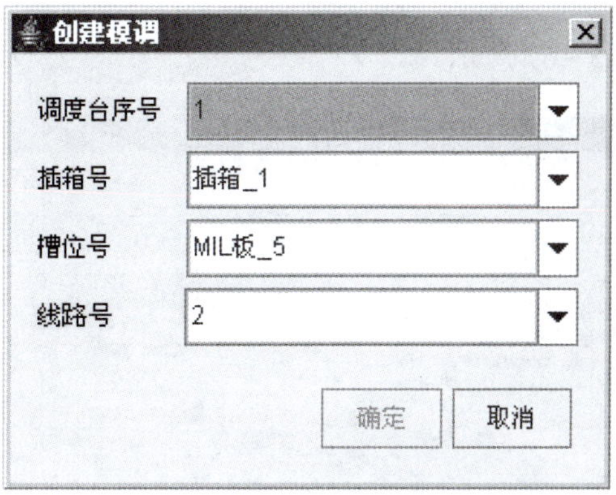

图 5－65　创建模调界面

调度台：选择现有调度台。

（12）网管通道配置。

单击【创建】，出现图 5－66 所示网管通道配置界面。

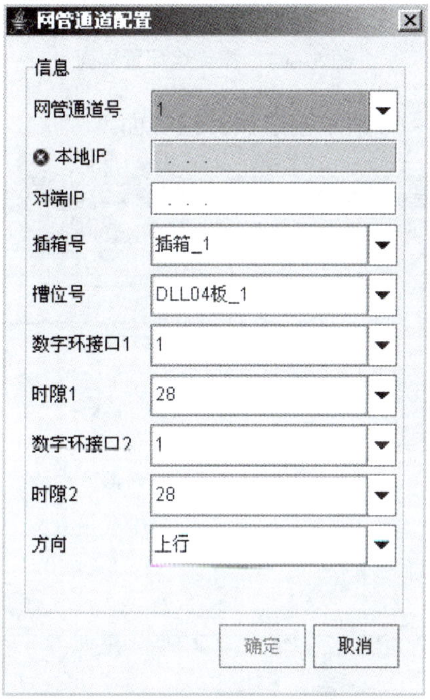

图 5－66　网管通道配置界面

网管通道号：范围为 1～16。

本地 IP：本地的 IP 地址。

对端 IP：对端的 IP 地址。

时隙 1：范围为 0～255。

时隙 2：范围为 0～255。

方向：上行或下行，使用 DLL 板时才配置此属性。

（13）振铃组。

振铃组配置界面如图 5－67 所示。

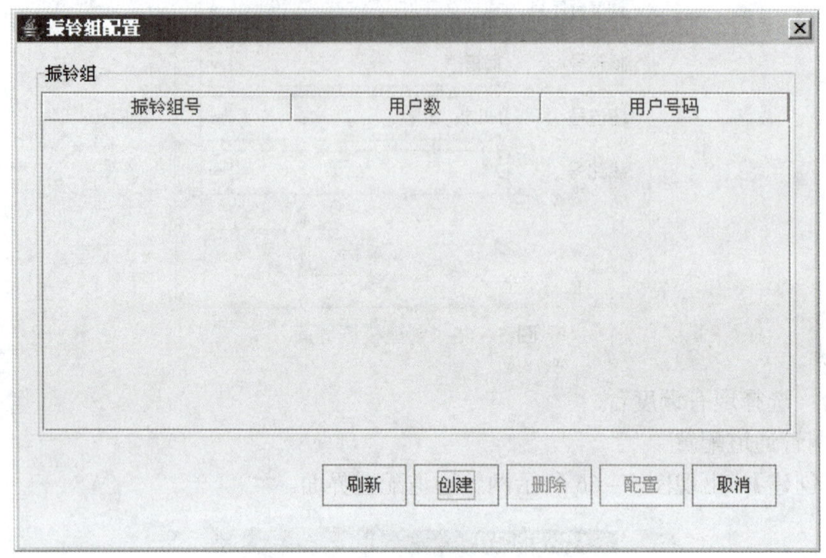

图 5－67　振铃组配置界面

单击【创建】，出现图 5－68 所示创建振铃组界面。

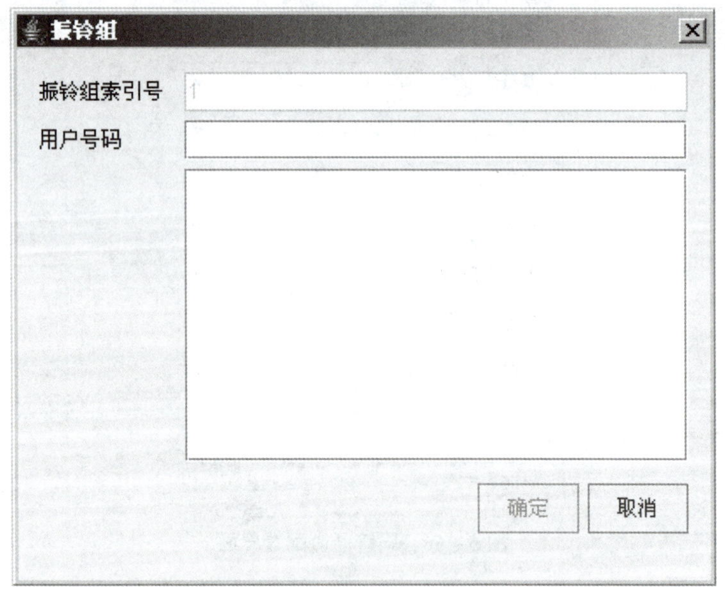

图 5－68　创建振铃组界面

用户号码：输入号码按回车键，每个振铃组至少有 2 个用户，最多有 10 个用户。

（14）会议配置。

会议配置分为系统会议配置和数字环会议配置。系统会议配置界面如图 5－69 所示。

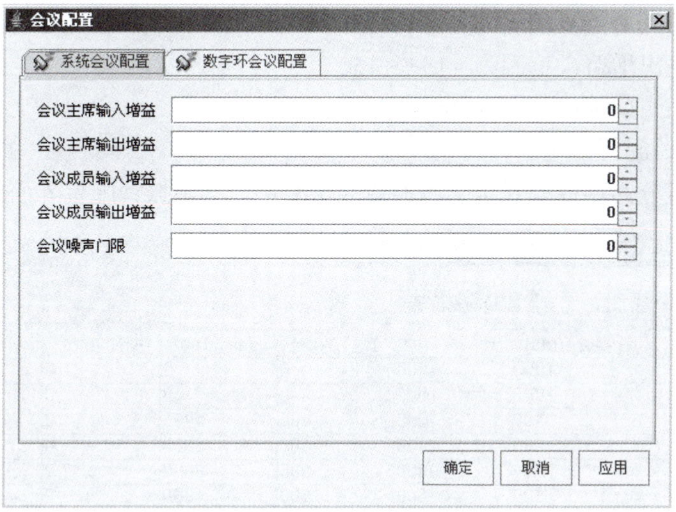

会议配置

系统会议配置　数字环会议配置

会议主席输入增益　0

会议主席输出增益　0

会议成员输入增益　0

会议成员输出增益　0

会议噪声门限　0

确定　取消　应用

图 5－69　系统会议配置界面

会议主席输入增益：范围为－15～+15。

会议主席输出增益：范围为－15～+15。

会议成员输入增益：范围为－15～+15。

会议成员输出增益：范围为－15～+15。

会议噪声门限：范围为 0～4 096。

数字环会议配置界面如图 5－70 所示。

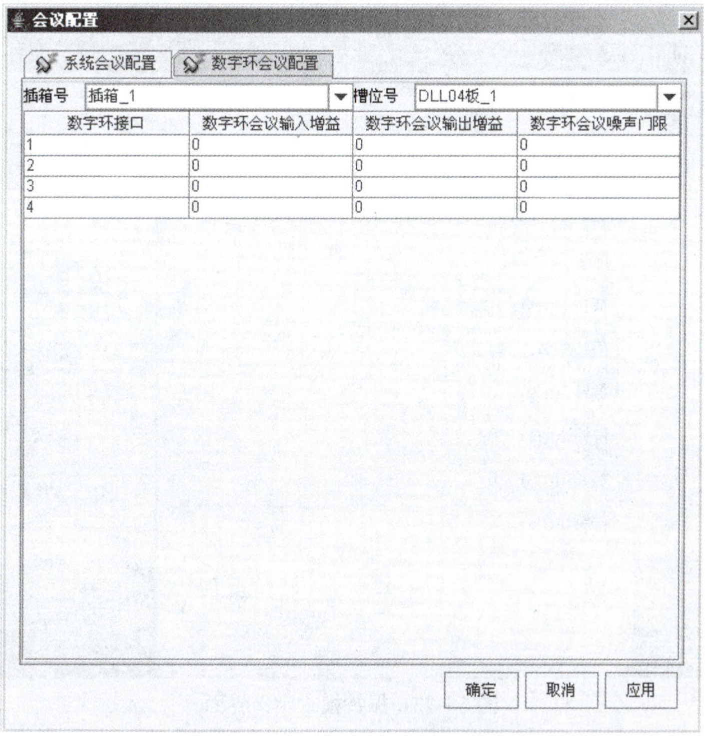

会议配置

系统会议配置　数字环会议配置

插箱号　插箱_1　槽位号　DLL04板_1

数字环接口	数字环会议输入增益	数字环会议输出增益	数字环会议噪声门限
1	0	0	0
2	0	0	0
3	0	0	0
4	0	0	0

确定　取消　应用

图 5－70　数字环会议配置界面

数字环会议输入增益：范围为 – 15～+15。

数字环会议输出增益：范围为 – 15～+15。

数字环会议噪声门限：范围为 0～4 096。

（15）区别振铃配置。

区别振铃配置分为振铃模式定义和振铃数据配置。区别振铃配置界面如图 5 – 71 所示。

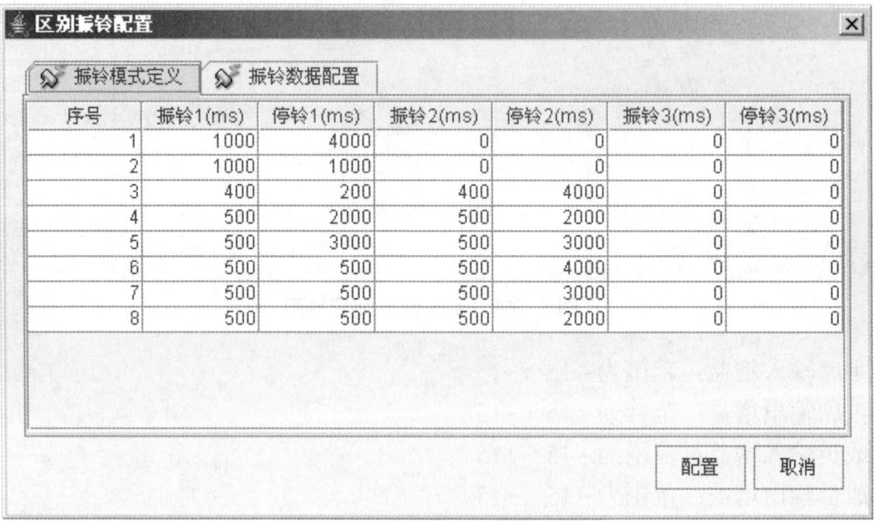
区别振铃配置
振铃模式定义
振铃数据配置
序号 振铃1(ms) 停铃1(ms) 振铃2(ms) 停铃2(ms) 振铃3(ms) 停铃3(ms)
1 1000 4000 0 0 0 0
2 1000 1000 0 0 0 0
3 400 200 400 4000 0 0
4 500 2000 500 2000 0 0
5 500 3000 500 3000 0 0
6 500 500 500 4000 0 0
7 500 500 500 3000 0 0
8 500 500 500 2000 0 0
配置
取消

图 5 – 71　区别振铃配置界面

选择振铃模式定义中一行，单击【配置】，如图 5 – 72 所示。

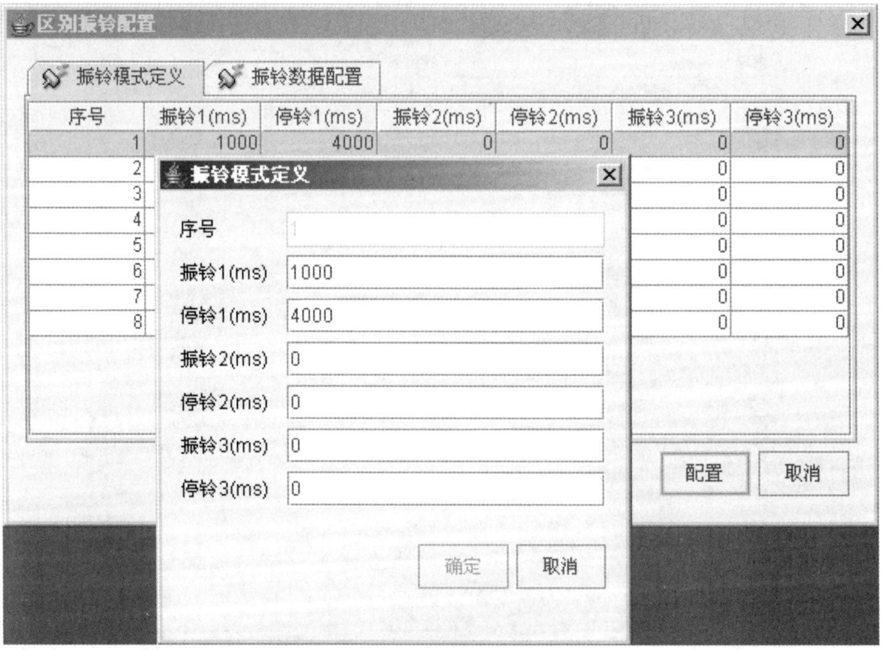
区别振铃配置
振铃模式定义
振铃数据配置
序号 振铃1(ms) 停铃1(ms) 振铃2(ms) 停铃2(ms) 振铃3(ms) 停铃3(ms)
1 1000 4000 0 0 0 0
振铃模式定义
序号 1
振铃1(ms) 1000
停铃1(ms) 4000
振铃2(ms) 0
停铃2(ms) 0
振铃3(ms) 0
停铃3(ms) 0
确定
取消
配置
取消

图 5 – 72　振铃模式定义界面

选择振铃数据配置中一行，单击【配置】，如图 5－73 所示。

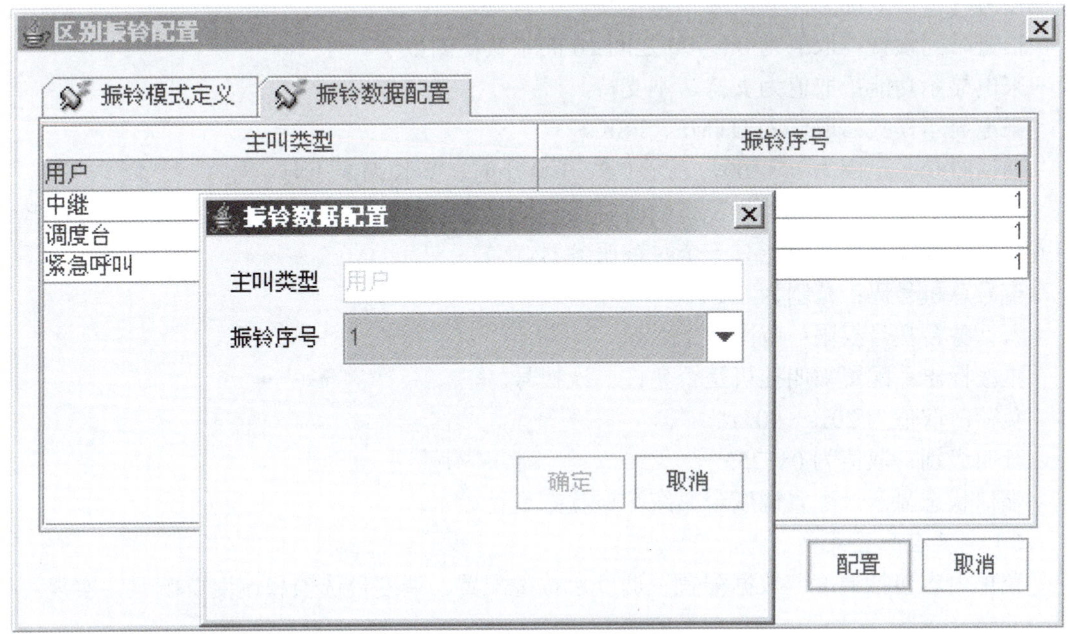

图 5－73　振铃数据配置界面

（16）系统参数配置。

系统参数配置界面如图 5－74 所示。

系统参数配置

呼叫记录
呼叫记录 记录　局内呼叫记录 记录　出局呼叫记录 记录　入局呼叫记录 记录

话务台
查号总机号码 0　查号分机号码　入话务台拨号权限 4　重拨标志 允许

时钟
系统日历钟源 内部　参考时钟恢复标志 可恢复　时钟服务器标志 不作为时钟服务器

负荷控制
负荷(%) 90　呼叫级别 4

来电显示
来电显示功能 支持　来电显示模式 FSK

其他
端口状态
端口状态显示 不...
中继
中继强占 不允许
拍簧时间
拍簧时间设置ms 200
通话时长
通话时长(单位:小时) 2

确定　取消

图 5－74　系统参数配置界面

系统日历钟源：取值为内部、串口、SNTP。

参考时钟恢复标志：取值为不可恢复、可恢复。

拍簧时间设置：取值为0～400之间10的整数倍的数字。

来电显示功能：取值为支持、不支持。

来电显示模式：取值为DTMF、FSK。

通话时长：范围为1～200，表示0.5～100小时，步长为半小时。

时钟服务器标志：取值为不作为时钟服务器、作为时钟服务器。整个网络（独立的数字环或环切环或环套环）只能有一个时钟服务器。

查号总机号码：范围为0～9。

入话务台拨号权限：范围为1～16。

重拨标志：配置被叫挂机是否允许二次拨号。

负荷：取值为20%～90%。

呼叫级别：取值为0～255。

端口状态显示：配置调度台系统端口状态是否显示。

6）调度台配置菜单

菜单内容包括调度台数据配置、调度台按键配置、调度台选项和调度群配置，实现对调度台的定义。

（1）调度台数据配置。

调度台数据配置界面如图5－75所示。

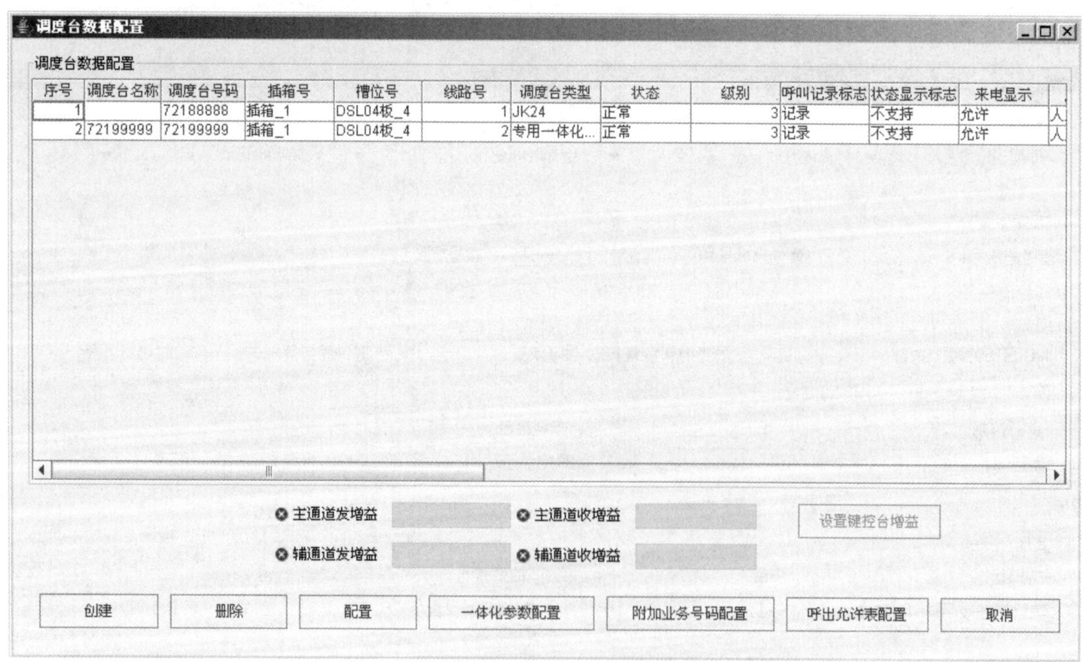

图5－75　调度台数据配置界面

选择创建可以添加一条数据，选择配置可以修改原有数据。单击【创建】，出现图5－76所示调度台数据创建界面。

调度台数据创建

调度台号码		调度台名称			
调度台序号	3	插箱号	插箱_1	槽位号	DTL08板_3
线路号	1	调度台类型	专用一体化触摸屏	状态	正常
级别	3	呼叫记录标志	记录	来电显示	允许
应答方式	人工	来话遇忙处理	排队等待	排队方式	按时间先后
排队提示音	回铃音	无人站标志	有人值守	告警终端标志	不作为告警终端
夜服标志	正常	夜服分机		应急分机	
无条件呼叫前转	未登记	无应答呼叫前转	未登记	遇忙呼叫前转	未登记
呼叫等待	未登记	状态显示标志	不支持		
调度台模式	GSM_R	会议模式	会议		

确定　取消

图 5－76　调度台数据创建界面

调度台号码：根据业务自定义一个号码，长度小于 20 位。

调度台序号：从 1 开始到 128，依次排列，也可任选一个未用序号。

插箱号：该调度台所接入的 DSL 板所在的插箱。

槽位号：DSL 所在的槽位号。

线路号：从 1 到 4 选择一个线号，系统默认为 1。

调度台类型：专用一体化触摸屏、JK24、JK48 等，根据实际类型选择一个。

其他选项基本保持默认状态配置，也可根据实际需求进行修改。当调度台类型为 JK24、JK48、JK144 时，可以设置界面上的键控台增益。

当调度台类型为专用一体化触摸屏或通用一体化触摸屏时，可以进行一体化参数配置，一体化参数配置包括：增益设置、号码菜单名称设置和系统参数设置，其中号码菜单名称设置只能是通用一体化触摸屏时才能配置，如图 5－77～图 5－79 所示。

一体化参数配置

选择调度台　2

增益设置　号码菜单名称设置　系统参数设置

	喇叭增益	MIC增益
主通道外置	1200	1200
主通道手柄	1200	1200
主通道耳机	1200	1200
辅通道手柄	1200	1200

配置　取消

图 5－77　增益设置界面

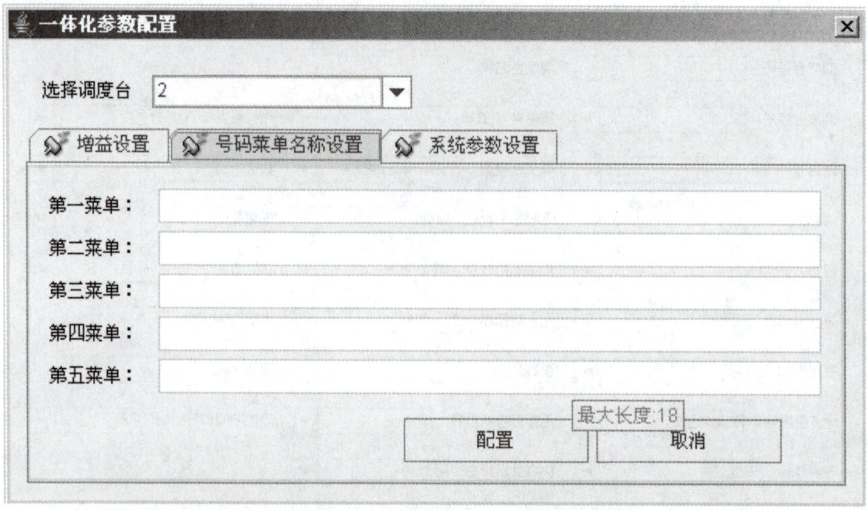

图 5-78　号码菜单名称设置界面

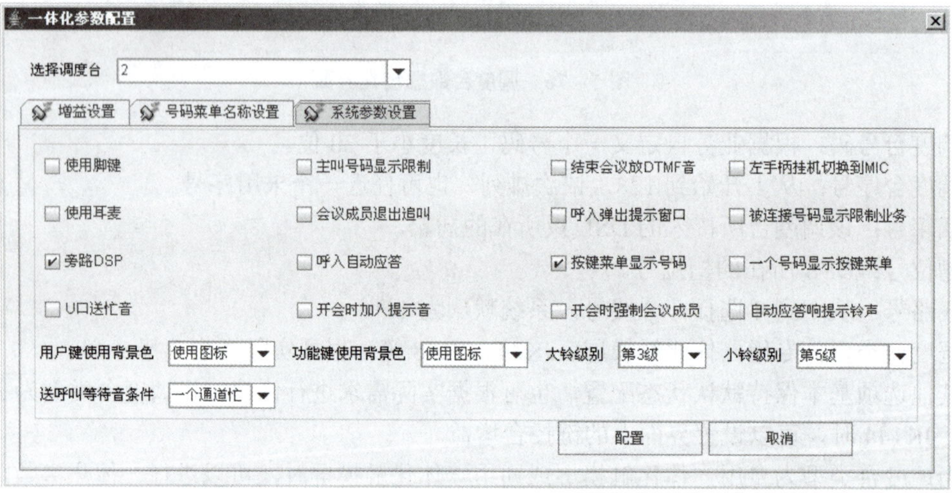

图 5-79　系统参数设置界面

当调度台类型为专用一体化触摸屏或通用一体化触摸屏时，可以进行附加业务号码配置，如图 5-80 所示。

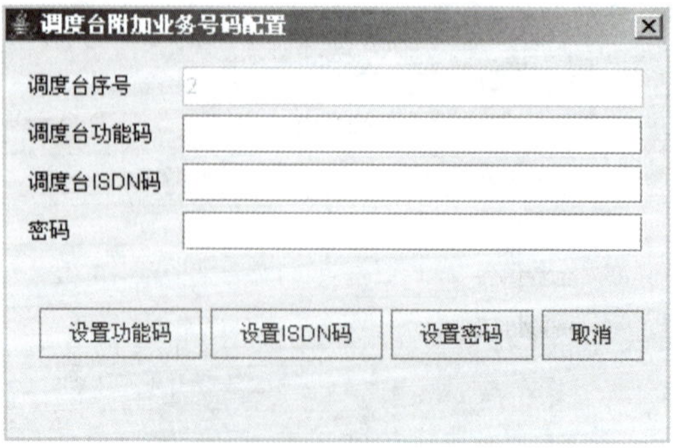

图 5-80　调度台附加业务号码配置界面

其中调度台功能码、调度台 ISDN 码和密码分别设置。当调度台类型为专用一体化触摸屏时，可以配置呼出允许表，如图 5－81 所示。

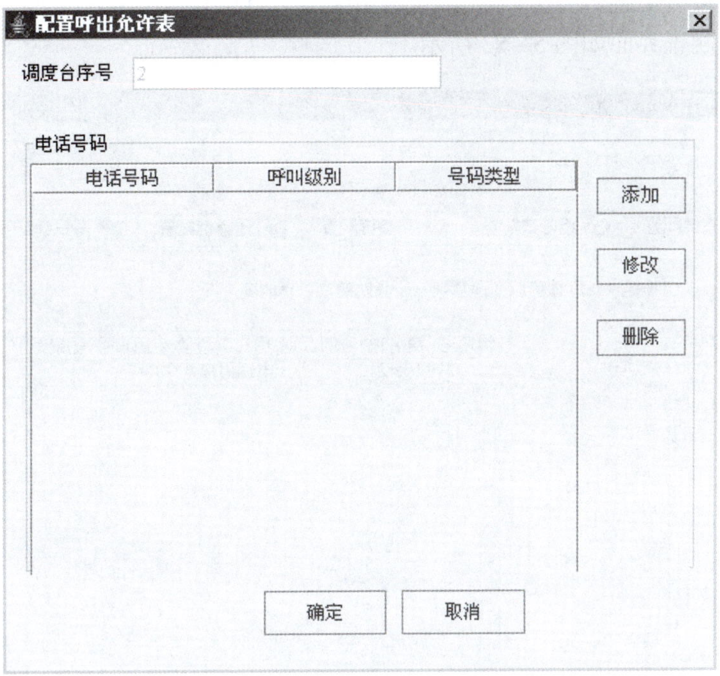

图 5－81　配置呼出允许表界面

单击【添加】，弹出图 5－82 所示添加电话号码界面。

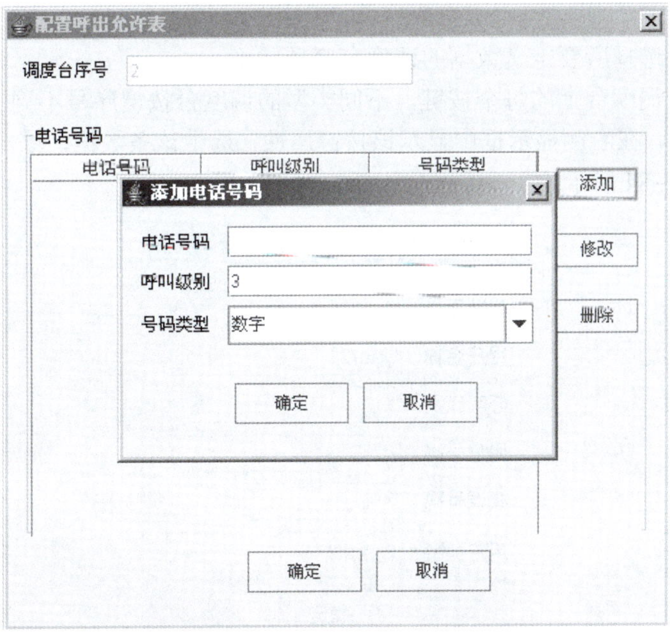

图 5－82　添加电话号码界面

呼叫级别：范围为0～255。

号码类型：取值为数字、模拟。

（2）调度台按键配置。

调度台按键配置界面如图5－83所示。

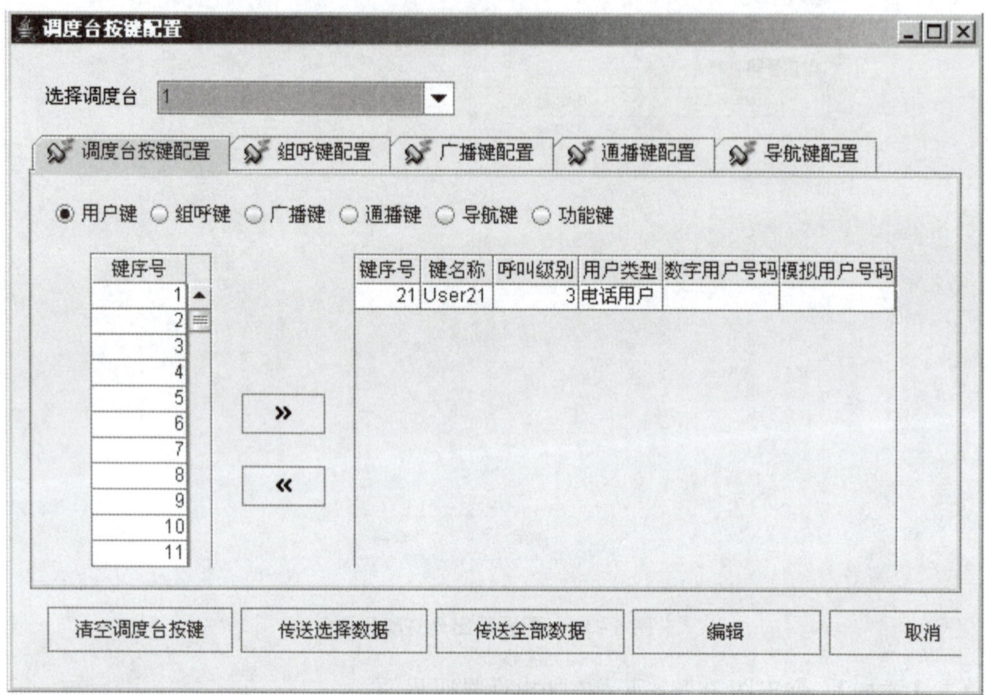

图5－83 调度台按键配置界面

选择调度台：选择所要定义数据的调度台序号。

键序号：对应调度台上的每个按键，不同类型的调度台按键序号不同。选择一个按键序号，单击右向箭头，在右侧显示框中显示该按键属性，选中该条数据，单击【编辑】，对数据进行定义，如图5－84所示。

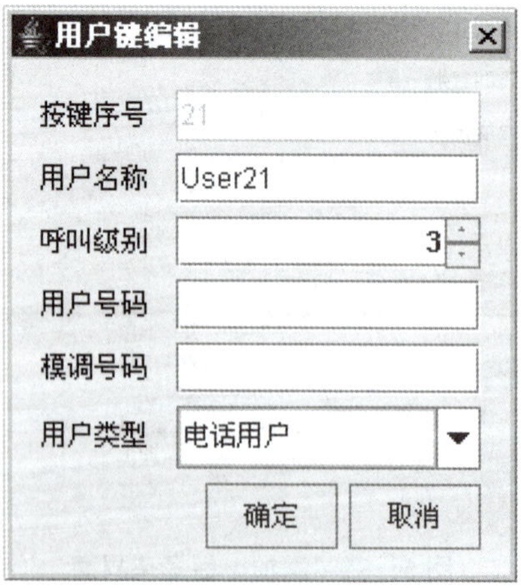

用户键编辑

按键序号 21

用户名称 User21

呼叫级别 3

用户号码

模调号码

用户类型 电话用户

确定 取消

图5－84 用户键编辑界面

按键序号：对应所选择的按键号。
用户名称：自定义一个用户名。
呼叫级别：默认级别 3。
用户号码：如果该用户是数字业务用户，则分配一个号码，最长 20 位。
模调号码：目前不填写。
用户类型：根据业务选择电话用户或中继用户。
定义完各参数后单击【确定】，同时传送给调度台。
（3）调度台选项。
调度台选项配置界面如图 5－85 所示。

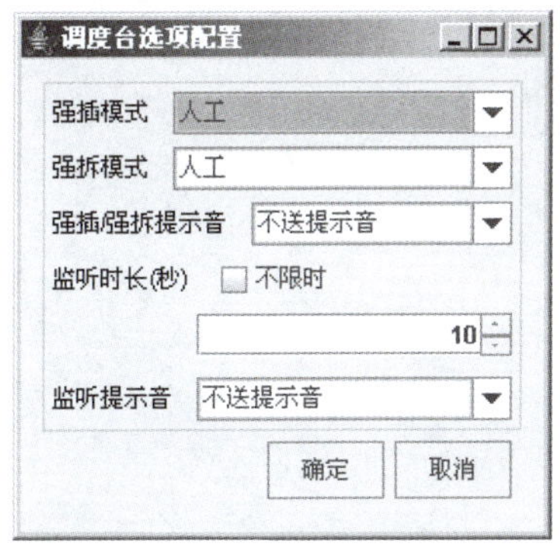

图 5－85 调度台选项配置界面

强插模式：取值为人工、自动。
强拆模式：取值为人工、自动。
强插/强拆提示音：取值为不送提示音、送提示音。
监听时长：范围为 1～255。
监听提示音：取值为不送提示音、送提示音。
（4）调度群配置。
调度群配置界面如图 5－86 所示。

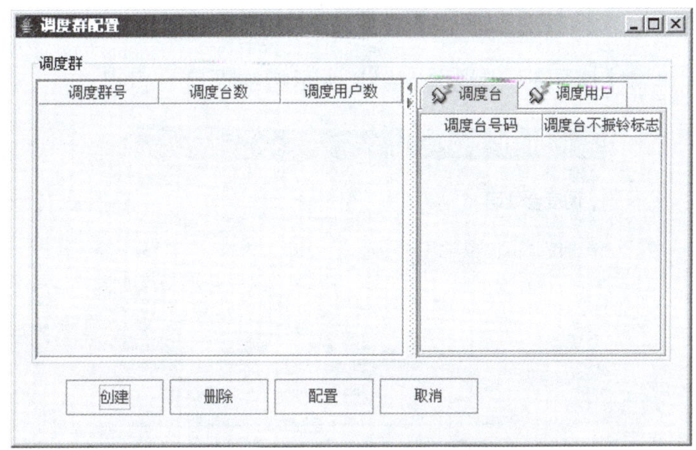

图 5－86 调度群配置界面

单击【创建】，弹出图 5－87 所示创建调度群界面。

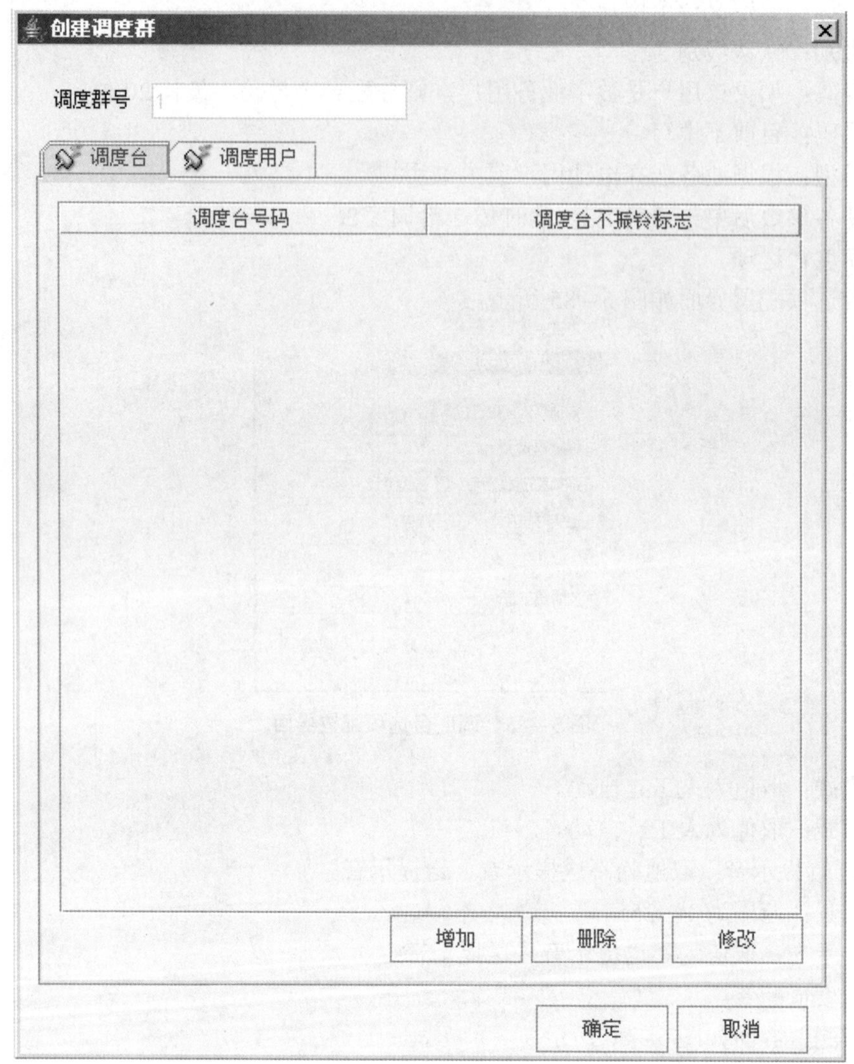

图 5－87　创建调度群界面

选择调度台，单击【增加】，出现图 5－88 所示增加调度台窗口。

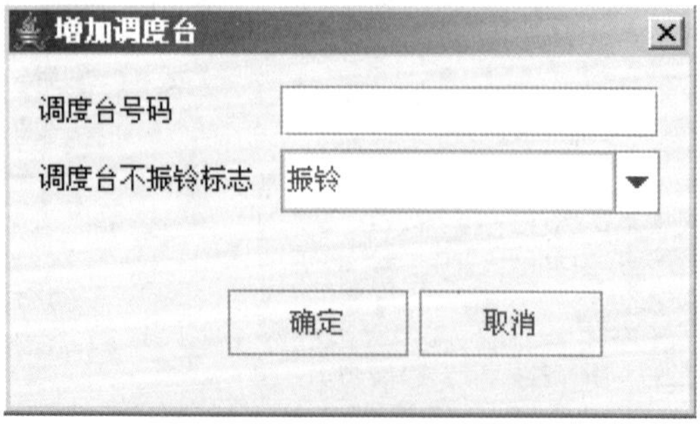

图 5－88　增加调度台窗口

调度台不振铃标志：取值为振铃、不振铃。

选择调度用户，单击【增加】，出现图 5－89 所示增加调度窗口。

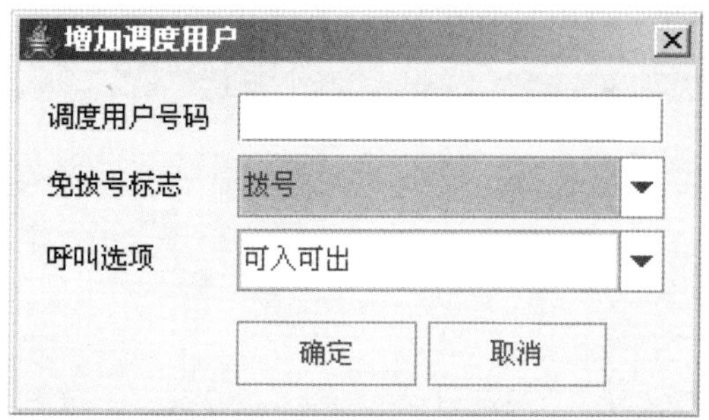

图 5－89　增加调度窗口

免拨号标志：取值为拨号、摘机自动呼叫调度台。

呼叫选项：取值为可入可出、只入、只出、不入不出。

2. 数据统计

话务统计界面如图 5－90 所示。

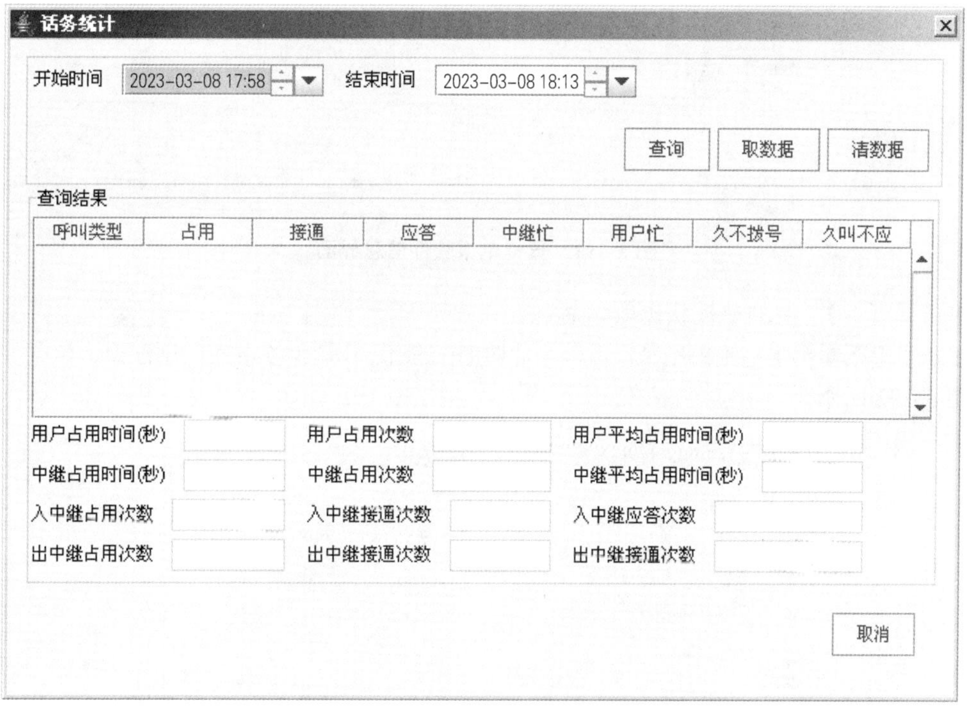

图 5－90　话务统计界面

开始时间：默认为当前时间之前 15 分钟。

结束时间：默认当前时间。

查询：统计已经入库的话务统计数据。

取数据：从设备上获取最新的统计数据。

清数据：清空该设备对应的话务统计数据。

1）设备维护

（1）单板软件。

查询单板软件信息界面如图 5－91 所示。

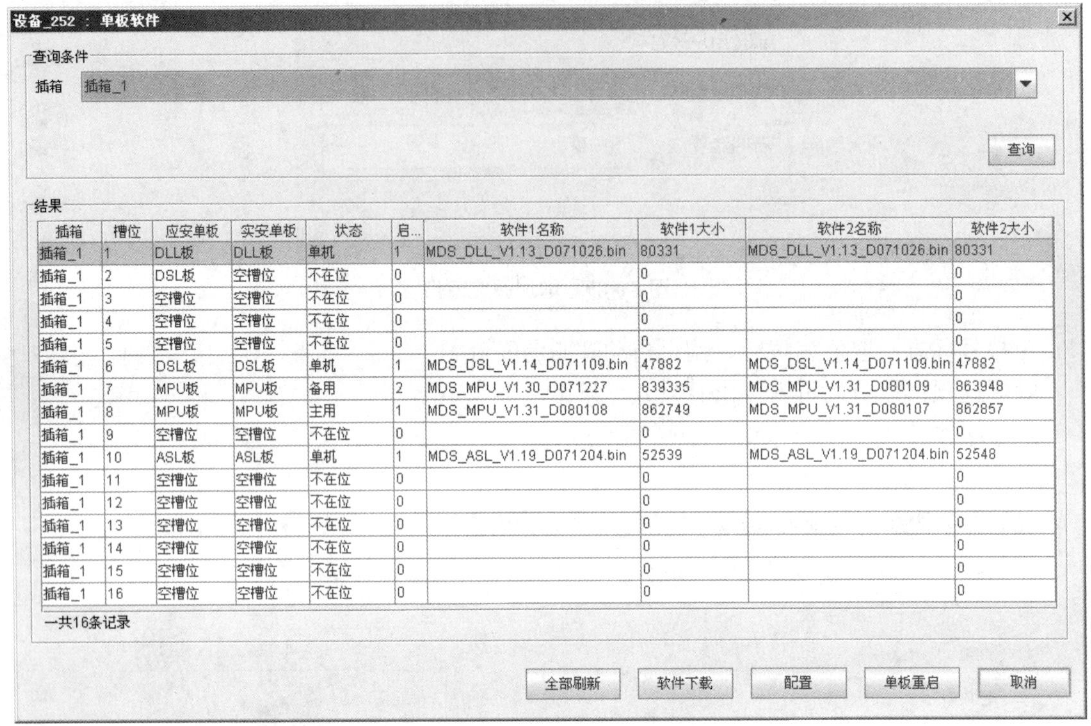

图 5－91　查询单板软件信息界面

单击【查询】，检测单板状态等信息。

单击【单板重启】，该单板重新启动，此时有可能使相关业务中断，须注意。软件下载界面如图 5－92 所示。

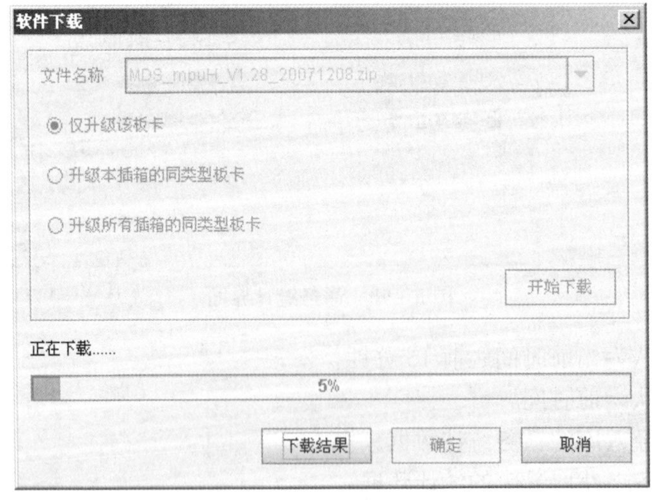

图 5－92　软件下载界面

可对单板软件批量升级（MPU 除外），单击【下载结果】，能查看各个单板的软件下载结果。“软件下载”的路径为：工程安装目录下的 RESOURCES\swimage，软件配置界面如图 5－93 所示。

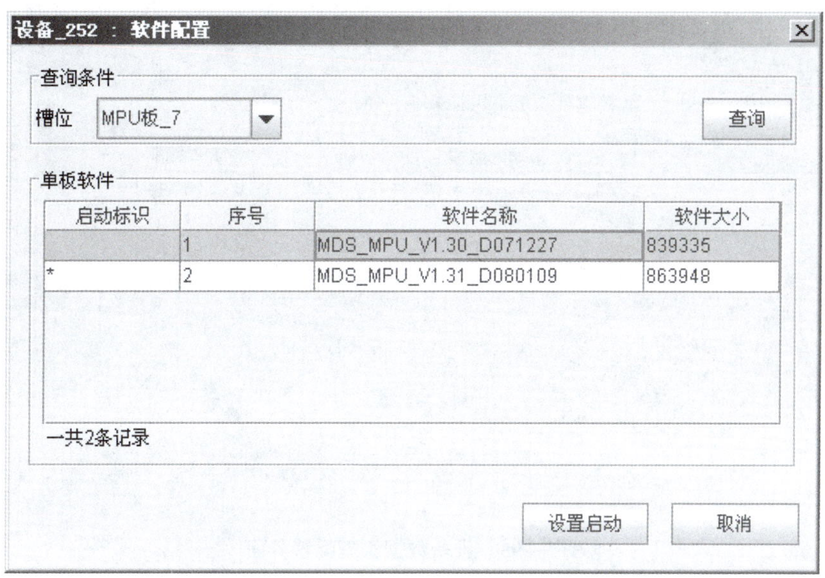

图 5－93　软件配置界面

设置软件启动标志，“*”表示下次系统启动的启动软件。

（2）语音下载。

语音软件下载界面如图 5－94 所示。

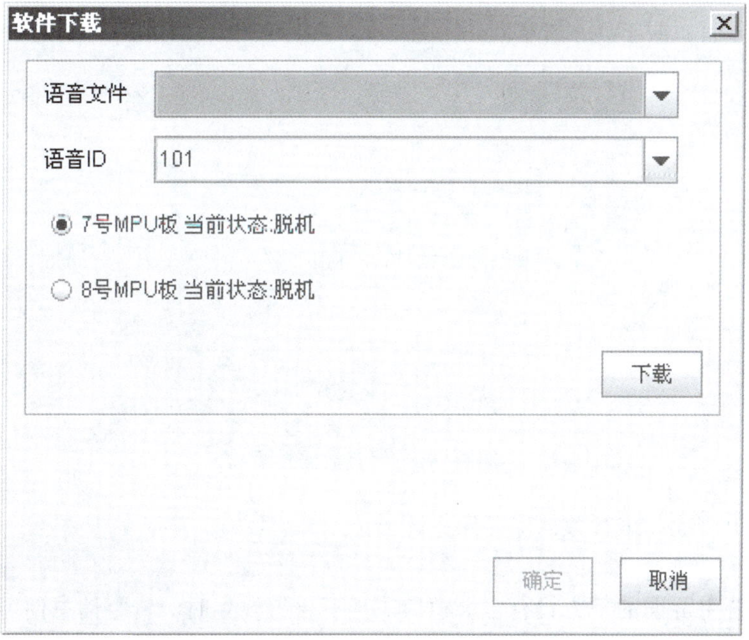

图 5－94　语音软件下载界面

语音软件下载的路径为：工程安装目录下的 RESOURCES\voice。

（3）数据维护。

实现对该层主控板的数据管理和状态显示。设备数据管理配置界面如图 5－95 所示。

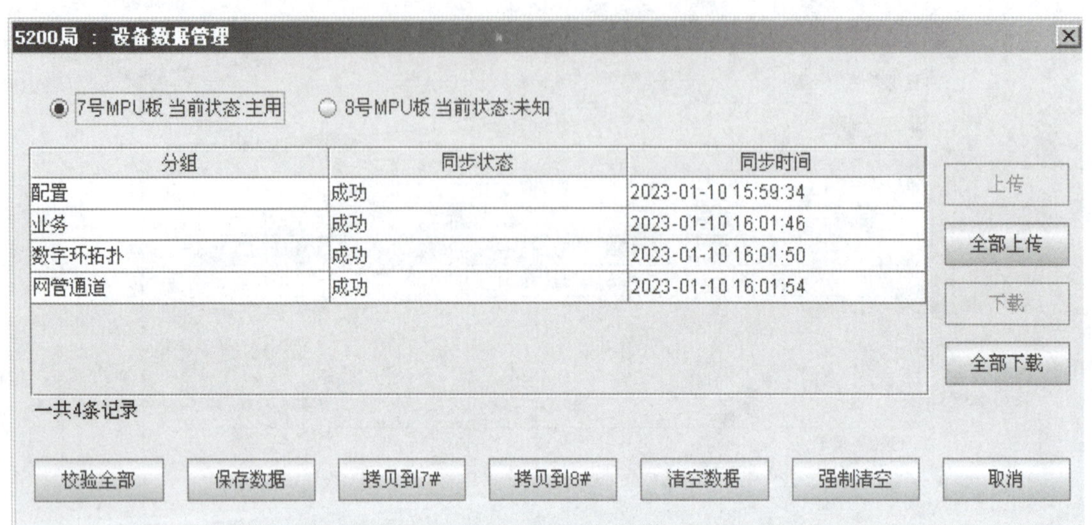

图 5－95　设备数据管理配置界面

单击【清空数据】，出现“是否清空设备侧数据”对话框，单击【确定】，系统清空设备侧数据。单击【全部上传】将数据库数据上传到相应主控板，单击【全部下载】将相应主控板数据下载到本地。上传和下载针对选中的每一个分组。“拷贝到 7#”表示将 8 槽位的主控板数据覆盖到 7 槽位主控板。

（4）保存数据。

保存数据界面如图 5－96 所示。

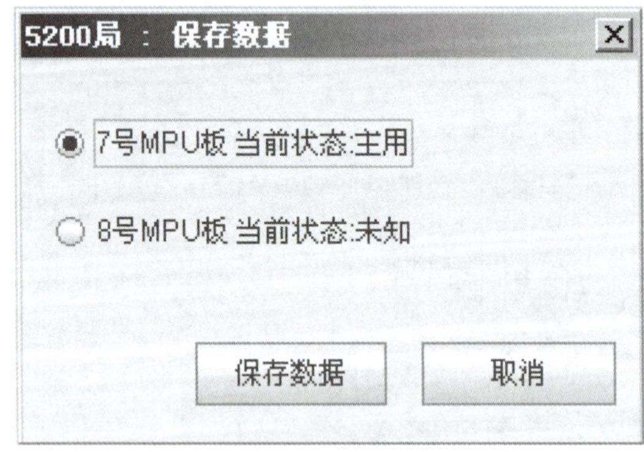

图 5－96　保存数据界面

选择相应主控板，进行数据保存操作。

2）故障处理

在网管系统主界面的下方设有告警窗口，当有告警发生时，告警信息便可以通过此窗口实时地反映出来，方便用户随时查看。故障管理界面如图 5－97 所示。

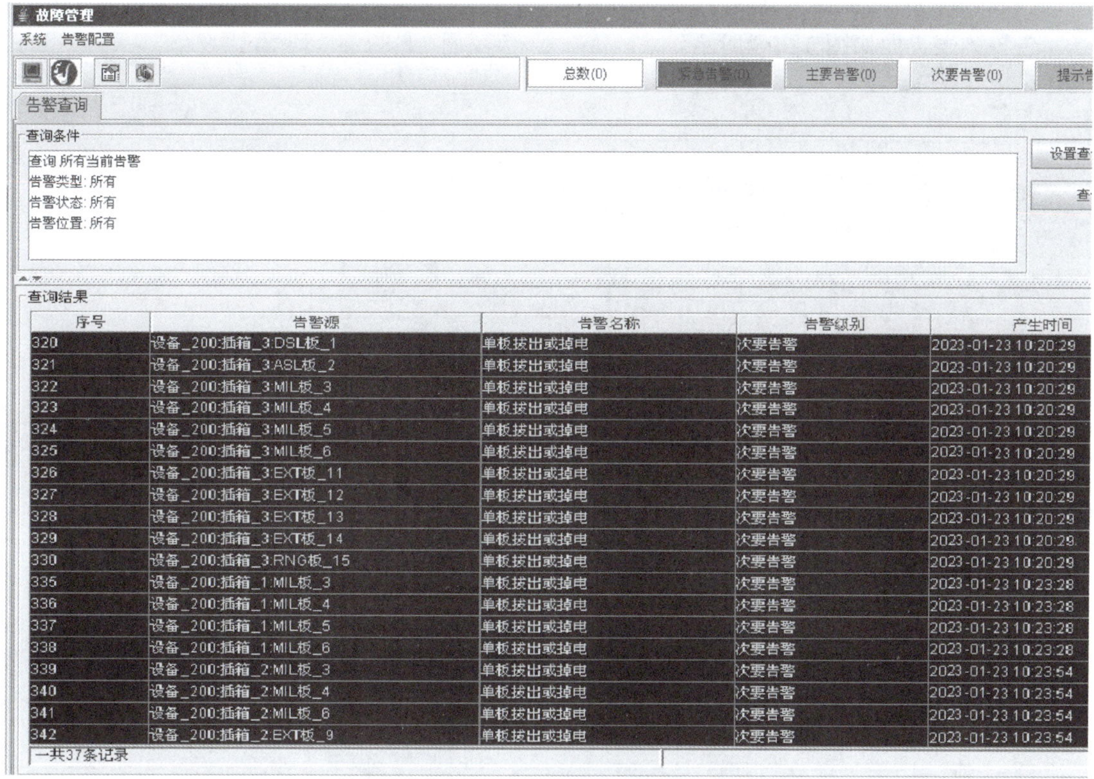

图 5-97　故障管理界面

告警记录查询可以根据告警类别和告警级别选择。

（1）告警类别。

设备告警：与设备硬件有关的告警。

通信告警：与传输状态有关的告警，如信号丢失、帧丢失、信号劣化、通信协议告警等。

维护告警：维护过程中人为操作失误告警，如数据错误等。

（2）告警级别。

紧急告警（Critical）：使业务中断并需要立即采取故障检修的告警。

主要告警（Major）：影响业务并需要立即采取故障检修的告警。

次要告警（Minor）：不影响现有业务，但需采取检修以阻止恶化的告警。

提示告警（Warning）：不影响现有业务，但有可能成为影响业务的告警，可视需要采取措施。

（3）告警状态。

未确认当前告警：用户尚未确认且未被清除的告警。

已确认当前告警：用户已确认且未被清除的告警。

未确认历史告警：用户尚未确认而已被清除的告警。

已确认历史告警：用户已确认且已被清除的告警。

通过选择可查询当前告警和历史告警。

（4）告警列表。

告警列表界面如图 5-98 所示。

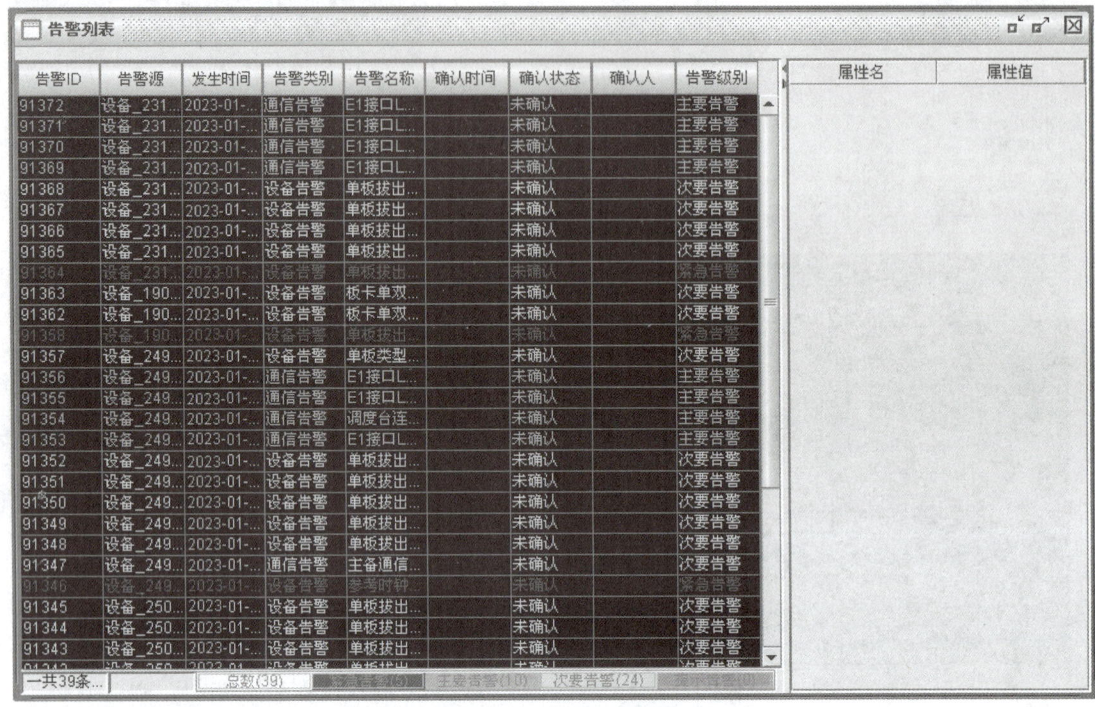

告警列表

告警ID	告警源	发生时间	告警类别	告警名称	确认时间	确认状态	确认人	告警级别
91372	设备_231...	2023-01-...	通信告警	E1接口L...		未确认		主要告警
91371	设备_231...	2023-01-...	通信告警	E1接口L...		未确认		主要告警
91370	设备_231...	2023-01-...	通信告警	E1接口L...		未确认		主要告警
91369	设备_231...	2023-01-...	通信告警	E1接口L...		未确认		主要告警
91368	设备_231...	2023-01-...	设备告警	单板拔出...		未确认		次要告警
91367	设备_231...	2023-01-...	设备告警	单板拔出...		未确认		次要告警
91366	设备_231...	2023-01-...	设备告警	单板拔出...		未确认		次要告警
91365	设备_231...	2023-01-...	设备告警	单板拔出...		未确认		次要告警
91364	设备_231...	2023-01-...	设备告警	单板拔出...		未确认		紧急告警
91363	设备_190...	2023-01-...	设备告警	板卡单双...		未确认		次要告警
91362	设备_190...	2023-01-...	设备告警	板卡单双...		未确认		次要告警
91358	设备_190...	2023-01-...	设备告警	单板拔出...		未确认		紧急告警
91357	设备_249...	2023-01-...	设备告警	单板类型...		未确认		次要告警
91356	设备_249...	2023-01-...	通信告警	E1接口L...		未确认		主要告警
91355	设备_249...	2023-01-...	通信告警	E1接口L...		未确认		主要告警
91354	设备_249...	2023-01-...	通信告警	调度台连...		未确认		主要告警
91353	设备_249...	2023-01-...	通信告警	E1接口L...		未确认		主要告警
91352	设备_249...	2023-01-...	设备告警	单板拔出...		未确认		次要告警
91351	设备_249...	2023-01-...	设备告警	单板拔出...		未确认		次要告警
91350	设备_249...	2023-01-...	设备告警	单板拔出...		未确认		次要告警
91349	设备_249...	2023-01-...	设备告警	单板拔出...		未确认		次要告警
91348	设备_249...	2023-01-...	设备告警	单板拔出...		未确认		次要告警
91347	设备_249...	2023-01-...	通信告警	主备通信...		未确认		次要告警
91346	设备_249...	2023-01-...	设备告警	参考时钟...		未确认		紧急告警
91345	设备_250...	2023-01-...	设备告警	单板拔出...		未确认		次要告警
91344	设备_250...	2023-01-...	设备告警	单板拔出...		未确认		次要告警
91343	设备_250...	2023-01-...	设备告警	单板拔出...		未确认		次要告警

一共39条... 总数(39) 主要告警(10) 次要告警(24)

属性名	属性值

图 5-98　告警列表界面

（5）告警铃音设置。

告警铃音设置界面如图 5-99 所示。

告警铃音设置

告警铃音设置

告警级别	振铃	声音文件 (*.wav)
紧急告警	☐	D:\AnyManager_V1.41_D080402\RESOURCES\sound\default1.wav
主要告警	☐	D:\AnyManager_V1.41_D080402\RESOURCES\sound\default2.wav
次要告警	☐	D:\AnyManager_V1.41_D080402\RESOURCES\sound\default3.wav
提示告警	☐	D:\AnyManager_V1.41_D080402\RESOURCES\sound\default4.wav

测试　确定　取消

图 5-99　告警铃音设置界面

单击振铃框可以给各种级别告警选择一个告警铃声。

（6）EMS 事件查询。

EMS 事件查询界面如图 5-100 所示。

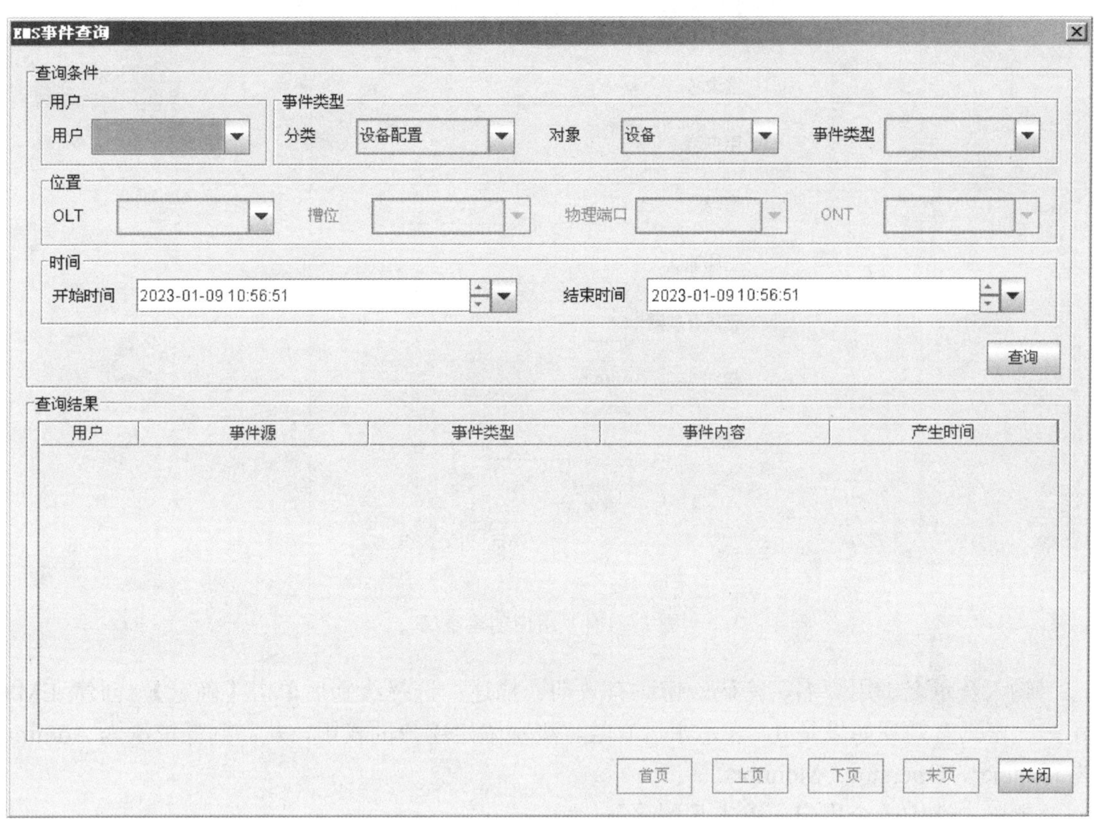

图 5－100　EMS 事件查询界面

为了防止用户的误操作，系统对各个用户在系统中执行的各种操作进行了详细的记录。授权用户可以对操作记录进行查询，并做进一步处理。查找到符合条件的操作日志后，可以将这些操作日志存储在外围存储器中，并可根据授权用户的命令对其进行删除操作。

查询操作日志。

用户可以根据给定条件对操作日志进行查询，查询的条件可以为：

——给定时间或时间段进行查询；

——给定用户进行查询；

——给定事件进行查询。

可以查询到的信息包括：

——操作时间；

——操作人；

——操作名称；

——操作结果（成功或失败）。

（7）安全管理。

管理 EMS 登录用户，包括登录用户的创建、删除、设置、修改密码、锁定/解锁功能。

刷新：单击【刷新】，重新刷新 EMS 用户信息。

创建：单击【创建】，打开创建窗口，如图 5－101 所示。

图 5－101　用户创建窗口

输入登录名、用户名、密码、密码有效期、描述；选择级别后单击【确定】，创建 EMS 用户，密码有效期如果是 0，表示永远有效。级别限定用户的权限，从高到低依次为 Admin、Maintainer、Operator、Monitor。

删除：选中一个用户，单击【删除】。

设置：单击【设置】，打开属性设置窗口，如图 5－102 所示。

图 5－102　属性设置窗口

锁定/解锁：选中一个 EMS 用户，如果选中的用户当前是锁定的，按钮显示“解锁”，如果选中的用户当前未被锁定，按钮显示的是“锁定”，按【锁定/解锁】可以允许或不允许此用户登录。

任务 5.5　案 例 分 析

5.5.1　案例一

2023 年 2 月 18 日 11 时 15 分，数调网管发出声光告警，某车站数调设备备用主控板（MPU）故障。经电务通信专业人员现场确认并更换主控板 MPU 后于 20 时 40 分设备正常使用。现将这次故障的情况分析汇报如下。

1. 故障概况

2023 年 2 月 18 日 11 时 15 分，网管工作人员通过数调网管发现某车站数调设备备用主控板（MPU）故障，网管中心值班人员 A 某于 11 时 18 分通知通信工区工长 B 某，并立即向车间及电务部相关领导汇报，通信工区工长 B 某、通信工 C 某于 20 时 10 分到该车站确认备用主控板（MPU）故障，并立即进行更换，备用主控板（MPU）于 20 时 45 分正常使用。

2. 影响情况

无。

3. 原因分析

主控板 MPU 元器件质量不达标，性能下降，造成板件不能正常工作。

4. 存在问题

由于电务设备备品备件少，材料计划所需的备品备件未到货，不能在各处所放置必备的备品备件，导致故障处理时间过长。

5. 整改措施

加强备品备件管理，对材料计划所需的备品备件，催促相关部门落实到货后，在各处所放置必备的备品备件，避免因无备品材料造成故障延时或事故的发生。

网管中心

2023 年 3 月 1 日

5.5.2　案例二

2023 年 1 月 15 日 14 时 45 分，传输网管发出声光告警，某终点站 FAS 台备用 E1 LOS 告警。经该终点段电务通信专业人员现场确认为 FAS 台备用 E1 南站通信机房 DDF 侧 2M 接口假焊导致，经工作人员现场重新焊接，于 16 时 30 分恢复正常。现将这次故障的情况分析汇报如下。

1. 故障概况及处理经过

2023 年 1 月 15 日 14 时 45 分，网管工作人员通过传输网管发现某终点站 FAS 台备用 E1 LOS 告警，网管中心值班人员 A 某于 14 时 48 分通知该终点站通信工区工长 B 某，并立即向车间及电务部相关领导汇报，该通信工区工长 B 某、通信工 C 某于 15 时 10 分到达南站，确认为南站 FAS 备用 E1 南站通信机房 DDF 侧 2M 接口假焊导致，并立即进行重新焊接，于 16 时 30 分恢复正常。

2. 影响情况

无。

3. 原因分析

工程建设遗留问题，2M 接口焊接工艺不过关，焊接点假焊导致某终点站 FAS 台备用 2M 接口无法正常使用。

4. 存在问题

由于该通信工区材料计划的焊锡未及时到货，其间协调其他专业调用焊锡，导致故障处理时间过长。

5. 整改措施

加强抢修材料管理，对材料计划所需的必要的抢修工具材料催促相关部门尽快落实到货，在各处所放置必备的抢修工具器材，避免因无抢修材料造成故障延时或影响行车设备的正常使用。

网管中心

2023 年 1 月 15 日

项目小结

本项目介绍了网络管理的基本情况、功能，管理通道的原理及数字调度交换系统的网管系统等方面的内容。通过学习，我们要了解网管的概念、功能，熟悉 CTT4000 网管系统的组成及功能，能对 MDS3400 网管系统进行设备配置、网元数据配置、调度台配置、设备维护。配置功能保证维护人员能正确、可靠、安全、迅速地完成交换机的配置，包括系统配置、局数据配置、用户数据配置、终端数据配置。系统提供脱机配置、数据库上载、数据库下载、清空数据库、备份数据库、恢复数据库、导出数据、导入数据等完善的数据库操作，也提供自动配置发现、数据复制、数据修改、联机配置、数据一致性检查、数据同步核对等操作，保证配置便捷、可靠、安全。

复习思考题

1. 什么是网络管理？
2. 网管的功能有哪些？
3. 简述 CTT4000 网管系统的组成。
4. 简述 CTT4000 网管系统的功能。
5. MDS3400 设备的网管名称是什么？
6. 怎样安装 MDS3400 网管系统？
7. 怎样在 MDS3400 网管系统上进行系统数据配置？
8. 怎样在 MDS3400 网管系统上进行局数据配置？
9. 怎样在 MDS3400 网管系统上进行用户数据配置？
10. 怎样在 MDS3400 网管系统上进行用户终端数据配置？

项目 6

数字调度通信系统维护、检修与故障分析

项目描述

本项目介绍 MDS3400 的环境、工作电源及地线要求，机房环境日常维护、日常运行状况维护、网管系统日常维护、日常例行维护等日常维护知识，还介绍了调度台、系统、数据、机柜部分、电源部分、地线部分、备品备件等月（季）度维护知识，对数字调度系统告警及处理，故障处理经验及参考举例也做了叙述。通过学习，我们能对系统故障进行分析、排查、处理。

拟实现的教学目标

能力目标

具备对 MDS3400 进行日常维护的能力；具备对调度台、系统、数据、机柜部分、电源部分、地线部分、备品备件等进行月（季）度维护的能力；具备对数字调度通信系统告警的分析及处理能力；具备对数字调度设备硬件故障的分析及处理能力。

知识目标

了解 MDS3400 的工作环境、电源及地线的要求；清楚数字调度通信系统日常维护的工作内容；学会数字调度通信系统季度维护的内容及操作过程；知道数字调度通信系统告警内容及处理方法；能对数调设备硬件故障进行分析和处理。

素质目标

培养面向国家铁路、地方铁路、城市轨道交通、工程公司、通信设备工厂等企事业单位，在生产、建设、管理、服务第一线，具有较强的铁路通信设备基本结构、工作原理、技术条件、维护标准、施工工艺等专业技术理论知识，较强的计算机、相关工程技术应用能力和较强的铁路通信设备安装、调试、日常养护、故障处理及检（维）修等实践技能，具有良好职业道德和职业生涯发展基础，具备较强岗位实践能力及新技术学习应用能力的高端技能型专门人才。

相关案例

2023 年 1 月 9 日 8 时 13 分某车站值班员发现站值班台不能正常使用，后车站值班员 A 于 8 时 15 分通知该车站管辖范围内通信工区工长 B，并立即向车间及电务部相关领导汇报，

通信工区工长B进行故障现象的询问和分析，最终确定为线路故障，通信工区工长B、通信工C于9时10分到故障所在站，经测试再次确认为线路故障，并立即进行抢修，车站值班台于10时30分正常使用。如果发生此类故障，车站值班员将不能和上下行车站值班员、列车司机及调度员进行实时通信，非常危险。通过学习，我们应能对此类故障进行处理，尽可能缩短故障时间，保证列车安全稳定工作。

任务6.1　基 本 要 求

6.1.1　环境要求

工作温度：　0～45 ℃　　　　存储温度：　－5～50 ℃

工作湿度：　40%～70%　　　　存储湿度：　20%～90%

大气压力：　70～106 kPa

环境噪声：≤60 dB（A）

空气洁净度：直径大于5 μm灰尘的浓度≤3×104粒/m^3，灰尘应为非导电、非腐蚀、非导磁的电磁干扰，场强≤140 dBμV/M，频率范围0.01～110 000 MHz。

6.1.2　工作电源及地线

电压标称值：－48 V

电压波动范围：－40～－57 V

电源杂音：衡重电压杂音计测，≤2.5 mV

功率：单插箱功率：≤300 W

主控板：≤15 W

铃流板：≤40 W

数字中继板：≤8 W

扩展板：≤2 W

驱动板：≤3 W

U口板：≤4 W

共电板：≤20 W（全摘机）

多功能板：≤5 W

数据板：≤5 W

供电接地要求如下。

接地方式：主电源正极（直流电源供电）接地，机箱外壳体接地。

接地电阻：工作地线（电源地线）≤4 Ω

保护地线（机壳接地）≤4 Ω

过压保护及过流保护：设备内设有二级过压及过流保护。

6.1.3　一般要求

数字调度通信系统的维护主要依靠网管进行。网管值班人员应该熟悉网管的操作，具备相应的维护能力，现场维护人员必须在网管的指导下进行日常维护作业和故障处理。

数字调度通信系统的日常维护应以网管监测为主、现场巡视为辅。在备品备件得到保证的基础上，采取日常维护与集中检修相结合的维修方式。

6.1.4　维护作业要求

建立告警日分析制度，每班对网管告警进行分析，做出结论写入交班日志，对惯性告警应向上级主管部门汇报并积极组织查找。

调度机械室值班人员应实时观察网管情况，监视设备运行状态。重点查看系统工作状态、数字环状态及历史告警信息。发现设备运行状态异常时，及时进行处理，必要时通知相关维护部门配合，对各种影响用户业务的非正常状态要做到早发现、早处理。

铁路局所在地调度机械室每月通过网管进行一次数字环通道保护试验，每半年进行一次通道保护人工切换试验。

各级维护单位要建立适合本单位的调度通信应急预案，根据网络变化和业务发展情况，随时修订和补充。

在自然灾害、防汛或重要繁忙运输任务等情况下，应加强设备检查，强化网管监控和设备巡视工作。

检修工作应安排在天窗时间，减少对运输通信的干扰。在日常检修中，应加强与用户的联系，检修后应对运用功能进行全面的试验。

任务 6.2　日常维护项目

本任务介绍机房环境日常维护、日常运行状况维护、网管系统日常维护、日常例行维护等内容。

维护工具：万用表；工具包（一字螺丝刀、十字螺丝刀、烙铁、焊锡、尖嘴钳、偏口钳）；卡刀；压钳；两条 2M 自环头（用于数字板自环测试）；带两种测试头的手把器电话。

6.2.1　机房环境日常维护

机房环境日常维护项目、操作指导及参考标准如表 6－1 所示。

表 6－1　机房环境日常维护项目、操作指导及参考标准

机房环境日常维护项目	操作指导	参考标准
环境状况	查看机房环境告警，包括供电系统、火警、烟尘等	应一切正常，无外部告警产生
	查看机房的防盗网、门、窗等设施是否完好	防盗网、门、窗等设施应完好无损

续表

机房环境日常维护项目	操作指导	参考标准
温度状况	观测机房内温度计指示	可在短期正常运行的机房，环境温度在 5～40 ℃之间为正常，可在长期正常运行的机房，环境温度范围为 15～30 ℃，否则为不正常
湿度状况	观测机房内湿度计指示	可在短期正常运行的机房，湿度在 20%～85%之间为正常，可在长期正常运行的机房，湿度范围为 30%～65%，否则为不正常
防尘状况	观察机房内设备外壳、设备内部、地板、桌面	所有项目都应干净、整洁，无明显尘土附着，其中一项不合格时为防尘状况差

6.2.2 日常运行状态维护

日常运行状态维护项目、操作指导及参考标准如表 6－2 所示。

表 6－2 日常运行状态维护项目、操作指导及参考标准

日常运行状态维护项目	操作指导	参考标准
检查主控板的状态	检查主控板 ACT、RUN、MOD 指示灯	2 个都为主或 2 个都为备用则为故障；RUN 灯闪正常；MOD 灯应符合设置状态
检查各单板的状态	检查各单板的 ACT、RUN、COM、ALM 指示灯	主用单板 ACT 应亮；RUN 灯闪正常；COM 灯应亮；ALM 灯应灭

6.2.3 网管系统日常维护

网管系统日常维护项目、操作指导及参考标准如表 6－3 所示。

表 6－3 网管系统日常维护项目、操作指导及参考标准

网管系统日常维护项目	操作指导	参考标准
显示网管系统运行状态	检查网管系统与设备的连接状态	应显示连接正常
告警记录查询	检查网管系统告警窗口显示的告警信息	告警状态指示正常，应无多余告警
操作记录查询	可在网管系统操作记录窗口根据条件对所有的操作记录进行浏览和查看	查询结果与实际情况相符，并能打印

6.2.4 日常例行维护

日常例行维护项目及操作指导如表 6－4 所示。

表 6－4　日常例行维护项目及操作指导

日常例行维护项目	操作指导
电源情况	检查电源是否有断路现象等
运行情况	检查设备运行是否正常
工具仪表及资料	清点工具仪表和维护用的资料，不应有短缺和损坏，否则应作出说明
值班内容	对本班的工作总结。对本班发现的故障和上一班遗留故障的描述及处理方法
遗留问题	对本班未能解决的故障的详细描述和解决的程度，故障的严重性描述
班长核查	班长对本班交接工作进行再核查，使工作正常进行和故障顺利解决，保证机房正常运行

任务 6.3　月（季）度维护项目

本任务介绍调度台、系统、数据、机柜部分、电源部分、地线部分、备品备件等月（季）度维护的内容。

6.3.1　终端系统月（季）度维护

终端系统月（季）度维护项目、操作指导及注意事项如表 6－5 所示。

表 6－5　终端系统月（季）度维护项目、操作指导及注意事项

终端系统月（季）度维护项目	操作指导	注意事项
设备表面清洁	包括主机、触摸屏、键盘、鼠标、耳机等	制定严格的操作规程，避免误动开关或接触电源
调度台呼叫测试	呼叫用户	能正常通话

6.3.2　系统月（季）度维护

系统月（季）度维护项目、操作指导、注意事项如表 6－6 所示。

表 6－6　系统月（季）度维护项目、操作指导、注意事项

系统月（季）度维护项目	操作指导	注意事项
设备表面清洁	包括机架、维护桌面等	制定严格的操作规程，避免误动开关或接触电源
计算机病毒检查	使用正版杀毒软件，确保计算机无病毒感染	定期升级计算机杀毒软件

6.3.3 数据月（季）度维护

数据月（季）度维护项目、操作指导如表 6－7 所示。

表 6－7 数据月（季）度维护项目、操作指导

数据月（季）度维护项目	操作指导
数据备份	参见《MDS3400 调度指挥系统网管使用手册》

6.3.4 机柜部分月（季）度维护

机柜部分月（季）度维护项目及参考标准如表 6－8 所示。

表 6－8 机柜部分月（季）度维护项目及参考标准

机柜部分月（季）度维护项目	参考标准
机柜风扇检查	风扇单元运转良好，无异常声音（如叶片接触到箱体发出的声音）
机柜清洁检查	机柜表面清洁、机框内部灰尘不得过多等。平常应关闭机柜的前后门

6.3.5 电源部分月（季）度维护

电源部分月（季）度维护项目、操作指导及参考指标如表 6－9 所示。

表 6－9 电源部分月（季）度维护项目、操作指导及参考指标

电源部分月（季）度维护项目	操作指导	参考指标
电源线连接	仔细检查各电源线连接	连接安全、可靠；电源线无老化，连接点无腐蚀

6.3.6 地线部分月（季）度维护

地线部分月（季）度维护项目、操作指导及参考标准如表 6－10 所示。

表 6－10 地线部分月（季）度维护项目、操作指导及参考标准

地线部分月（季）度维护项目	操作指导	参考标准
地线连接	检查各地线、局方地线排连接是否安全、可靠	各连接处安全、可靠，连接处无腐蚀；地线无老化；地线排无腐蚀，防腐蚀处理得当
地阻测试记录	用地阻仪测量地阻并记录	联合接地≤1 欧姆

6.3.7　备品备件月（季）度维护

备品备件月（季）度维护项目及操作指导如表 6－11 所示。

表 6－11　备品备件月（季）度维护项目及操作指导

备品备件月（季）度维护项目	操作指导
备品备件检查	清查备品备件库，必需的备品和备件应无短缺和损坏，否则应该申请购买

任务 6.4　设 备 检 修

6.4.1　调度交换机检修

1. 调度交换机检修要求

1）检修工具、仪表、材料

工具：毛刷、清洁工具、手风器、卡线器、组合工具等。

仪表：数字万用表、2M 误码测试仪、电平表、振荡器、测试电话机等。

材料：尼龙绑扎带、绝缘胶布。

2）安全操作事项

（1）作业前与网管（调度）联系，同意后方可进行，不得超范围作业。

（2）各种工器具裸露金属部位做绝缘处理。

（3）作业人员严禁佩戴戒指、手表等金属饰品。

（4）作业时须佩戴防静电手镯。

（5）按照规定双人操作，防止误操作。

（6）进行检修作业时，不得将异物坠入设备机架内部。

（7）清扫有开关的单板表面时，不得碰触开关。

（8）检查、调整 2B+D 线时不能中断值班台使用。需要中断值班台使用时要提前确认备用前台能正常使用。

（9）整理缆线时，防止扯拉。布放或拆除缆线时，不得交叉，裸露金属部分应做绝缘处理。

2. 数字调度交换机日常检修

数字调度交换机日常检修的项目、内容、标准及要求如表 6－12 所示。

表 6-12　数字调度交换机日常检修的项目、内容、标准及要求

项目	工作内容、标准及要求	图例及说明
1. 设备巡检：运行指示灯、告警指示灯（调度所交换机）	（1）一日 2 次巡检，查看设备运行指示灯和告警指示灯。 （2）查看设备机柜及面板指示灯状态，如有告警信息及时进行处理	
2. 网管巡视：告警实时监控、分析、处理 （调度所交换机）	（1）每 2 h 检查系统工作状态、数字环状态、历史告警信息。 （2）及时确认产生的告警信息，并处理。 （3）对未消除的告警信息进行分析处理，填写告警处理登记本	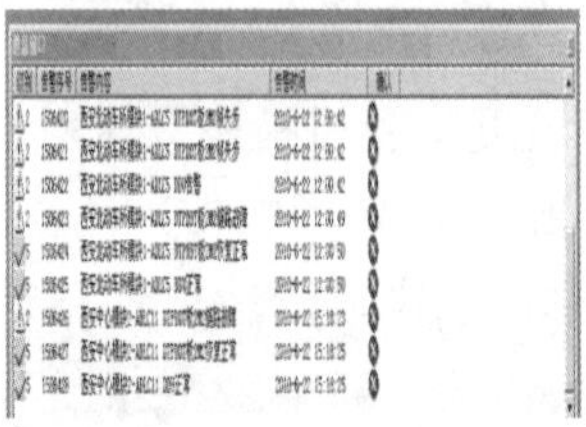
3. 数据核对备份、无效数据清理	（1）将系统配置数据和台账进行核对，保持核对结果一致，配置数据符合规范。 （2）进入网管数据备份菜单，选择需备份的数据项目，进行数据备份。 （3）将数据备份至创建好的文件夹中。 （4）清理无效数据及告警信息	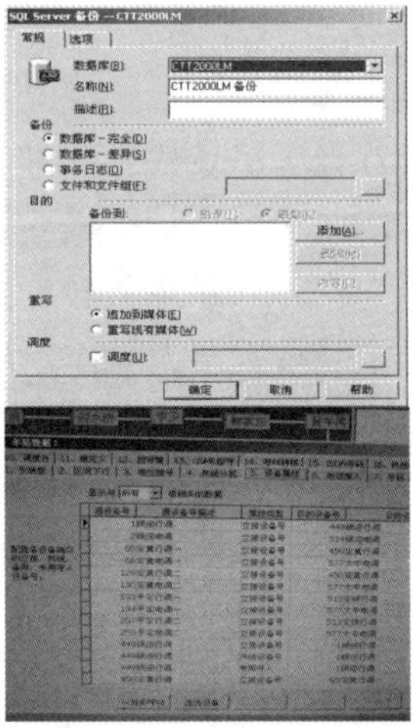
4. 设备外部清扫及缆线检查 （调度所交换机）	（1）正确佩戴防静电手镯（绝缘手套）。 （2）确认柜门开闭良好。 （3）清理检查机柜，确认无异物。 （4）使用毛刷、干燥的软布，按照“由上而下、由内向外”的顺序进行设备清扫作业	

续表

项目	工作内容、标准及要求	图例及说明
5. 网管及设备时间核对调整（调度所交换机）	（1）网管时间核对，确认网管时间设置为提取时间同步系统时间。 （2）校对调度台时间	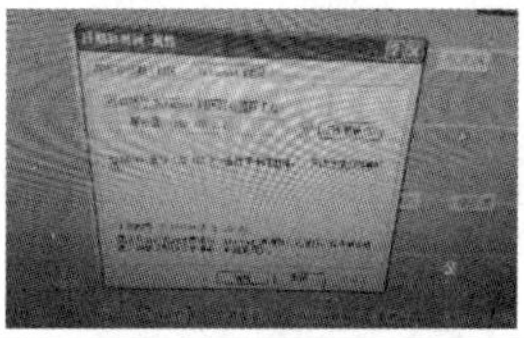
6. 时间核对调整	利用网管校对车站调度交换机时间	车站调度交换机项目，由网管完成 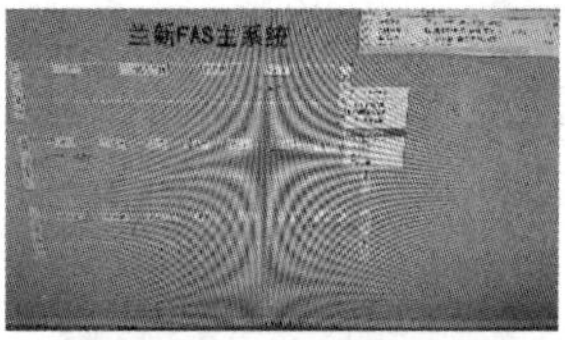
7. 检查防尘滤网、风扇，进行清洁或更换（调度所交换机）	（1）确认风扇开关在开启状态。 （2）查看风扇运行状态，确认无异响，转动正常。 （3）查看风扇滤网有无破损和积灰	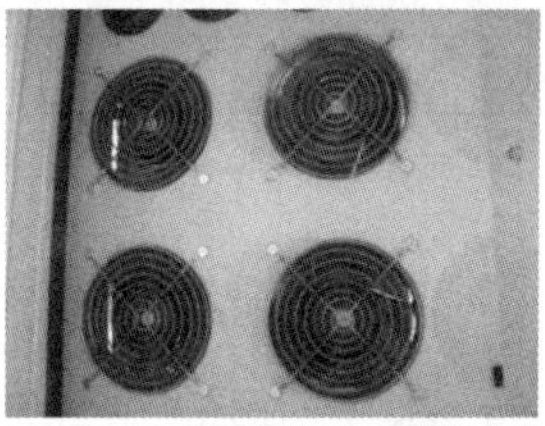
8. 设备时钟跟踪状态检查（调度所交换机和车站交换机，由网管完成）	（1）查看时钟接入 30B+D 板状态，检查是否设置为提取外时钟。 （2）检查 30B+D 及 DTP、DTU 板状态是否正常。 （3）提取车站调度交换机系统时间，检查其与调度所交换机的同步情况	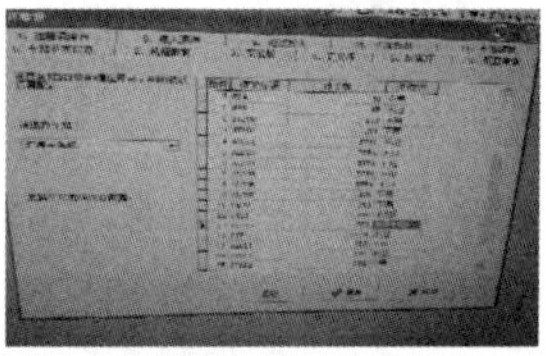
9. 设备外部清扫（车站交换机）	（1）正确佩戴防静电手镯（绝缘手套）。 （2）确认柜门开闭良好。 （3）清理检查机柜，确认无异物。 （4）使用毛刷、干燥的软布，按照“由上而下、由内向外”的顺序进行设备清扫作业	有人值守机房为季检，无人值守机房为年检 
10. 附属设备及缆线检查（车站交换机）	（1）正确佩戴防静电手镯（绝缘手套）。 （2）检查引入线、配线是否整齐合理，确保无破损，卡接良好，接头未松动，线缆弯曲半径符合标准。 （3）确保各零部件坚固、完整无缺，机架内外金属器件无锈蚀	有人值守机房为季检，无人值守机房为年检 

续表

项目	工作内容、标准及要求	图例及说明
11. 检查防尘滤网、风扇，进行清洁或更换（车站交换机）	（1）确认风扇开关在开启状态。 （2）查看风扇运行状态，确认无异响，转动正常。 （3）查看风扇滤网有无破损和积灰	有人值守机房为季检，无人值守机房为年检 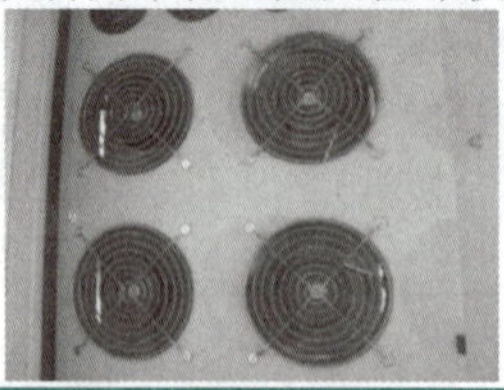

3. 数字调度交换机集中检修

数字调度交换机集中检修的项目、内容、标准及要求如表 6－13 所示。

表 6－13　数字调度交换机集中检修的项目、内容、标准及要求

项目	工作内容、标准及要求	图例及说明
1. 电源电压测试	在设备电源输入端，将万用表置于直流电压挡，测量设备电源端子 －48 V 和 GND 间的电压，填写测试记录	
2. 电源板（PWR）主备倒换试验	（1）按照批准计划，作业前与网管（调度）联系，经同意并现场确认主、备用电源板状态良好后，方可进行切换。 （2）在网管监控下，依次关闭主用电源板的 LL 开关、±5 V 开关，自动切换至备用电源板供电，并与网管确认业务正常。 （3）切换成功后，依次开启主用电源板的±5 V 开关、LL 开关，恢复至主用电源板供电，并与网管确认业务正常	佳讯公司设备无电源板，交换机接有主备用两路电，机柜顶部有两路电的空开可进行切换 
3. 主控板主备用倒换试验	（1）按照批准计划，作业前与网管（调度工区）联系，经同意并现场确认主、备用主控板状态良好后，方可进行切换。 （2）利用网管切换至备用控制板工作，并确认业务正常。 （3）利用网管切换回主用控制板工作，并确认业务正常	
4. 数字环板主备用倒换试验	（1）按照批准计划，确认主、备用 DTU（DTP）板均良好后方可进行试验。 （2）确认备用数字板承载业务运行正常。 （3）倒回主用数字板，确认业务运行正常	佳讯公司设备为 DLL 板 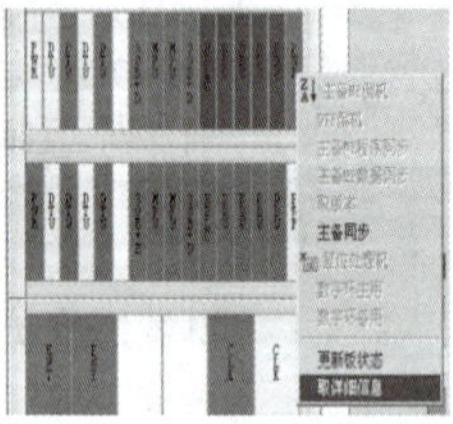

续表

<table>
<tr><th>项目</th><th>工作内容、标准及要求</th><th>图例及说明</th></tr>
<tr><td>5. 数字环环头、环尾人工切换试验</td><td>（1）在网管查看相应数字环通道，应无告警。
（2)在 DDF 架上断开上行方向 2M 通道，进行数字用户呼叫试验。
（3）恢复上行 2M 通道，与网管确认无告警后，在 DDF 架上断开下行方向 2M 通道，进行数字用户呼叫试验。
（4）恢复下行方向 2M 通道并与网管确认无告警</td><td>现场车间提报天窗计划
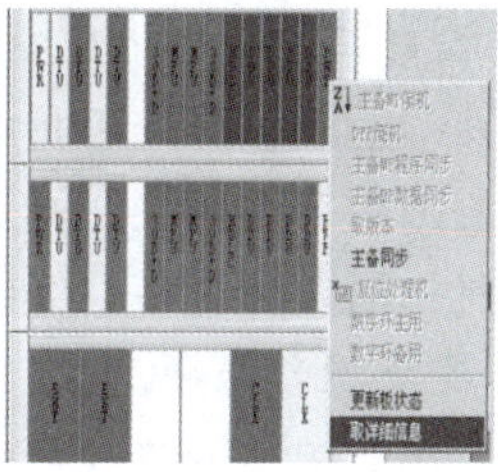
</td></tr>
<tr><td>6. 地线测试、保安单元调整检查（雷雨季前进行）</td><td>（1）确认电源柜保安单元工作正常，地线安装螺丝紧固、未松动，连接线未破皮。
（2）利用地线测试仪测试地线阻值。
（3）测试结合春检、秋鉴工作进行。
（4）对不合格地线进行整治</td><td><table><tr><th>机房分类</th><th>工作接地</th><th>保护接地</th></tr><tr><td>一类机房</td><td><1Ω</td><td><1Ω</td></tr><tr><td>二类机房</td><td><3Ω</td><td><5Ω</td></tr><tr><td>三类机房（当土壤电阻率大时可到 15Ω）</td><td><5Ω</td><td><10Ω</td></tr></table></td></tr>
<tr><td>7. 干线、局间、区段调度电路主备冗余通道试验（调度所交换机）</td><td>调度所交换机：局间 FAS 互联电路、MSC 互联电路、干线调度电路主备用通道切换试验</td><td>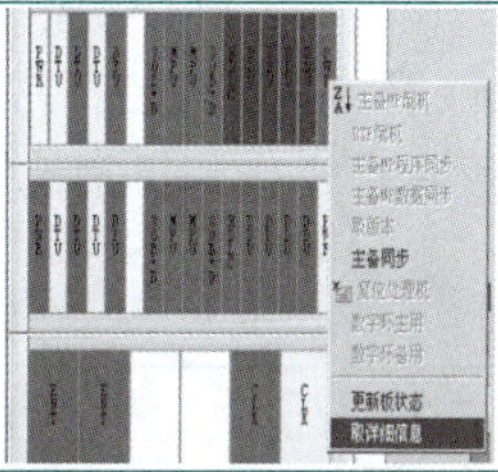
</td></tr>
<tr><td>8. 主备调度所交换机切换试验（调度所交换机）</td><td>（1)断开主用 FAS 交换机的 Fa 接口中继板，进行呼叫试验，包括手机呼叫调度台和各值班台，调度台、值班台呼叫手机，调度台、值班台之间的呼叫及组呼，主用中继板恢复后，检查确认倒回主用主系统。
（2）同时拔掉主用 FAS 交换机的主、备用控制板，进行呼叫试验，包括手机呼叫调度台和各值班台，调度台、值班台呼叫手机，调度台、值班台之间的呼叫及组呼，主用 FAS 控制板全部恢复后，检查确认倒回主用主系统</td><td>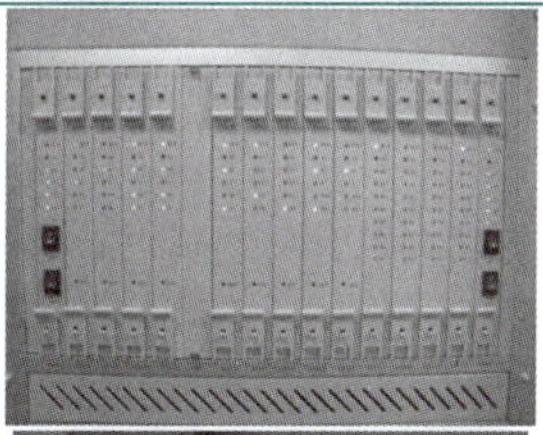
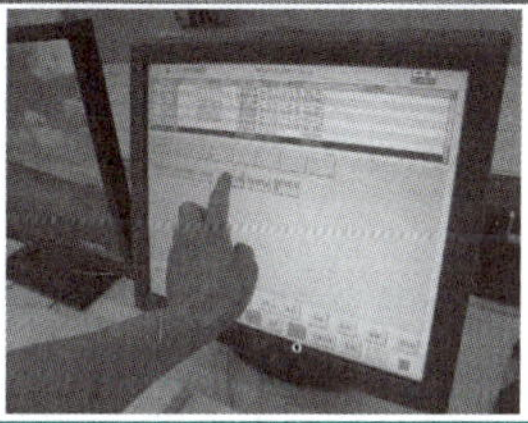</td></tr>
</table>

4. 数字调度交换机重点检修

数字调度交换机重点检修的项目、内容、标准及要求如表 6－14 所示。

表 6－14 数字调度交换机重点检修的项目、内容、标准及要求

项目	工作内容、标准及要求
1. 整机清扫、检查更换部件	对检查中发现的影响设备整机运行的部件进行更换和清洁
2. 检查、调整、更换配线电缆和用户线	对检查中发现的影响使用的配线电缆和用户线进行调整和更换

6.4.2 调度台、操作台

1. 调度台、操作台检修要求

1）检修工具、仪表、材料

工具：毛刷、清洁工具、组合工具等。

仪表：数字万用表、测试电话机等。

材料：尼龙绑扎带、绝缘胶布。

2）安全操作事项

（1）作业前与网管（调度）联系，同意后方可进行，不得超范围作业。

（2）各种工器具裸露金属部位做绝缘处理。

（3）整理缆线时，防止扯拉。布放或拆除缆线时，不得交叉，裸露金属部分应做绝缘处理。

（4）检查、调整 2B+D 线时不能中断值班台使用。需要中断值班台使用时要提前确认备用前台能正常使用。

（5）调度台、操作台更换后需联系网管进行业务确认。

2. 调度台、操作台日常检修作业

调度台、操作台日常检修作业的项目、内容、标准及要求如表 6－15 所示。

表 6－15　调度台、操作台日常检修作业的项目、内容、标准及要求

项目	工作内容、标准及要求	图例及说明
1. 用户访问	（1）了解调度员、车站值班员使用设备情况，对反映的问题进行记录和处理。 （2）调度台每日两次，操作台每月一次	
2. 设备巡视	（1）确认按键台或触摸屏外观完好，按键功能良好，触摸屏点触灵敏。 （2）用户使用正常，通话声音清晰无杂音	注意：调度台每日巡视两次，操作台每月巡视一次
3. 设备表面清扫、麦克风及连线检查	（1）使用清洁工具对设备进行清扫。 （2）确认麦克风、手柄使用正常。 （3）确认 2B+D 连接头未松动。 （4）确认触摸屏电源线连接牢固	

续表

项目	工作内容、标准及要求	图例及说明
4. 设备状态、按键灵敏度、时间显示等的检查和调整	（1）各零部件坚固、完整无损，按键动作准确灵活。 （2）话筒、音箱、耳机绳等软线表皮未破损，芯线未损伤。 （3）查看显示屏时钟与 TDCS 时间是否一致。 （4）显示屏良好，无乱码、损坏，各按键灵敏，弹性良好，未破损	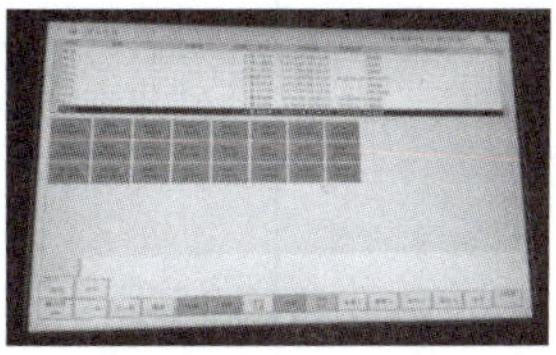
5. 主备通道（双接口）、主辅通道呼叫、通话、切换试验	（1）具有双 2M 接口的触摸屏进行 2M 主备通道切换通话试验。 （2）用麦克风讲话时，按下设备台面主辅键切换到手柄，提起手柄可进行通话。主辅通道切换及通话正常	
6. 调度业务、区间业务、站间业务、站场业务呼叫通话试验	对设备上相应用户依次进行呼入、呼出通话试验，填写试验记录	有人值守机房为季检。 无人值守机房为年检
7. 应急分机通话试验（含呼入、呼出）	（1）断开设备 2B+D 口连线，切换到应急分机，摘机按照设备标签对应的键号（FAS 应急分机直接拨对方 ISDN 号码）进行呼入、呼出试验。 （2）试验完毕，连接 2B+D 口连线，切换到调度台、操作台运用状态，确认运行正常	 
8. 标签核对、更新	（1）确认调度台、操作台面板按键及附属缆线标签字迹清楚、正确，未破损。 （2）确认显示屏呼叫用户、机车类型等数据未缺漏	

3. 调度台、操作台集中检修作业

调度台、操作台集中检修作业的项目、内容、标准及要求如表 6－16 所示。

表 6 – 16　调度台、操作台集中检修作业的项目、内容、标准及要求

项目	工作内容、标准及要求	图例及说明
1. 保安装置及地线测试、检查、调整（雷雨季前进行）	（1）触摸屏主机接有地线的需确认地线无破皮现象，若有及时处理。 （2）确认触摸屏主机后部保险管正常	
2. 整机清扫、检查、修理，更换部件	（1）插接件接触良好，活动部分无严重磨耗，完整无缺，按键动作准确灵活。 （2）确认设备各部连接线整齐、连接牢固。 （3）对不达标的整机及零部件进行更换。 （4）对操作台的音量、屏幕亮度等进行检查、调整	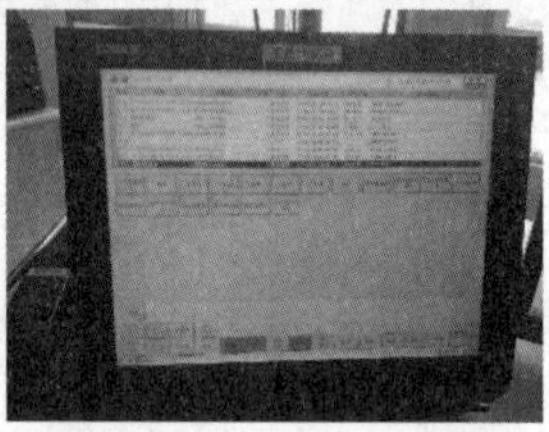 注意：更换车站操作台后必须联系调度工区加载数据
3. 检查、调整或更换麦克风	确认话筒及麦克风运用良好，无杂音或断音，音量适中无啸叫	
4. 呼叫通话、通话记录与查询、开机自检等主要功能试验	（1）对所有用户进行呼叫通话试验，确保声音清晰，呼叫准确。 （2）确保录音设备录音状态正常。 （3）重启 CTT4000 触摸屏调度台主机，确认主机开机状态正常	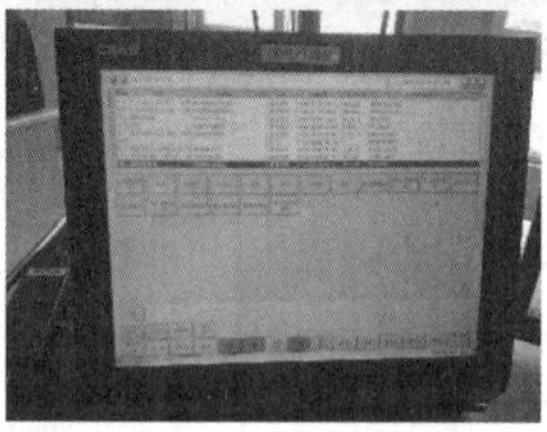

6.4.3　语音记录仪

1. 语音记录仪检修要求

1）工具、仪表、材料

工具：毛刷、清洁工具、组合工具等。

仪表：测试电话机等。

材料：尼龙绑扎带、绝缘胶布。

2）安全操作事项

（1）作业前与网管（调度）联系，同意后方可进行，不得超范围作业。

（2）各种工器具裸露金属部位做绝缘处理。

（3）整理缆线时，防止扯拉。布放或拆除缆线时，不得交叉，裸露金属部分应做绝缘处理。

2. 语音记录仪日常检修

语音记录仪日常检修的项目、内容、标准及要求如表 6－17 所示。

表 6－17　语音记录仪日常检修的项目、内容、标准及要求

项目	工作内容、标准及要求	图例及说明
1. 设备表面清扫、状态检查	（1）使用毛刷、干燥的软布对记录仪表面浮土进行清扫。 （2）确认记录仪工作状态正常。 （3）摘机后记录仪显示正在录音状态	
2. 缆线及连接部件检查	（1）确认引入线、配线整齐合理，未破损，卡接良好，接头未松动，线缆弯曲半径符合标准。 （2）确认录音仪各插接件、引线及电源线连接牢固、未松动	
3. 日期、时间核对调整	网管人工核对调整，时间误差小于 30 s	
4. 调听试验	有录音仪的网管依网管调听，未纳入网管的本地电话调听。 （1）录放音试验，音质清晰。 （2）选择时段进行调听，查询时长在 6 s 内。	
5. 标签核对、更新	（1）确认记录仪设备及缆线标签字迹清楚、正确，未破损。 （2）对调整后的录音通道、配线端子标签及时进行更新	
6. 记录仪显示功能（待机状态、录音状态、播放记录状态）检查	（1）检查记录仪待机状态：确保电源及运行指示灯状态正常。 （2）录音电话或操作台摘机通话后显示录音状态。 （3）录音播放时能正确显示录音时段	有人值守机房为季检，无人值守机房为年检
7. 记录仪告警功能试验	检查记录仪待机状态：确保电源及运行指示灯状态正常	有人值守机房为季检，无人值守机房为年检

续表

项目	工作内容、标准及要求	图例及说明
8. 录音文件检查、整理	有录音网管的机械室或工区每季度对历史录音文件进行整理、检查，并记录录音时段	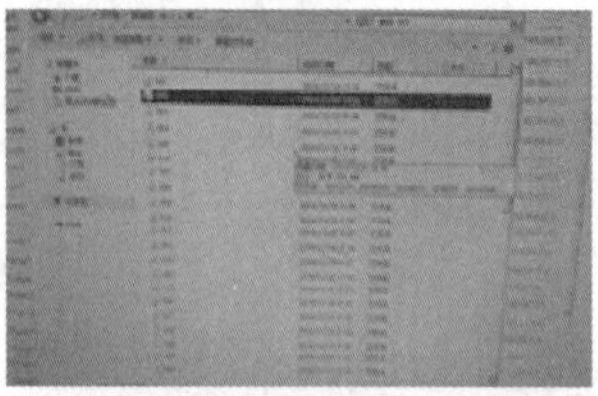
9. 地线测试、检查、调整（雷雨季前进行）	（1）确认录音仪所在机柜地线无破皮现象，若有及时处理。 （2）地线与机柜连接处进行紧固处理	

3. 语音记录仪集中检修

语音记录仪集中检修的项目、内容、标准及要求如表 6－18 所示。

表 6－18　语音记录仪集中检修的项目、内容、标准及要求

项目	工作内容、标准及要求	图例及说明
1. 整机清扫、检查及更换部件	（1）使用毛刷、干燥的软布对记录仪设备及引入线进行清扫。 （2）服务器类的记录仪需清扫防尘网及风扇。 （3）确认录音仪各插接件、引线及电源线连接牢固、未松动。如有松动，立即进行紧固处理	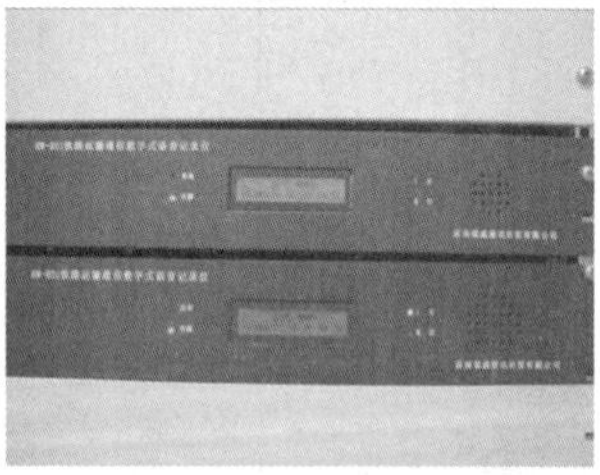
2. 更换老化配线	确认记录仪电源线、引入配线未破皮，连接良好	
3. 调听、监听、转储、显示、时间同步等功能试验	（1）查询历史录音，检查音质是否清晰。 （2）在线监听录音，检查音质是否清晰，有无失真。 （3）对磁盘存储的历史录音进行转储。 （4）查询并确认录音仪时间与北京时间同步，保证误差在 30 s 以内。对接入时间同步系统的记录仪要检查时间同步设置及状态是否正常	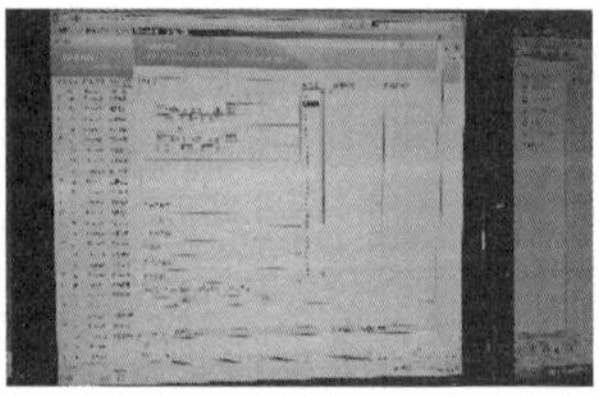

任务 6.5　系统告警及处理

MDS 告警按照故障的严重程度共分为 4 个告警级别，分别是：紧急告警、主要告警、次要告警和提示告警；按照告警类别分为 4 种，分别是：设备告警、通信告警、维护告警和电源告警。

6.5.1　紧急告警

1. 铃流板故障

告警描述：网管上报红色字样的“铃流板故障”告警。

可能故障：铃流板未插、铃流或磁铃流故障、电源故障等所有故障都报该告警。

解决方法：若持续告警应更换铃流板，单块铃流板工作时应插在 16 槽位。

2. E1 接口 LOS

告警描述：数字中继板或数字环板的某个 E1 接口信号中断。

可能故障：本端 2M 的“收”不好或是对端 2M 的“发”不好。

解决方法：进行 E1 内环和向线路侧环回测试，以准确定位故障。如果是对端问题，检查对端的设备，如果是内环有问题，则更换电路板。

3. E1 接口远端告警

告警描述：数字中继板或数字环板的某个 E1 接口信号中断。

可能故障：本端 2M 的“发”不好或是对端 2M 的“收”不好。

解决方法：进行 E1 内环和向线路侧环回测试，以准确定位故障。如果是对端问题，检查对端的设备，如果是内环有问题，则更换电路板。

6.5.2　主要告警

1. 数字环邻站与拓扑图不符

告警描述：临站断电或故障，本站检测临站的下一站为临站，与拓扑图不符。

可能故障：临站断电或故障。

解决方法：解决临站的相关问题。

2. 调度台连接中断

告警描述：数字用户板收不到调度台的消息。

可能故障：数字用户板、调度台、2B+D 连线、电源线故障。

解决方法：检查 2B+D 电缆是否符合标准，接头是否松动，接触是否不良；还可采用置换方式确认数字用户板、调度台是否正常。

6.5.3　次要告警

1. 单板类型不匹配

告警描述：当所插的单板和网管配置的单板不一致时报该告警。

可能故障：所插的板子和网管配置的单板不一致。

解决方法：插入对应的单板。

2. 板卡单双机配置冲突

告警描述：单板的单双机配置与实际不符。

可能故障：网管配置的双机，但背板的主备跳线没有跳，或是网管配的单机，而背板的主备跳线跳上了。

解决方法：配置为双机时，跳上主备跳线；单机时不跳。

3. 单板拔出或掉电

告警描述：单板不在位。

可能故障：单板被拔出或者掉电。

解决方法：插上单板或检查电源部分电路有无故障。

4. 主控与单板间 ICCP 通信中断

告警描述：单板 COM 灯不亮，网管上报红色字样的“主控与单板间 ICCP 通信中断”告警，主控收不到单板的消息。

可能故障：单板与主控板未联通，主控板软硬件故障、接口板软硬件故障。

解决方法：对单板进行复位，如果告警恢复，则说明可能是单板异常，继续观察；如果复位后还不行，更换单板。

6.5.4 提示告警

子板类型不匹配。

告警描述：多功能板上所插的小插板与配置的不一致时即产生此告警上报。

可能故障：配置的小插板类型与实际插的不符。

解决方法：插上相应小插板。

6.5.5 设备告警

1. 硬件故障

告警描述：某块电路板出现硬件故障时在该槽位上报硬件故障的告警。

告警原因：某电路板出现硬件故障。

解决办法：更换该硬件单板。

2. 单板拔出或掉电

告警描述：某块电路板拔出时或掉电时在该槽位上报该告警。

告警原因：某电路板被拔出或者掉电。

解决办法：

（1）重新插牢该单板；

（2）更换单板。

3. 单板类型不匹配

告警描述：某槽位实际所插的单板和数据配置中该槽位配置的单板类型不一致时上报该告警。

告警原因：某槽位插入的单板与配置的数据不一致。

解决办法：

（1）检查该槽位所插单板与配置数据是否一致；

（2）注意铃流板只能插在 15、16 槽位。

4. 子板类型不匹配

告警描述：接口板上实际所插的小插板与数据配置中的小插板类型不一致时在该槽位上报该告警。

告警原因：接口板上插的小插板与数据配置的小插板类型不一致。如：实际插的是环路小插板，而数据中配置的为四线音频小插板。

解决办法：检查该槽位的接口板上所插的小插板类型与配置数据是否一致；（检查办法：可以在网管中“设备配置”—“槽位配置”中选中该接口板，用右键单击“子板信息”来查询实际所插的小插板类型，看是否与数据配置一致）。

5. 板卡单双机配置冲突

告警描述：相邻的奇偶槽位在网管上配置的单双机配置与实际跳线不符时会出现该告警。

告警原因：（1）相邻的奇偶槽位在背板上跳了主备用跳线，但网管上的数据配置成单机；（2）相邻的奇偶槽位在背板上未跳主备用跳线，但网管上的数据配置成双机。

解决办法： 检查背板上的主备用跳线是否与网管上配置的单双机一致。

6. 主备切换失败

告警描述：作为主备双机运行的主控板或其他单板无法进行切换时上报该告警。

告警原因：

（1）备用板故障；

（2）主用板故障；

（3）背板的主备用跳线设置问题；

（4）作为主备的两单板的程序不一致；

（5）背板故障。

解决办法：

（1）告警源若不是主控板，检查背板的主备用跳线；

（2）检查两单板程序是否一致；

（3）若以上没有问题，更换备用板；

（4）更换主用板。

7. 铃流故障

告警描述：铃流板出现故障时，影响该插箱的模拟用户或磁石用户的振铃。

告警原因：

（1）铃流板故障；

（2）铃流板未插牢。

解决办法：

（1）检查铃流板是否在位；

（2）如果不行，更换铃流板。

8. 参考时钟故障

告警描述：当系统配置为跟踪外系统时钟，但没有跟踪上的时候会在中继板或数字环板上报该告警。

告警原因：

（1）外时钟丢失；

（2）与外时钟系统相连的 2M 故障；

（3）接外时钟的中继板或数字环板故障；

（4）主控板的时钟模块故障。

解决办法：

（1）检查 2M 电缆等传输问题；

（2）检查接外时钟的中继板或数字环板；

（3）若仍不行，切换 MPU 或更换 MPU。

9. 网管连接网元失败

告警描述：当网管与某设备之间连接不上时会上报该告警。

告警原因：

（1）网管本身的 IP 地址与直连的设备的主控板不在同一个网段；

（2）在网管上创建设备时设置的 7、8 槽位主控 IP 地址与实际主控板的 IP 地址不一致；

（3）在网管上创建设备时设置的设备类型与实际的设备类型不一致；

（4）通过网管通道连接的设备，出现网管通道数据设置不正确，或 E1 接口线路中断，或车站 DLL 拨码开关设置不正确等情况。

解决办法：在网管主机上通过 PING 命令，PING 设备主控的 IP 地址，若能 PING 通，查看设备类型设置。

若 PING 不通，考虑以下情况：

（1）查看 E1 接口线路是否正常；

（2）查看网管 IP 是否配置正确；

（3）查看网管的默认网关是否设置为 MPU 板的浮动 IP；

（4）查看 MPU 的 IP 地址和浮动 IP 是否设置；

（5）检查网管通道配置是否正确；

（6）如果涉及车站的网管通道配置，则检查拓扑图是否发送，车站号是否设置正确。

6.5.6 通信告警

1. 主控与插箱间 ICCP 通信中断

告警描述：当主控板与扩展插箱间通信中断时会上报该告警。

告警原因：

（1）扩展板或驱动板故障；

（2）扩展电缆故障；

（3）背板故障。

解决办法：

（1）检查扩展层是否掉电；

（2）没掉电考虑更换扩展板或驱动板；

（3）如果不行，更换扩展电缆；

（4）如果还不行，更换扩展板槽位，验证控制层对应槽位是否有问题；

（5）更换控制层背板，或扩展层背板。

2. 主控与单板间 ICCP 通信中断

告警描述：当主控板与各单板通信不畅时会上报该告警，此时单板上的 com 灯不亮。

告警原因：

（1）单板故障或拔出；

（2）主控板或驱动板故障；

（3）背板故障。

解决办法：

（1）更换单板；

（2）如果不行，考虑先切换主控板或驱动板，然后更换主控板或驱动板。

3. 主备通信链路中断

告警描述：主用主控板和备用主控板通信链路中断时会上报该告警。主控板上有两条主备通信链路 1 和 2，当两条都出现故障时，通信链路就会中断，此时会上报该告警。

告警原因：

（1）备用板故障或拔出；

（2）主用板故障；

（3）背板故障。

解决办法：

（1）对备用单板进行拔插操作，尝试复位备用单板，待备用单板正常启动，尝试主备倒换；

（2）如果不行，更换备用板；

（3）如果还不行，更换主用板。

4. E1 接口 LOS

告警描述：当本端 E1 接收不到信号时会在对应的该单板上报该告警。

告警原因：

（1）2M 线缆故障；

（2）传输故障；

（3）两端没共地，时钟不同步；

（4）接触不良；

（5）对端设备故障。

解决办法：

（1）对本端进行自环，检测物理连接，检查本端的“收”和对端的“发”；

（2）检查 E1 接口线缆；

（3）如果不行，更换电缆；

（4）检查传输设备是否告警；

（5）检查对端设备是否故障。

5. E1 接口远端告警

告警描述：当本端 E1 的“发”故障或对端“收”不到信号时，会在本端对应的单板上报该告警。

告警原因：

（1）2M 线缆故障；

（2）传输故障；

（3）两端没共地，时钟不同步；

（4）接触不良；

（5）对端设备故障。

解决办法：

（1）对本端进行自环，检测物理连接，检查本端的“发”和对端的“收”；

（2）检查 E1 接口线缆，可用万用表测量故障点；

（3）如果不行，更换电缆；

（4）检查传输设备是否告警；

（5）检查对端设备是否故障。

6. DSS1 二层链路中断告警

告警描述：当通过 DSS1 信令与对端局互通时，链路未建立成功时上报该告警。

告警原因：

（1）数据配置错误，两端都配置为网络侧或都配置为用户侧；

（2）物理通道正常，但链路没联上。

解决办法：

（1）检查两端的数据配置，一端设为网络侧，另一端设为用户侧；

（2）一般都是 16TS 为信令时隙，但有些设备可以修改信令时隙，查看两侧是否都用同一时隙作为信令时隙。

7. 数字环邻站与拓扑图不符

告警描述：当数字环上检查到的邻站与拓扑图配置的不相符时，会上报该告警。

告警原因：邻站掉电，或关电或 DLL 板故障。

解决办法：

（1）确认网管数字环拓扑图数据和实际连接顺序一致；

（2）确认邻站是否出现掉电或 DLL 拔出等故障。

8. 主站检测不到从站

告警描述：当数字环上主系统检测不到某个分系统时，会在主系统上报该告警，表明检测不到某个分系统。

告警原因：

（1）数字环拓扑图设置和拨码开关的车站号不符；

（2）从站掉电，或关电或 DLL 故障；

（3）车站上下行 2M 故障。

解决办法：

（1）检查网管数字环拓扑图设置的顺序和车站的 DLL 拨码开关是否一致；

（2）检查 2M 线缆；

（3）更换从站 DLL 板；

（4）确认是否掉电。

9. 调度台连接中断

告警描述：当调度台与后台 DSL 板/U 口板未连接成功时，在对应的单板上报该告警。

告警原因：

（1）与调度台连接的 2B+D 线缆故障或 2M 线缆故障；

（2）调度台故障；

（3）连接调度台的板子（DSL、DTL）故障；

（4）后台供电功率不足。

解决办法：

（1）检查 2B+D 线连接，更换 2B+D 线；

（2）更换调度台；

（3）更换连接调度台的板子（DSL、DTL）；

（4）对于键控台，直接外接 48 V 直流电。对于一体化调度台和 KDT 调度台，采用 220 V 供电。

10. DSP 初始化失败

告警描述：当 DSP 插板未插入或故障时会报该告警。

告警原因：

（1）DSP 小插板未插；

（2）DSP 小插板故障；

（3）实际所插 DSP 小插板与数据配置的类型不一致。

解决办法：

（1）检查 DSP 插板是否在位；

（2）更换 DSP 小插板。

6.5.7　维护告警

1. 单板软件升级失败

告警描述：通过网管给单板升级时，升级不成功会上报该提示。

告警原因：

（1）软件本身问题；

（2）单板故障。

解决办法：

（1）更换单板；

（2）有条件的话，更换其他软件程序。

2. 主备 MPU 数据不同步

告警描述：当检测到主备 MPU 板数据不一致时会在主控板上报该告警。

告警原因：主备 MPU 数据不一致，系统并不是实时检测主备数据是否同步。

解决办法：通过网管下载数据来保证主备主控的数据一致。

6.5.8　电源告警

当电源出现直流过压、直流欠压、交流停电、交流过压、交流欠压、电源通信故障等情况时，网管上会上报该告警。

任务 6.6　故障处理经验及参考举例

6.6.1　故障处理流程及基本要求

1. 故障处理流程

调度员、值班员或终端用户，接到故障电话时，应仔细询问现场使用情况并做好上报工作，故障处理流程图如图 6－1 所示。根据掌握的故障现象分析故障点在前台还是在后台、是软件（数据）有错误还是硬件（板件）损坏，这样才能有的放矢，根据故障点决定处理方法。

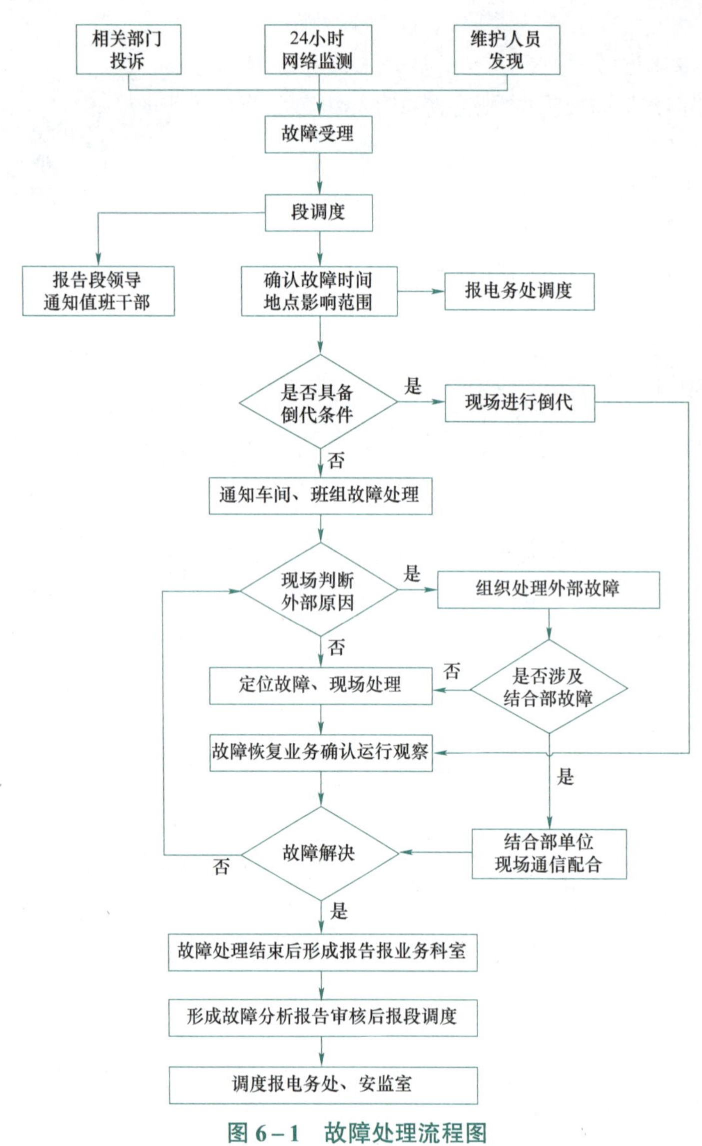

图 6－1　故障处理流程图

2. 故障处理基本要求

（1）备板要注意防静电，平时要装在厂方提供的防静电袋内。

（2）更换插板时注意更换板件与原板件上的各种跳线器、小开关位置要完全一致，并将其插牢固、插到位。

（3）维护人员在更换 CTT4000 的 DTU 板或者 MDS3400 的 DTL 板时，注意要将站号拨成与原 DTU 或 DTL 板站号一致，在更换 MPU 板时，维护人员要注意波特开关的拨法，并且一定要通知网管进行数据的加载。

（4）插装模块时要注意方向，认真、细致，防止发生插错或未插入槽内等现象。

（5）注意开机、关机顺序。

开机：开机前要保证所有开关置于关闭状态，然后按下面顺序开机。

5 V 开关、铃流开关，然后手动执行系统总复位。

关机：先关闭铃流开关，然后关闭 5 V 开关。

（6）在数字调度通信系统中，维护人员更换触摸屏调度台和键控式调度台后，必须通知网管进行调度台数据的加载。

（7）数字调度通信系统中，对于新增加的机车类型，要在调度台的 GSM－R 代码数据中对机车代码、机车符号和机车名称进行相应的添加，并下发数据。

6.6.2　故障处理经验举例

1. DSL 板（操作台）的故障处理

例：某车站值班员反映值班台故障，不能正常使用。

1）了解故障现象

询问值班员前台是否有馈电；

如果有电，前台通信灯闪烁是否正常；

如果正常，按某一单呼按键是否有回铃音。

2）分析故障与处理方法

如果有馈电则说明后台供电没有问题；如果没有则说明后台供电有问题或接线盒有问题，或者前台与接线盒插头有问题。

如果前台通信灯闪烁正常，则说明前台与后台通信正常，不是硬件或硬件连接问题；如果通信灯闪烁不正常（通信灯灭或闪烁速度较快），则说明是 2B+D 线（前台与后台的通信线路）有问题或数据有问题。

如果前两条都正常，则按某一单呼按键试验，如果有回铃音但不能呼叫用户，则说明数据正常，很有可能是外线或对端用户的问题，做相应处理；如果无回铃音或按键按下去绿灯很快就灭了，则是数据问题，应检查数据是否正确。

2. 模拟用户板的故障处理

例：某一车站值班电话故障，不能使用。

1）了解故障现象

询问此用户话机是否有馈电。

如果有馈电，能够听到什么声音。

2）分析故障与处理方法

如果话机没有馈电，则说明是模拟用户板此路有问题，也可能外线连接或话机本身有问题。如果有馈电，则说明此用户板、外线连接没有问题；能听到忙音或没有声音，则是用户数据问题，或是主控板的音源问题。

3. 磁石插板的故障处理

由于此板接口特性为收发铃流，只要收发端能测出铃流，即可正常通信，否则应为数据问题或者硬件问题，将磁石插板更换即可。

4. 车站调度台无法呼出

故障描述：某车站操作台呼叫其他用户时，出现呼叫不通的故障现象。

解决方法：

（1）车站操作台可以呼叫本地用户。

交换机或操作台数据配置错误，需要重新检查并修改数据。

（2）车站操作台所有用户都无法呼出。

前台电源指示灯不亮，则电源有问题，需要重新加电或更换设备。接线不良，需要重新接线。该车站有操作台通信告警，则调度台通信有问题，需要做如下操作。

① 网管发命令，重启该单板。

② 本地重新上电。

③ 检查前后台接线。

硬件故障，建议更换硬件。

5. 模调单呼变多呼

故障描述：在进行 YD 类模调单呼时，有一些分机号码，在拨打其中一个分机号码时，会有多个分机同时振铃，形成了组呼和全呼的现象。

解决方法：该问题并不是交换机本身存在的问题，而是使用者对模调配置认识错误而导致的误解。在模调配置的过程中，对于 YD 类的模调，1～42 的号码为分机号，43～49 的号码为组呼号，50 号为全呼号。若使用者将 43～50 的号码也认为是分机号的话，会出现上述的错误理解。

6. 分系统脱管故障，但电话可以打通

故障描述：数调设备中，某一分系统脱管，网管无法对其进行配置和管理，但可以呼叫到该分系统中的用户。

解决方法：用 4 096 bit 长度的数据包“ping”该分系统浮动 IP，看是否可以“ping”通及有无丢包，如能“ping”通，说明交换机底层连接没有问题，是网管连接上的问题，此时应重启网管服务。若不能“ping”通，则交换机底层连接有问题，可以尝试远程复位分系统。

7. 数字环上站间呼叫出现时通时不通的故障现象

故障描述：进行站间呼叫时，有时能呼通，有时呼不通；呼叫调度业务也是时通时不通。

解决方法：检查数据，除半固定接续、网管通道用到的时隙外，其余时隙是否在中继线配置中都配置上了，并在中继群中都将这些中继线添加上了（这里说的时隙是主控侧交换网的时隙）。如：网管通道占用了 1、2、3、4Ts，半固定接续用到 5、6Ts，那么除 0、16Ts 外，其余时隙应该全部配置为中继线，如果没有配置全，会出现有时呼叫不通的现象。

8. 呼叫某车站时，出现听忙音故障现象

故障描述：呼叫某车站值班台时，听忙音（不是回铃音）。

解决方法：有可能是该车站的音源出现问题，如果遇到呼叫某车站时听见忙音，或听见空号音等不正确的声音，可能是该车站主控板上的音源有问题。一般系统默认的是远端送回铃音，即被叫侧送的回铃音，如果回铃音不正确，则考虑是被叫侧的主控板音源问题，可以切换主控板，偿试用另一块主控板。

9. 每当发起呼叫，立刻出现键控调度台重启的故障现象

故障描述：

DSL 板接 48 键控台，在用 0.5 线径电缆接上接线盒电源线时，前台距离后台不足 300 m，在不通话时，显示正常，只要一发起呼叫，48 键调度台就重启。

解决方法：测量不发起呼叫时电压为 – 52 V，一发起呼叫就变为 – 33 V，而 MDS 中给前台供电由 DSL 板产生输出，这样当外接设备功率大时，DSL 板就提供不了所需的功率，这样就导致前台一呼叫就不断重启，因此，解决此问题要么更改设备电路，或者从电源设备直接放一路 – 48 V 直流电，解决前台一发起呼叫就重启问题。

10. 调度交换机的故障

故障类型：发生类似在网管上检测不到车站调度交换机和车站操作台的故障时，分析处理情况如下。

（1）网管检测不到某个车站调度交换机。

故障现象：网管发出告警，显示检测不到某个车站调度交换机。

故障原因判断：

① 数字环拓扑图设置和拨码开关的车站号不符（设备开通及更换数字中继板时）。

② 从站掉电，或关电或数字中继板故障。

③ 车站上下行 2M 故障。

④ 设备脱管了，但不影响业务。

解决措施：

① 检查网管数字环拓扑图设置的顺序和车站的拨码开关是否一致。

② 确认是否掉电。

③ 检查 2M 线缆。

④ 更换车站调度交换机的数字中继板。

⑤ 对不影响业务的网元脱管的解决办法如下。

用 4 096 bit 长度的数据包“ping”该分系统 IP，看是否可以“ping”通及有无丢包，如能“ping”通，说明交换机底层连接没有问题，而是网管连接上的问题，此时重启网管服务。

若不能“ping”通，则交换机底层连接有问题，可以尝试远程复位车站调度交换系统。

（2）车站操作台故障。

故障现象：某一车站值班员反映操作台失效。

故障原因判断：

① 询问值班员前台是否有馈电；

② 如果有馈电，前台通信灯闪烁是否正常；

③ 如果通信灯闪烁正常，按某一单呼按键是否有回铃音。

解决措施：

① 如果有馈电则说明后台供电没有问题；如果没有则说明后台供电有问题或接线盒有问题，或者前台与接线盒插头有问题，检查相应位置，清除故障。

② 如果前台通信灯闪烁正常，则说明前台与后台通信正常，不是硬件或硬件连接问题；如果通信灯闪烁不正常（通信灯灭或闪烁速度较快），则说明是 2B+D 线（前台与后台的通信线路）有问题或数据有问题，检查相应位置，清除故障。

③ 如果前两条都正常，则按某一单呼按键试验，如果有回铃音但不能呼叫用户，则说明数据正常，很有可能是外线或对端用户的问题，可做相应处理；如果无回铃音或按键按下去绿灯很快就灭了，则是数据问题，应检查数据是否正确。

数调故障多发生在数调操作台和数调分系统死机时，这些情况基本可以通过重启来恢复使用，也可以找铁路局调度工区重新加载数据，但不能忽视设备间 2M 连线、数调分系统至数调操作台之间的连线，尤其各个接头、转接点，有可能发生虚接、断线问题。

11. 调度员和车站值班员呼叫不到机车司机故障

故障现象：

调度员及车站值班员呼叫不到机车司机。

故障原因分析：

（1）调度所调度交换机与 MSC 连接的 30B+D 板障碍；

（2）调度所交换机与 MSC 连接的 2M 链路障碍；

（3）MSC 障碍。

解决措施：

（1）调度员反映呼叫不到机车司机，通信维护人员试验后确认所有调度交换机操作台都呼叫不到机车司机。

（2）用 GSM－R 手机呼叫机车司机正常，判断 MSC 正常。

（3）通知网管中心查看调度所交换机与 MSC 连接的 2M 电路是否障碍，网管查看后确认通道没有问题。

（4）复位调度所交换机 30B+D 板后障碍恢复。

分析障碍原因是调度所交换机 30B+D 板端口问题。

项目小结

本项目介绍了 MDS3400 的环境、工作电源及地线要求，机房环境日常维护、日常运行状况、网管系统日常维护、日常例行维护等日常维护，调度台、系统、数据、机柜部分、电源部分、地线部分、备品备件等月（季）度维护，MDS3400 告警及处理，故障处理经验及参考举例等方面的内容，通过学习，我们能弄清楚日常维护、月（季）度维护的内容，维护的操作流程及参考标准，能够根据故障现象，进行正确的故障分析，进而清除故障。

复习思考题

1. 对 MDS3400 工作电源有什么要求？

2. 日常维护的内容有哪些?
3. 月（季）度维护的内容有哪些?
4. 告警的等级有几种?
5. 故障处理的流程是什么?
6. 故障处理有哪些要求?
7. 怎样处理调度交换机的故障?
8. 怎样处理车站值班台的故障?
9. 怎样解决数字环上站间呼叫时通时不通的问题?

参 考 文 献

[1] 樊昌信，曹丽娜. 通信原理[M]. 7 版. 北京：国防工业出版社，2013.
[2] 王邠. 数字调度通信系统[M]. 2 版. 北京：中国铁道出版社，2014.
[3] 胡金良. 铁路通信实训教学指导[M]. 北京：中国铁道出版社，2011.
[4]《技规》条文说明编写组. 铁路技术管理规程（普速铁路部分）条文说明[M]. 北京：中国铁道出版社，2014.
[5] 张季双，刘华伟. 铁路通信工[M]. 成都：西南交通大学出版社，2016.
[6] 孟垂平. 数字调度系统在铁路通信中的应用[J]. 信息通信，2014（5）：114.
[7] 杨魁. 数字调度通信技术在铁路专用线通信网中的应用[J]. 科技信息，2010（21）：495.
[8] 张吉财. 高速铁路运输中铁路数字调度通信系统的应用[J]. 山东工业技术，2017（19）：143.
[9] 史文玮. 铁路综合业务数字调度通信系统的研究[D]. 天津：天津大学，2015.
[10] 刘晓慧. 铁路数字调度通信系统维修及故障初探[J]. 信息通信，2017（10）：167-168.